A linguagem da criança

um olhar bakhtiniano

Alessandra Del Ré
Luciane de Paula
Marina Célia Mendonça
(organizadoras)

A linguagem da criança

um olhar bakhtiniano

editoracontexto

Montagem de capa e diagramação
Gustavo S. Vilas Boas

Preparação de textos
Tatiana Borges Malheiro

Revisão
Daniela Marini Iwamoto

Dados Internacionais de Catalogação na Publicação (CIP)
(Câmara Brasileira do Livro, SP, Brasil)

Del Ré, Alessandra
A linguagem da criança : um olhar bakhtiniano / Alessandra Del Ré, Luciane de Paula, Marina Célia Mendonça. – São Paulo : Contexto, 2014.

Vários colaboradores.
ISBN 978-85-7244-830-7

1. Análise do discurso 2. Aprendizagem 3. Bakhtin, Mikhail Mikhailovitch, 1895-1975 – Crítica e interpretação 4. Crianças – Linguagem 5. Linguagem – Aquisição 6. Linguística I. Paula, Luciane de. II. Mendonça, Maria Célia. III. Título.

13-13669 CDD-401.93

Índice para catálogo sistemático:
1. Linguagem : Aquisição : Linguística 401.93

2014

Editora Contexto
Diretor editorial: *Jaime Pinsky*

Rua Dr. José Elias, 520 – Alto da Lapa
05083-030 – São Paulo – SP
PABX: (11) 3832 5838
contexto@editoracontexto.com.br
www.editoracontexto.com.br

Sumário

Prefácio

Este livro traz importantes avanços nos debates que têm congregado vários grupos de pesquisa dedicados à discussão e aos avanços teórico e metodológico das ideias gestadas por Bakhtin e seu Círculo. Desta vez, tais ideias – e debates! – inspiram a área de Aquisição da Linguagem e iluminam a busca não só pelo entendimento dos processos sócio-históricos, dialógicos, como também os recortes epistemológicos e metodológicos que envolvem os fenômenos que regem a aquisição/aprendizagem da língua(gem). É, de fato, como afirmam as autoras do capítulo "Aquisição da linguagem e estudos bakhtinianos do discurso" (Alessandra Del Ré, Luciane de Paula e Marina Mendonça), uma obra inédita, pois proporciona ao leitor um desfile harmônico de vários ângulos das possibilidades de inspiração da teoria bakhtiniana. As autoras frisam que não pretendem "aplicar uma teoria", mas apropriadamente "vislumbrar [...] possíveis compreensões dialógicas acerca do fenômeno ocorrido no processo de aquisição da fala das crianças".

O leitor tem, assim, neste volume, contato com relevantes perspectivas argumentativas, que trazem o melhor dos debates suscitados pela reflexão das ideias de Bakhtin e do Círculo. Em cada capítulo do livro, apresenta-se uma nova faceta, um novo desafio trazido pelo fenômeno a ser tratado, uma nova contribuição teórica e metodológica é gerada pelo desafio do dado, e o leitor é brindado com estimulantes discussões sobre aspectos da teoria. Muito embora o corpo teórico bakhtiniano seja abordado de modo bastante integrado e os temas sejam os mesmos em algumas das análises dos fenômenos eleitos, não esperem redundâncias e repetições desnecessárias no tratamento dos conceitos: as organizadoras/autoras conseguiram arregimentar trabalhos, escrituras e olhares singulares que compusessem uma harmonia entre os capítulos, um todo coeso, sem fugir ao embate e a posturas por vezes conflituosas.

Os temas bakhtinianos estão lá, tratados de maneira viva, contextualizada. Aprendemos que, dentro da relativa estabilidade do estilo escolar (que nasce dentro dos gêneros discursivos), mostram-se marcas do sujeito. Aprofundamos nosso entendimento sobre o presumido e o percebido ou realizado por palavras, sobre a intrincada e difícil relação entre identidade, individualidade, singularidade, subjetividade, cujo sentido é mais bem revelado se se entende que a mesma linguagem constitui e é constituída pelos dois sujeitos: o adulto e a criança, dentro da perspectiva básica da alteridade e do dialogismo. Afinal, os atos singulares, sobretudo de linguagem, dão acesso à subjetividade e mostram a face concreta do sujeito, não acabado, sempre inserido em processos dinâmicos de reorganizações e reconstruções. Muito embora concorde com a afirmação de Geraldi[1] segundo a qual não há uma teoria explícita do sujeito em nenhuma obra do Círculo, entendemos o estreito vínculo entre estilo e gêneros do discurso mercê da constituição sócio-histórica do sujeito, que se materializa em práticas enunciativas concretas e únicas. A criança que entra na língua(gem) depara-se, como constitutivo do processo de subjetivação, ainda segundo Geraldi,[2] com o sujeito de Bakhtin que

> [...] é sempre de uma incompletude fundante (é a relação com a alteridade que lhe dá existência) e que a demanda de completude – o movimento em direção ao *outro* – será sempre um movimento que não produz solução [...].

Damo-nos conta, ao longo do que nos mostram os capítulos do livro, que a marca do singular é o ato único do sujeito que enuncia; assim como, nas contrapalavras do outro, fica difícil desvincular a singularidade da alteridade e a constituição dialógica da subjetividade. Repetindo as palavras de Geraldi,[3]

> [...] os atos singulares e [...] os processos de sua realização, pelos quais, em incontáveis liames, o único e irrepetível se articula à cadeia infinita da comunicação e comunhão dos atos humanos.

Inteiramo-nos do fato de que a subjetividade depende das experiências vividas, que o sujeito só é ideológico na medida em que assimila seletivamente, singularmente, as palavras alheias. Também nos enredamos prazerosamente, ao longo dos capítulos, na retomada, pela criança, das palavras da mãe (e vice-versa, já que esta também está em processo de se constituir como sujeito), bem como acompanhamos um movimento que parte das *palavras alheias*, reelaboradas dialogicamente em *palavras próprias alheias*, com a ajuda de outras palavras alheias, até que se tornem *palavras próprias*, que já têm natureza criativa. Aliás, deve ser frisado que, se o sentido se origina nas trocas sociais, num espaço que não é nem homogêneo nem estático, mas fundamentalmente dialógico, entende-se como o conceito de deslocamento discursivo e identitário (de domínios, de gêneros, de pontos de vista) vem substituir, com vantagens, o de "supergeneralização", tão caro aos estudos de aquisição semântica lexical tradicionais na área. De fato, o [au-au] supergeneralizado, tão comum na fala das nossas crianças brasileiras, normalmente usado para denotar não só o cachorro, mas um grupo maior de animais de quatro patas, traz marcas de vozes, de situações, de diálogos dos quais a criança e seus interlocutores participam. Vozes, situações e diálogos esses que nem sempre são audíveis e visíveis nos enunciados do sujeito-criança.

Vemos que os conceitos de excedente de visão, exotopia (ou seja, distância) e acabamento explicam a necessidade fundante do outro, o qual é responsável pela criação da "minha" individualidade; que, em consequência, a visão de "sujeito" é aquela do sujeito inacabado, por vir, não consciente aprioristicamente e que, por sua inserção na cadeia dialógica, é necessariamente "responsável", isto é, quem exerce inexoravelmente a "responsividade"; que o signo, ideológico por excelência, é que decorre das relações individuais – e não o contrário.

Uma das relevantes reflexões que a obra nos dá a ver é que a pouco convincente dicotomia aquisição/aprendizagem (aquela sendo um processo inconsciente e esta dependente de ensinamento, seja formal, seja natural) é convenientemente desfeita no contexto do estudo do bilinguismo sob a ótica bakhtiniana. Dando um curso diferente à distinção aquisição/aprendizagem, cunhada nos anos 60 do século passado para distinguir fatores fortemente fincados em postulados mentais, de cognição, biológicos e, por vezes, behavioristas, os trabalhos aqui presentes optam pela coexistência – se não pela neutralização – entre os termos. Com efeito, a língua estrangeira impõe reorganizações para o sujeito, o que pode levar a deslocamentos identitários e à desestabilização do que pareceria fixo; a constituição do sujeito, que se dá na e pela linguagem, faz com que tomem corpo outras visões de mundo a partir de uma segunda língua e do vínculo forte entre língua e cultura nesse processo.

A rica exposição e o estimulante debate trazido à baila pelas reflexões teóricas suscitadas pela obra mostram-se no desfilar de personagens atuantes, cujo recorte linguageiro trazido pela eleição metodológica, compatível com a filiação teórica, oferece vivacidade e sabor aos episódios dialógicos instanciados. Testemunhamos as ricas interações dialógicas de que participam, além dos adultos, respectivos interlocutores, o menino brasileiro de 5 anos aprendendo espanhol em uma escola bilíngue, que baila entre deslocamentos identitários das duas línguas; a menina de 2 anos, imersa em duas línguas (português brasileiro e francês) simultaneamente, que traz, junto com a mãe, a brasilidade inconfessa roubada de diálogos anteriores; a menina brasileira de 2 anos que insiste em marcar o plural de maneira inesperada, produzindo formas na contramão dos resultados de outra pesquisa gramatical, que mostra que a criança naquela idade já distinguiria/processaria tais formas como agramaticais; duas meninas de 2 anos (uma delas a mesma dos plurais malcomportados), inseridas numa comunidade de fala em português brasileiro, participantes de jogos de nomear e de narrar com seus interlocutores.

Os dois últimos capítulos não se voltam propriamente ao trato dos dados aquisicionais. O capítulo "Aquisição da linguagem: a singularidade, a recorrência, as generalizações" enfrenta a questão espinhosa de justificar a metodologia adequada para um estudo que leve em conta os temas expostos e os tipos de dados selecionados. Deve ser ela, apropriadamente, qualitativa e de natureza naturalística, que leve em conta as manifestações verbais e não verbais dos participantes dos diálogos.

Já o capítulo que fecha o livro é um interessante contraponto e um fechamento teórico estimulante, que tem ainda, como grande mérito, não se furtar à discussão de temas controversos, ainda que escrito de modo direto e não rebuscado. Márcia Romero, Vanessa Lima e Rosângela Hilário, no capítulo que encerra a coleção, "Saussure, Círculo de Bakhtin e Aquisição da Linguagem", fecham o círculo ao mesmo tempo em que, dialeticamente, abrem novos (ou o mesmo), fazendo a exegese sobretudo de *Marxismo e Filosofia da Linguagem*, de autoria de Bakhtin/Voloshinov, de conceitos fundamentais de Bakhtin, à luz de interpretações de mutabilidade/imutabilidade do sistema de Saussure. As autoras contestam alguns pontos da própria obra que lhes serve de inspiração e, assim fazendo, de modo dialético, põem pingos em alguns is, ao mesmo tempo em que trazem contribuições para melhor se avançar nos conceitos fundamentais. A ideia de produto fixo, acabado, imutável atribuída a características da "imanência do sistema" por críticos a Saussure é revisitada e questionada, com uma leitura cuidadosa do *Curso de Linguística Geral* e dos *Escritos de Ferdinand de Saussure*, resultando no desvendamento e na reinterpretação de equívocos reincidentes ao longo das últimas décadas, equívocos esses que geraram a oposição estanque entre Saussure e Bakhtin. De fato, como mostram as autoras, há muita coisa em comum entre os dois, e muito do que está na base da pedra fundamental da teoria bakhtiniana – o dialogismo e a alteridade – fica mais bem explicado.

As autoras partem do princípio de que nem Bakhtin descarta uma *ordem interna da língua* nem Saussure prevê a imutabilidade constitutiva da língua na visão denominada por Bakhtin e bakhtinianos de "objetivismo abstrato". Argumentam que "o grande entrave" atribuído à postura saussuriana repousa na divisão tripartite entre língua, linguagem e fala, uma divisão pouco explanatória e artificial, uma vez que a língua, "um sistema de normas imutáveis", não poderia refletir a vivacidade social dos atos enunciativos e só poderia ter um caráter monológico, no qual o sujeito não se dá a ver. Não obstante, e apropriadamente, as autoras esclarecem que "língua", para Saussure, "está longe de ser concebida como estável e imutável", o oposto do que foi e tem sido veiculado pelos seus críticos, e que não alijaria o sujeito da atividade de linguagem, "detendo-se no estudo de uma língua puramente abstrata e distante de sua realidade viva". A releitura do signo linguístico saussuriano revela, na verdade, a língua em sua "dinamicidade constitutiva, o que aproximaria, em certo ponto, as reflexões de Saussure e do Círculo de Bakhtin", mesmo se se considerarem as condições de produção do Círculo de Bakhtin (um contexto em que ideias políticas e filosóficas se voltam para questões sociais) e Saussure ("efervescência do positivismo"). Mostram as autoras que, na verdade, o objeto de estudo do Círculo não é propriamente a língua, nem mesmo a linguagem, mas o enunciado, compreendido como "criação ideológica, sendo também dialógico em sua essência e caracterizado por um tecido de muitas vozes". O signo seria, assim, construído pelo diálogo entre os interlocutores e com outros textos.

A distinção bakhtiniana entre *tema* ("condições de enunciação concreta do elemento linguístico") e *significação* (o que está no interior da unidade compreendida enquanto elemento que compõe um sistema linguístico), cotejada com a retomada de conceitos saussurianos, como relação sintagmática (e eu acrescentaria mesmo as associativas ou paradigmáticas), bem como a relação, essencialmente arbitrária, entre significado e significante, fornece outras bases de comparação entre Bakhtin e Saussure. Para este, o signo não se define por uma relação biunívoca entre significado e significante nem a identidade semântica do signo se associa a traços de conteúdo, mas à relação do signo com todos os demais, relação essa definida pela negativa: um signo é o que os outros não são; a forma prevalece sobre a substância; na língua só há diferenças. O arbitrário do signo, isto é, a relação não motivada entre significante e significado, apontaria, na verdade, para o valor das unidades dentro do sistema. A alteridade é, assim, constitutiva do signo linguístico saussuriano.

Destarte, o aspecto relacional do signo (seja ideológico, seja semiótico), manipulado pelo sujeito-falante, apontaria para a alteridade e suporia a dependência do outro, definidos ambos como sócio-históricos, dentro de uma dada cultura, dentro de uma dada situação histórica, cujo embate de forças produtivas a definem. O sujeito, ativo e responsivo, está longe de ser um ente cognoscente, pronto, acabado.

Várias perspectivas futuras, na trilha dos estudos bakhtinianos e a partir das frutíferas reflexões propiciadas por esta obra, podem se abrir nos estudos da linguagem e nos de Aquisição. Citarei, aqui, duas possíveis, entre tantas.

A primeira diz respeito à consideração de fenômenos de língua (e sua estrutura), que não está descartada dos estudos aquisicionais, conforme vários dos capítulos desta obra sugerem, nem Bakhtin o rechaça explicitamente, segundo citações em alguns pontos do livro. Encontram-se, na verdade, sugestões de que as categorias linguísticas tenham bases interativas, discursivas. Algumas análises aproximam-se do estudo de formas ao se referirem, por exemplo, aos *formats* de Bruner,[4] autor que, bastante inspirado pelas ideias vygotskianas, lança mão de uma das gramáticas funcionalistas vigentes na época: a Gramática de Casos, de Fillmore. De base semântica, prevê a marcação de papéis temáticos na base, nos quais se mapeiam formas sintáticas. A ontogênese dessa gramática se dá nos *formats* de rotinas de interação concreta entre o adulto e o bebê, em que o interlocutor instauraria e significaria a marcação de papéis no diálogo e as fases dos jogos da própria criança, para posterior mapeamento sintático. Aliás, diga-se de passagem, a busca de marcas de interação na constituição gramatical das línguas tem se revelado na tradição das gramáticas funcionalistas e, mais recentemente, em versões de gramáticas cognitivas, gramáticas de uso e modelos de fonologias de uso. Talvez essa possa ser uma nova perspectiva que se abre para os estudos bakhtinianos e modelos gramaticais.

A segunda observação refere-se à grande referência linguística feita por Bakhtin e o Círculo a que chamam de *entonação*. Principal materialização da dialogia, da responsividade/responsabilidade, da orientação valorativa ou apreciativa da "palavra" dos sujeitos, o termo tem sido tratado, nos estudos bakhtinianos, de maneira naturalizada, sem qualificações, apesar do volume relativamente extenso dos estudos da prosódia (da qual a entonação é parte) hoje. As instanciações sobre a "entonação", presentes na grande maioria dos estudos bakhtinianos, apontam, na verdade, para uma gama de fenômenos que vão desde as qualidades e modulações de voz, passando pela própria entonação, além de fenômenos rítmicos, até os potenciais significativos e estruturais de altura, volume e duração. O tratamento mais qualificado dos fenômenos prosódicos, tão centrais na reflexão bakhtiniana, enriqueceria ainda mais as abordagens atuais de tão profícua teoria.

Ester Scarpa

Notas

[1] 2010.
[2] 2010, p. 142.
[3] 2010, p. 83.
[4] 1983.

Bibliografia

Bruner, J. *Child's Talk*: Learning to use language. New York: ww Norton & Co Incorporated, 1983.
Geraldi, J. W. *Ancoragens*: estudos bakhtinianos. São Carlos: Pedro & João Editores, 2010.

Apresentação

Este livro apresenta uma proposta de reflexão sobre a linguagem da criança a partir de estudos desenvolvidos pelo Círculo de Bakhtin. Os capítulos tentam responder a algumas das questões que se colocam com relação à área de Aquisição. Portanto, seu conteúdo interessa tanto ao professor que se debruça sobre aspectos de aprendizagem de línguas quanto ao pesquisador que busca caminhos para entender as relações entre linguagem, sujeito e aquisição/aprendizagem.

Esta obra remete o leitor que se interessa pela linguagem da criança às velhas questões de repetição e criação que, afinal, ainda estão presentes nas discussões contemporâneas. Olhar para a criança com "os óculos" de Bakhtin nos faz ver o estável atravessado pelo instável, bem como o novo produzido a partir do estável.

O diálogo, como elemento propulsor das análises, é entendido de maneira ampla, e não somente como a situação imediata de interação verbal. As relações dialógicas entre sujeitos são constitutivas da subjetividade da criança, subjetividade esta que se produz em atividades linguageiras. A partir dessa ideia, definimos, no início da obra, os conceitos de linguagem/enunciado em que se baseiam os capítulos deste volume, bem como definimos a forma como compreendemos o processo de aquisição.

Diferentemente das obras cujos organizadores têm a árdua tarefa de reunir temas e autores em torno de um dado conteúdo, de determinada linha e de certa área, sem uma efetiva participação autoral, neste projeto, nós, organizadoras, também nos demos a liberdade de nos colocar como autoras-criadoras, por se tratar de uma obra que apresenta temas discutidos e refletidos de maneira constante em nossos grupos de pesquisa. Assim, em vários capítulos nossas mãos se misturam às dos outros autores que compõem os capítulos.

Nesse sentido, de certa forma, partimos do método dialógico de produção do conhecimento, tal qual o procedimento bakhtiniano de pensamento e construção: ora pode parecer impossível apartarmos as autorias explicitamente marcadas em cada capítulo, ora nitidamente as marcas estilísticas de cada autor gritam. A nossa intenção foi refletir de maneira dialógica, viva, como se processa no homem, ao nosso ver, a aquisição da linguagem. Cabe ainda contextualizar nesta apresentação a obra do Círculo de Bakhtin e sua recepção, já que esses escritos são base para as discussões feitas neste livro.

O Círculo de Bakhtin situa-se no contexto russo, especialmente nas décadas de 20 e 30 do século XX. Ficou conhecido por essa designação por se tratar de um grupo de intelectuais, de diversas áreas, que refletia sobre várias questões. Por isso, não podemos falar do Círculo sem mencionar a importância da amizade entre Bakhtin, Voloshinov e Medvedev e da relação dialógica de seus escritos teóricos. Isso, para tratarmos apenas dos expoentes mais conhecidos do Círculo, sem sequer mencionarmos seus demais membros (como Yudina, Pumpianskii, Kanaev, Kagan, Zubakin, Vaguinov, Sollertinski), tão expressivos quanto os três supramencionados.

Devido ao contexto da época e à produção de seus escritos (muitos perdidos ou destruídos; escritos de maneira dialógica; pensados por muitos; seus autores sendo vítimas de perseguições políticas), a primeira recepção das obras no Ocidente acabou sendo reconhecida pela representatividade do nome de Bakhtin (até por ter vivido mais tempo que os demais). Alguns teóricos (como Bronckart, Bota e Sériot, por exemplo), hoje, rejeitam essa designação e se debruçam sobre as marcas autorais das obras do Círculo. Outros (como Ponzio, Petrilli e Vauthier), no entanto, compreendem que é impossível dissociar totalmente os escritos produzidos por esses intelectuais, porque, mesmo sendo produzidos por um ou alguns deles, os textos foram pensados em conjunto, muito debatidos, em reflexão dialógica desde o seu cerne. Neste livro, não entraremos na polêmica questão autoral das obras do Círculo. Por isso, adotamos maneiras diferentes de nos reportar aos seus escritos. Ora será utilizada a expressão Círculo de Bakhtin, ora Bakhtin e o Círculo, por considerarmos a escrita dos textos de maneira coletiva, como alguns pensadores (alguns já citados e, dentre tantos outros, Zavala e Bubnova, por exemplo) assumem a elaboração das proposições de seus estudos. Por vezes, no entanto, será usada também a forma Bakhtin/Voloshinov ou Bakhtin/Medvedev, ao considerarmos as especificidades autorais (temáticas, formais e estilísticas) que existem entre seus membros, bem como serão consideradas, quando possível, as especificidades de cada um desses três autores do Círculo. Ao assumir essa postura, tentamos colocar em diálogo os autores, tal qual produziram as obras, com suas ideias em movimento, sem esquecer que a interação é a tônica de sua filosofia da linguagem, de seu método reflexivo.

O método de pesquisa, ao considerarmos a perspectiva dialógica, não é o cartesiano. Impossível seria sermos positivistas, vislumbrando uma imparcialidade sabida inexistente. O método utilizado para as pesquisas realizadas e que resultaram nos capítulos presentes neste livro é o dialógico, qualitativo por excelência – embora, no âmbito da Aquisição da Linguagem, o quantitativo seja igualmente uma possibilidade. Por isso e com essa visão, colocamo-nos como sujeitos ativos diante de nossos outros, tão ativos quanto nós, para pensarmos a pesquisa num jogo em movimento. Operamos com dados de maneira dialético-dialógica, uma vez que colhemos dados de linguagem, produções (e não meros produtos) humanas. Caminhamos na esteira de Amorim, que afirma ser uma especialidade dos estudos em Ciências Humanas pesquisar o homem, o que demanda cuidado para o movimento entre o pesquisador e o seu outro (jamais visto apenas como objeto pesquisado). No caso, as crianças são os nossos outros. Sujeitos responsivos, que assim são vistos nas reflexões aqui publicadas.

Os outros da criança são crianças e adultos que estão ao seu redor – irmãos, pesquisadores, pais, e sobretudo esses últimos têm um papel fundamental no processo de aquisição da linguagem: atribuem valores aos gestos, aos olhares ou a algumas manifestações enunciativas aparentemente incompletas, ensinam à criança o que e como falar em determinadas situações, enunciados inseridos em gêneros. E esse diálogo entre pais e crianças acontece muito antes de elas pronunciarem suas primeiras palavras, que também serão significadas pelos pais; acontece pela entonação, pela musicalidade. Mas isso é uma outra história, para futuros trabalhos.

Interação, diálogo, dialógico, gênero, alteridade são, portanto, noções fundamentais nesta obra cujo foco, apesar do olhar bakhtiniano, permanece sendo o misterioso universo da linguagem da criança. A proposta, aqui, é desvendar ao menos algumas partes desse mistério, e as reflexões aqui empreendidas podem trazer algumas respostas não apenas aos estudiosos da área, mas também a todas as pessoas que se interessam pela linguagem: educadores, psicólogos, fonoaudiólogos e, claro, os pais.

Alessandra Del Ré
Luciane de Paula
Marina Célia Mendonça

Aquisição da Linguagem e estudos bakhtinianos do discurso

Alessandra Del Ré
Luciane de Paula
Marina Célia Mendonça

Este capítulo introduz os demais trabalhos que compõem o presente livro e tem o duplo objetivo de justificar a busca de contribuições nos estudos bakhtinianos para a área da Aquisição da Linguagem e de trazer algumas reflexões teóricas que decorrem dessa busca, em especial, no que se refere à linguagem da criança.

Uma ressalva deve ser feita como ponto de partida: ao recorrermos a algumas noções teóricas propostas pelo Círculo, não pretendemos *aplicar uma teoria*, mas vislumbrar, a partir de determinadas concepções, possíveis compreensões dialógicas acerca do fenômeno ocorrido no processo de aquisição da fala das crianças. O foco dos estudos que vêm sendo desenvolvidos nessa perspectiva permanece sendo, portanto, a linguagem da criança, criança esta sempre concebida como sujeito que participa ativamente desse processo – isso vai ao encontro da perspectiva teórico-metodológica por nós concebida como própria para as e nas Ciências Humanas.

Falar em linguagem da criança é falar, na verdade, da linguagem do ser humano e, consequentemente, do adulto, que já foi criança; o outro observado e analisado, por assim dizer, é o mesmo; o que é diferente, singular, é a forma como cada um vai se relacionar com a linguagem em diferentes momentos da vida.

Desde que nasce, e até mesmo antes disso, a criança vai, aos poucos, confrontando-se com a língua(gem). Inicialmente, em escuta ativa e, em seguida, de maneira mais efetiva, participa diretamente, como sujeito de linguagem, das interações. Há muitos estudos de percepção[1] que comprovam que, ainda no útero da mãe, a criança é sensível aos sons que a rodeiam, o que explica o conforto que a fala, de um modo geral da mãe, proporciona, da mesma maneira como o bebê, na barriga, reage, responde, de certa forma, a essa fala com a linguagem que possui e já o constitui (corpórea, inicialmente).

O adulto, vivenciando suas experiências linguageiras interativas, apresenta uma história diferente e mais longa, em comparação com a da criança, de confronto com a linguagem. É importante que se diga que esse sujeito não deixa de se encontrar em um permanente processo de constituição – na e pela língua(gem) – até o final da vida.

Essa observação que remete o nosso olhar para a indissociabilidade entre a linguagem da criança e a do adulto tem inspiração nos trabalhos de Frédéric François. O autor discute, em várias publicações,[2] algumas das noções elaboradas por Bakhtin e o Círculo, com vistas a refletir, justamente, acerca da natureza da linguagem e, em especial, a da criança – gostaríamos de destacar aqui a posição do autor, com a qual compartilhamos, de que pensar sobre a linguagem da criança contribui para entender o funcionamento da linguagem humana. Foram inicialmente esses trabalhos, seguidos pelos de Salazar-Orvig,[3] e, sobretudo, a parceria com os grupos de pesquisa por eles coordenados que nos permitiram, aos poucos, nos aprofundar nessa busca. Voltaremos aos trabalhos desses autores em outros capítulos deste livro.

Em 2008, com o surgimento do GEALin-FCLAr (Grupo de Estudos em Aquisição da Linguagem, da Faculdade de Ciências e Letras da Unesp, Araraquara), gradativamente, um perfil de formação começou a se delinear, perfil que se enriquece com o diálogo intergrupos (GEALin/NALingua,[4] Slovo e GED) que aqui fazemos.

Pelo fato de os trabalhos do Círculo não terem por objetivo tratar especificamente da criança e de seu discurso, embora, em alguns deles, possamos encontrar algumas menções a ela, recorremos, frequentemente, para a análise dos dados, a autores que se ocuparam especificamente da criança e cujas reflexões também parecem encontrar eco nesses pensadores. Referimo-nos, sobretudo, aos trabalhos de Vygotsky[5] e Bruner,[6] autores que serão retomados ao longo dos próximos capítulos.

Sobre os exemplos utilizados aqui, vale dizer que pertencem ao banco de dados do grupo NALingua, existente desde 2008 e que conta, atualmente, com pesquisadores de diferentes universidades brasileiras e francesas, com abordagens teóricas diferentes e complementares, o que contribui para o intercâmbio interinstitucional e internacional. Esses dados são transcritos de acordo com as normas CHAT/CLAN (MacWhinney, 2000); mas, a fim de facilitar a leitura, os símbolos são substituídos por comentários, que aparecem entre colchetes na linha de transcrição ortográfica. Na transcrição, as linhas da fala das crianças são iniciadas sempre pelas três primeiras letras dos seus nomes; as da mãe, por MÃE; as do pai, por PAI; e as do observador, por OBS.

Os estudos em Aquisição e os trabalhos do Círculo: uma breve trajetória

Por que buscar no Círculo explicações para a linguagem da criança? O que ainda não foi feito, não foi dito, não foi observado? Iniciamos uma tentativa de resposta por meio de uma passagem que nos parece bastante esclarecedora:

> [d]a aquisição centrada no léxico e na gramática nada revela sobre a maneira pela qual identificamos "linguagem" e cultura, nem como ela nos modifica e nos permite chegar àquilo que está ausente: passado, futuro, hipóteses, noções transmitidas... Afinal, é algo semelhante a isso que falta àquelas crianças cuja linguagem se desenvolve mal. E é necessário, pelo menos, substituir uma teoria da aquisição da língua por uma teoria dos "modos de funcionamento da linguagem".[7]

Há aqui duas informações que nos parecem preciosas: a de que, se nos concentrarmos apenas na aquisição de aspectos léxico-gramaticais, pelo menos do modo como estes são comumente entendidos, em que não se verifica a maneira como se integram aos variados usos, não conseguiremos desvendar a relação linguagem-cultura, a forma como ela nos modifica: nós constituímos a linguagem e somos constituídos por ela, modificamos e somos modificados e, nesse jogo, vamos nos constituindo enquanto sujeitos únicos, singulares. Trata-se, portanto, de um conhecimento que se refere aos *modos de funcionamento da linguagem.*

Esse funcionamento não deve ser apenas compreendido a partir de uma perspectiva biológica e psicológica, mas também sociocultural. Pensar linguagem, língua e fala significa refletir tanto sobre a estrutura linguística quanto sobre o uso translinguístico manifestado pelos sujeitos, por meio dela(s). O sujeito não dispensa a estrutura. Ao contrário. Precisa dela para elaborar um dado enunciado linguístico. Todavia, apenas dominar a estrutura não garante nem constitui efetivamente a voz do sujeito.

Estudar a linguagem da criança, de certa forma, é dar-lhe voz, principalmente, do ponto de vista epistêmico ao qual já nos referimos: o de que pensar e pesquisar nas Ciências Humanas significa encarar o "dado" como produzido por um sujeito outro, que se constitui por meio da linguagem e nos constitui como pesquisadores, tanto quanto o nosso olhar para esse sujeito também o constitui como nosso outro.

Em outras palavras, compreender a linguagem da criança e esta como sujeito que enuncia e que, ao enunciar, habita o mundo com voz própria é fundamental para pensar que a linguagem, a língua e a fala não são *entidades abstratas*, mas enunciados (concretos), ditos por sujeitos que, por meio deles, se constituem, nos constituem e também constituem um modo de ser e habitar o mundo.

Tratamos do que Bakhtin/Voloshinov defende em *Marxismo e Filosofia da Linguagem*: a palavra é signo ideológico colocado em uso por um determinado sujeito (no caso, aqui, a criança), num determinado espaço-tempo (a situação cronotópica da enunciação), com valores e voz sócio-histórico-cultural.

Boa parte do conhecimento que a área de Aquisição da Linguagem produz é teórico, fruto de observações, porque não aplica diretamente suas descobertas; embora, sem dúvida, dependa de dados empíricos para empreender tal conhecimento. São esses trabalhos teóricos que servem de referência para a própria Aquisição da Linguagem e outras áreas, tais como Educação, Psicologia, Fonoaudiologia, Neurologia etc.

A área da Aquisição, ainda que pertença à Linguística, não tem um estatuto muito bem definido dentro desse campo, justamente por se ocupar da fala (da criança) – e não da língua – e porque, desde que surgiu, em meados da década de 1950, mostrou a necessidade de estudar, além da linguagem verbal, a não verbal. Como estudar a fala de um bebê sem observar, por exemplo, seus gestos, sons, movimentação corpórea etc.?

Assim como qualquer outra área, a aquisição também teve seus embates teóricos internos. Teve e ainda tem. A começar pelos trabalhos de base behaviorista, baseados em Skinner; em seguida, pelos de base inatista, com Chomsky; e os cognitivistas e/ou (sócio)interacionistas, como Piaget, Vygotsky e Bruner.

No Brasil, além de toda a literatura interacionista[8] que, de certa forma, já aponta questões que podemos fazer dialogar com o trabalho do Círculo, dos trabalhos de Coudry[9] e de Novaes-Pinto,[10] há dois em especial que trouxeram essa perspectiva para a reflexão sobre a linguagem da criança: "A função e o destino da palavra alheia: três momentos da reflexão de Bakhtin",[11] e "Língua e discurso na teorização sobre aquisição de linguagem."[12]

Em ambos, De Lemos ressalta a importância de se analisarem aspectos discursivos e linguísticos nos dados colhidos de crianças e, sobretudo,[13] se propõe a compreender a conversão do discurso do outro em discurso próprio como processo que instaura uma nova relação da criança com o outro e com a linguagem. Essa nova relação é o que ela chama de mudança e é o que atualmente pesquisadores que seguem a mesma perspectiva analisam de um ponto de vista da psicanálise lacaniana. Consideramos que esses foram importantes trabalhos, no Brasil, a dar os primeiros passos para se pensar o diálogo como objeto de análise na Aquisição da Linguagem.

Tal empreendimento encontra ressonância em estudos de Aquisição de autores franceses.[14] Todos esses trabalhos já percorreram um caminho que nos leva a continuar nossa investigação. Caminho que, por exemplo, vislumbrou a importância que deve ser dada ao outro no processo de aquisição. Outro que nos constitui, em reflexo e refração de linguagem. Outro ativo, responsivo, independente de nós, mas atado em nós no processo da comunicação verbal.

Dessa forma, os trabalhos apresentados neste livro não são pioneiros no mundo dos estudos em Aquisição, considerando que outros autores já haviam colocado os "óculos bakhtinianos" para observar a linguagem da criança.

Considerando as várias perspectivas teóricas, a partir das quais a linguagem da criança foi estudada, podemos dizer que não houve *uma* ou *a* teoria que tenha conseguido dar conta de explicar todo o processo de aquisição. Sempre são explicações para fragmentos do processo, cada qual recortado e visto, pertinentemente, para o fenômeno de seu lugar teórico. Nós também não propomos *uma* ou *a* teoria. Preferimos assumir a pesquisa de cada caso como enunciação única, de sujeitos específicos, em situações de comunicação singulares. Vale dizer que neste livro usaremos o termo naturalístico para nos referirmos a essas enunciações únicas. O registro naturalístico, aqui, opõe-se ao método experimental em que se criam situações artificiais para se observar as produções linguísticas das crianças frente a tarefas escolhidas para esses contextos. Nesse sentido, entendemos o termo naturalístico como remetendo à coleta de dados realizada em situações reais de uso da linguagem, em que a criança interage com familiares, em geral com a presença do pesquisador que filma essa interação. Gostaríamos de salientar que temos consciência de que não se trata de uma situação totalmente natural de uso da linguagem; afinal, nela se insere o pesquisador que é um outro nessa interação.

Mais que observar e descrever o processo, analisá-lo se mostra *sine qua non*, uma vez que compreender um determinado processo de maneira "singular" pode contribuir, de uma outra maneira, para refletir sobre o processo como um todo, de forma generalista, embora se tenham em vista as heterogeneidades dos sujeitos, tempos e espaços de cada situação enunciativa. Com isso, não queremos homogeneizar o processo, mas refletir sobre ele a partir do ponto de vista da heterogeneidade.

Acreditamos que no fazer científico o diálogo que estabelecemos com as descobertas precedentes – ou com a ausência delas – torna possível avançar. Não se pode negar a importância e o papel daquilo que é inato no processo de aquisição, do papel dos reforços, da interação, dos aspectos cognitivos, neurais, emocionais, sociais, entre outros. Infelizmente, ainda não se descobriu uma forma de dar conta de todos esses aspectos ao mesmo tempo – se isso for de fato possível –, a não ser a partir de um trabalho interdisciplinar que considere a relação entre o singular e o coletivo.

Todas as pesquisas que têm como foco a fala da criança são igualmente importantes, não havendo teorias melhores ou piores. O pesquisador não é aquele que julga, mas o que reflete sobre os dados e tenta descobrir maneiras de compreensão do fenômeno. E isso pode ser feito de prismas diferentes, todos fundamentais. Assim, um estudo qualitativo não é melhor ou pior que um quantitativo: tudo depende dos objetivos do trabalho, da teoria e da metodologia de base do pesquisador.[15] Em se tratando de uma área das Ciências Humanas, há de se considerarem aspectos que não são levados em conta em outros domínios, como o da Matemática, entre outros. Retomamos, aqui, um trecho de Ponzio[16] que nos parece bastante pertinente para tal discussão:

> Atualmente predomina a ideologia da produtividade e da eficácia, que exalta especialmente as ciências físico-matemáticas e as pesquisas científicas que podem melhorar a produção. Ao contrário, a palavra de Bakhtin, desde o primeiro até o último de seus ensaios de 1974, contribui para recuperar o sentido e a importância, não só da literatura, mas também das ciências

humanas. Ao colocar-se a questão da metodologia das ciências humanas, Bakhtin se pergunta pelo sentido do homem. E, de fato, devemos recordar que nenhuma das razões do progresso tecnológico nem do desenvolvimento científico pode justificar o esquecimento de uma pergunta como essa.

Ao indagar-se sobre qual seria o objeto das Ciências Humanas, Bakhtin coloca que não era mais possível pensar em se eleger uma coisa sem voz (coisificação), e isso porque as Humanidades lidam com seres humanos, sujeitos produtos de formas dialógicas de apreensão de mundo. Nesse sentido, a palavra – do adulto ou da criança –, enquanto enunciação de um sujeito, não pode ser tomada como objeto (coisa).

> [...] Qualquer objeto do saber (incluindo o homem) pode ser percebido e estudado como coisa. Mas o sujeito como tal não pode ser percebido e estudado como coisa porque, como sujeito e permanecendo sujeito, não pode tornar-se mudo; consequentemente, o conhecimento que se tem dele só pode ser dialógico.[17]

O trabalho do Círculo rompe com a concepção de um sujeito genérico autônomo e instala um sujeito *em relação* (eu-outro e mundo). Seja explícita ou implicitamente, toda enunciação traz em si marcas de um sujeito, sem que a análise dessa subjetividade linguageira[18] se reduza ao simples levantamento de algumas marcas que tornariam o sujeito presente em seus discursos, como, por exemplo, o emprego dos pronomes pessoais, os indicadores de dêixis etc.

Isso significa dizer que trazer dados estatísticos, números, para os estudos em Ciências Humanas requer cuidado e, mais do que isso, indagações que justifiquem tal abordagem metodológica. Essa questão será mais bem discutida no penúltimo capítulo deste volume.

Os trabalhos deste livro partem desses pressupostos. Ao trazerem os estudos de Bakhtin e do Círculo, pretendem contribuir com a área. Por meio dessa abordagem, pretendemos enxergar um pedaço – ainda obscuro – da linguagem da criança, de seu discurso, da voz desse sujeito.

Nosso objetivo é *o rigor, não a rigidez.*[19] Trata-se, portanto, de buscar, nas reflexões desses autores, caminhos que permitam nos aproximar, no diálogo com outros autores, do que ainda não foi desvendado na Aquisição, fornecendo modos de compreensão a partir de novos contextos e matizes, para usar os termos de François.[20]

Assim, acreditamos que, para além do ineditismo, nossa contribuição para a área – e para todas as outras que dela se beneficiam – encontra-se na proposta de se empreender uma obra que reúna, em um só lugar, autores e trabalhos cujos "óculos" são os mesmos para se olhar a linguagem da criança.

Os "óculos" bakhtinianos

Uma noção que se encontra no cerne das demais é a concepção de língua na perspectiva bakhtiniana. Trata-se não mais de uma noção de língua abstrata, alheia à vida concreta do discurso (olhar da Linguística estrutural), mas uma noção de língua concreta e viva, mobilizada pelos sujeitos, neste caso, as crianças. Segundo Faraco[21]

> Por mais legítima e produtiva cientificamente que seja essa abstração, temos de reconhecer que ela tem pouco a dizer quando queremos entender nossas práticas discursivas, ou seja, a língua como realidade vivida. E, nesse sentido, essa poderosa abstração tem pouco a dizer quando se trata de pensar as inúmeras situações de pesquisas aplicadas em linguagem que envolvem sempre e necessariamente a língua como realidade vivida, da qual não se pode, obviamente, excluir os falantes.
>
> Assim, parece ser indispensável deixar que a crítica radical à imagem tradicional da pessoa humana ressoe, enfim, nos estudos linguísticos; é fundamental que a intersubjetividade deixe de ser abordada como acidental ou fortuita e passe a ser abordada como eixo orgânico da realidade linguística.

Concebemos a língua, então, como *organismo vivo*, repleto de significações ideológicas e constituído histórica e socialmente. A língua só pode ser entendida e estabelecida no fluxo da comunicação verbal. A enunciação é, portanto, parte do diálogo, de um processo de comunicação ininterrupto, e a compreensão plena de qualquer discurso pressupõe uma atitude responsiva.[22]

A dinamicidade característica dessa noção de língua depende enormemente da interação dos falantes – no caso, crianças – com seus interlocutores (pais, professores, amigos etc.). Nesse sentido, a proposta que trazemos para os estudos de Aquisição é a de poder observar o que ela elege como foco: o outro como horizonte – e não o *eu*.

No que se refere ao discurso da criança, consideramos o fato de que suas produções serão, durante um bom tempo, interpretadas pelo outro dentro da instância do diálogo. Dessa forma, os holofotes que Bakhtin e o Círculo direcionam para o outro fazem todo sentido.

Muitos trabalhos dentro da área de Aquisição se dedicaram à fala dirigida à criança, à fala dos pais, dos amigos etc.[23] como forma de tentar desvendar as origens de algumas produções infantis; então, mesmo sem utilizar a perspectiva bakhtiniana, podemos considerar que esses estudos já estavam atentos para o que a escuta dessa fala adulta produziria na fala da criança.

É só no outro que encontramos o "excedente de visão", condição para o sujeito tomar consciência de si (posição de exotopia), *a percepção de que o si não é sem o outro.*[24]

Essa ideia de indissociabilidade do eu e do outro fundamenta-se na intersubjetividade. Diz Faraco:[25]

> Entre o início do séc. XIX e séc. XX assume-se como fundamento a intersubjetividade, isto é, vai fazendo crescer a ideia de que é impossível pensar o ser humano fora das relações com o outro. Em consequência, vai pondo em xeque a precedência do indivíduo e asserções de que a linguagem, antes de ser para a comunicação, é para a elaboração. Na perspectiva da intersubjetividade, a elaboração só se torna possível mediada pela comunicação. Assim fundada, a atividade intelectual começa a se abrir para a relevância da alteridade, da interação, da subjetividade social; e, por consequência, para um progressivo senso de que a apreensão e a compreensão das realidades humanas passam sempre e necessariamente por processos inter-relacionais. A interação, nesse quadro, não pode ser, de modo algum, secundarizada. Também não pode ser reduzida a soluções contratuais ou a uma espécie de contradança entre pares que se encontram fortuitamente. A interação, longe de ser apenas acidente (tarefa de ocasião), adquire um caráter de organicidade. É ela que passa a explicar.
> Essa percepção, expressa de início (e até paradoxalmente) pelos filósofos idealistas alemães no início do século XIX, voltará em Marx com a ênfase nas relações sociais no interior do quadro dos modos de produção; [...]. No século XX, estará em formulações religiosas e éticas como em Martin Buber ou Emanuel Lévinas; na teoria da cognição de Vygotsky; na psicanálise de Lacan; e em várias correntes filosóficas, bastando lembrar do existencialismo, ou de Habermas, ou de Ricoeur; sem esquecer de Bakhtin que foi quem explorou extensamente a questão da intersubjetividade justamente no âmbito da linguagem que, por razões óbvias, está no centro de toda essa concepção, mas que, por força da poderosa episteme que sustenta a linguística, é ainda motivo de inúmeros embaraços e dilemas.

O outro tem papel fundamental na constituição da identidade do sujeito. Identidade que se constrói dialógica e dialeticamente, em uma relação de aproximação e, ao mesmo tempo, de distanciamento do outro:

> É nos lábios e no tom amoroso deles [da mãe e de seus próximos] que a criança ouve e começa a reconhecer seu *nome*, ouve denominar seu corpo, suas emoções e seus estados internos: as primeiras palavras, as mais autorizadas, que falam dela, as primeiras a determinarem sua pessoa, e que vão ao encontro da sua própria consciência interna, ainda confusa, dando-lhe

> forma e nome, aquelas que lhe servem para tomar consciência de si pela primeira vez e para sentir-se enquanto *coisa-aqui*, são as palavras de um ser que a ama. As palavras amorosas e os cuidados que ela recebe vão ao encontro de sua percepção interna e nomeiam, guiam, satisfazem – ligam ao mundo exterior como uma resposta, diríamos, que demonstra o interesse que é concedido a mim e à minha necessidade – e, por isso, diríamos que dão uma forma plástica ao infinito "caos movediço" da necessidade e da insatisfação no qual ainda se dilui todo o exterior para a criança, no qual se dilui e se afoga também a futura díade de sua pessoa confrontada com o mundo exterior.[26]

Se tomarmos o exemplo de uma produção da criança que inspirou um trabalho sobre o humor na linguagem infantil,[27] talvez consigamos explicitar melhor esses e outros conceitos.

G., aos 2 anos, viajou com a família para o interior de São Paulo, uma cidade pequena, cuja atração principal era a praça e o algodão-doce que nela se vendia. Assim que viu a guloseima, G. não hesitou em pedir aos pais que comprassem o "al*bun*dão-doce". Tal produção causou o riso em toda a família, mas, nesse momento, G. ainda não entendia o que causava essa reação neles. Aos poucos, ainda utilizando a expressão, passou a perceber o efeito de sua produção e a adotou como uma espécie de "palavra mágica", cada vez que desejava que a mãe lhe fizesse ou comprasse algo. De acordo com o relato da mãe, feito sob a forma de diário,[28] o uso recorrente desse nome e os constantes risos de todos acabaram por conscientizar G., que passou a rir também de sua própria produção.

Há dois aspectos interessantes a serem ressaltados a respeito desse episódio. O primeiro é que ele nos mostra, entre outras coisas, a necessidade de um cruzamento de vozes para a constituição da subjetividade/alteridade (A quem se dirige sua produção? À mãe, ao pai, à irmã? À imagem que G. faz deles? A que se deve essa produção? A enunciados cristalizados ou pronunciados por adultos?); o segundo é que a interpretação dos outros fez aos poucos com que a consciência de G. despertasse: "Assim como o corpo se forma originalmente dentro do corpo materno, a consciência do ser humano desperta envolta na consciência do outro".[29] Mas de que maneira explicar a substituição al*bun*dão/al*go*dão?

As crianças não entram na linguagem do mesmo modo, justamente porque são singulares, o que torna difícil a tarefa de se falar *da linguagem*. Isso significa que cada uma delas vai voltar sua atenção para diferentes aspectos dessa linguagem: a repetição, a brincadeira, os modelos entoativos, as palavras (para retomá-las ou reinventá-las), as maneiras de significar.

Da mesma forma, assim como os adultos têm assuntos sobre os quais falam ou não, discursos alheios que são mais ou menos retomados, as crianças, dependendo do interlocutor, não vão falar da mesma maneira, nem dos mesmos objetos. São as diversas maneiras de a linguagem funcionar, os diferentes gêneros de discurso.

> De maneira muito breve, poderíamos distinguir aqui:
> – Os tipos de condutas discursivas: falar sozinho ou com os outros, publicamente ou consigo mesmo, limitar-se a responder ou tomar a iniciativa, depender mais ou menos do discurso do outro, falar "como" esse ou aquele, ter um discurso autoritário ou acanhado, falar desse ou daquele objeto, presente ou ausente, procurar utilidade naquilo que diz ou falar por prazer, na violência, no conflito ou na concordância, é o que poderíamos chamar de "maneiras de estar na linguagem".
> – Aquilo que combina com as relações diversificadas no conteúdo e nos discursos já prontos que são descrever, contar, explicar, argumentar, portanto, os grandes gêneros, eles próprios diversificados: quantas maneiras de contar? E cada subgênero, conto ou argumentação, diversifica-se por sua vez.
> – Esses dois níveis realizam-se especificamente naquilo que chamamos aqui de "movimentos", as maneiras particulares de encadear em si e em outrem.
> A articulação desses três aspectos varia amplamente de acordo com a inclusão em grupos, bem como com o grau de continuidade ou de ruptura entre a linguagem da escola, a da televisão e/ou da família.[30]

Considerando que não falamos por palavras ou enunciados isolados, acreditamos, em concordância com Bakhtin,[31] que, ao ouvir a fala do outro, aprendemos a estruturar enunciados, a moldar nossa fala às formas do gênero do discurso. Segundo o filósofo russo,

> Os gêneros do discurso organizam nossa fala da mesma maneira que a organizam as formas gramaticais (sintáticas). [...] ao ouvir a fala do outro, sabemos de imediato, bem nas primeiras palavras, pressentir-lhe o gênero, adivinhar-lhe o volume (a extensão aproximada do todo discursivo), a dada estrutura composicional, prever-lhe o fim, ou seja, desde o início, somos sensíveis ao todo discursivo que, em seguida, no processo da fala, evidenciará suas diferenciações.[32]

Partir do princípio de que a criança entra no mundo da língua(gem) pelo gênero significa dizer que ela adquire enunciados que fazem parte de um *cenário*: o das conversas em família, das festas de aniversário, da praia etc., o que significa que existe todo um universo linguístico que acompanha essas situações.

Diante disso, acreditamos que para se estudar a linguagem é preciso, primeiro, se estudar o processo de aquisição dela pela criança. Entender esse processo nos mostra que não há modelos de locutores ideais, nem uma língua formada por palavras e regras, mas uma *comunicação desigual*.[33]

Nesse sentido, não se pode dizer que a criança *faça uso da língua*, mas, antes, que ela é confrontada com variados usos, dependendo do interlocutor, e é esse confronto que lhe permitirá retomar integral ou parcialmente o que ela ouve, modificando totalmente ou apenas em parte. E ainda que retome totalmente o que ouve, não podemos dizer que se trata do mesmo texto, porque as condições de produção da criança são certamente diversas das em que o adulto teria produzido determinada forma: "[...] quando a criança 'entra na linguagem', ela refaz o trabalho de relacionar aquilo que chega a ela por caminhos diferentes: o campo da percepção, da ação, do sentido, do poder e da impotência e o campo das palavras".[34]

Seja com as produções de crianças ou de adultos, nós sempre podemos nos questionar sobre a origem de determinadas palavras, expressões, enunciados ("De onde essa menina tirou isso?"), em que medida a linguagem é "de nós" ou "por meio de nós".[35]

Quando a criança começa a falar, procura orientar-se, funciona por modos mais ou menos previsíveis, alternados de aceitação e recusa – nem sempre os "sins" e os "nãos" correspondem ao que seus interlocutores pensam ter compreendido –, continuidade, descontinuidade, deslocamento, tanto no que se refere ao sentido *verbal* quanto ao *corporal*.

> De início, isso acontece pelo fato de as ações de referência, sejam elas do adulto que se dirige à criança, ou da criança, colocarem-se naquilo que se poderia chamar de um mundo de forte pregnância, no qual a referência comum tem grandes chances de se fixar. Mostram-se objetos fáceis de serem identificados – um rosto, uma pessoa conhecida – acompanhados de um comentário sobre ações familiares, bem conhecidas, cenas que vão marcar o tempo, permitir que se situe nele.
>
> [...]
>
> Desse modo, designando com o dedo um carrinho que ele jogou para o adulto, o bebê manifesta várias coisas: mostra inicialmente que ele quer que o devolvam, e exprime um pedido para que o atendam. Mas ele quer exprimir também seu prazer em interagir com o adulto, pois apontar o dedo também faz parte de um jogo de alternância. Enfim, fazendo o gesto, ele toma consciência de que lhe falta alguma coisa: esse carrinho que está diante dele mas fora de seu alcance. O dedo estendido permite-lhe também deixar entender o que ele quer [...]. E Danon-Boileau detalha seu pensamento observando que entre as crianças que apresentam alguma dificuldade, o gesto, justamente, não significa tudo isso ao mesmo tempo.[36]

Por essa razão, ao analisarmos as falas das crianças é preciso observar o que cerca suas produções: quem são seus interlocutores, em que contextos são produzidas, se outras situações (anteriores) estabelecem relação com o que ela produz agora etc., em suma, o que marca os sujeitos e a situação de enunciação.

Terminando este capítulo e abrindo para os próximos...

Para finalizar, cabe-nos dizer que nosso objetivo foi levantar algumas noções que serão tratadas ao longo dos próximos capítulos deste livro, dentre elas: a de diálogo entre enunciados; a de alteridade/subjetividade/identidade; a de multimodalidade nos dados infantis; a de interação dialógica regida pelo gênero do discurso; a de singularidade.

Um sujeito só pode se constituir enquanto tal na relação com os discursos e a ideologia. Relação esta que está em constante mudança se considerarmos que o sujeito é frequentemente confrontado com discursos, respondendo a eles – seja como memória passada ou memória de futuro. Nessas respostas é que podemos entrever um posicionamento do sujeito, que, sendo só dele, é, portanto, singular, porque contido em certo espaço-tempo.

Podemos flagrar alguns desses posicionamentos pelas marcas que o sujeito deixa em seu discurso, marcas singulares. Nesse sentido, a singularidade da resposta no ato é expressão da subjetividade. A organização particular observada na língua(gem) da criança no período de aquisição revela um sujeito que, posicionado no diálogo, distingue-se do outro pela singularidade de sua fala. Por essa razão, as relações entre a fala da criança e de seu interlocutor serão relevantes para nós nas discussões presentes nos capítulos deste livro.

Notas

1 Herbinet, 1985; Brezinka et al., 1997; Verri, 1999.
2 François, 1993, 1994, 2004, 2006.
3 1999, 2003, Salazar-Orvig et al, 2010 a, 2010b.
4 O GEALin faz parte do grupo NALingua-CNPq (Núcleo de Estudos em Aquisição da Linguagem) e conta com a participação de alunos de graduação e pós-graduação, cujos projetos se inscrevem na linha de pesquisa: "Estudos sobre a linguagem da criança: sentido, corpo e discurso".
5 2001, 2007.
6 1984, 1991, 2004.
7 François, 2006, p. 183.
8 De Lemos, 1982, 1992; Pereira Castro 1985a, 1985b; Figueira, 1995a, 1995b, 1996; entre outros autores.
9 1988.
10 2003, 2004.
11 De Lemos, 1994.
12 De Lemos, 1995.

[13] No trabalho de 1994.
[14] François, 1993, 1994, 2004, 2006; Salazar-Orvig, 1999, 2003.
[15] Del Ré, no prelo; Del Ré, Romero, 2012.
[16] 2008, p. 26.
[17] Bakhtin, 1997, p. 400.
[18] Del Ré, Hilário, Vieira, 2012.
[19] Geraldi, 2008, p. 8.
[20] 2006.
[21] 2001, p. 8, 9.
[22] Bakhtin/Voloshinov, 1988.
[23] Newport et al., 1977; Snow, 1977; Cavalcante, 2000; Marcos, 2004.
[24] Faraco, 2001, p. 8.
[25] Idem, p. 7.
[26] Bakhtin,1997, p. 67-8.
[27] Del Ré, 2011.
[28] Idem.
[29] Bakhtin,1997, p. 378.
[30] François, 2006, p.194.
[31] 1997, p. 302.
[32] Bakhtin, 1997, p. 302.
[33] François, 2006.
[34] Idem, p. 187.
[35] Idem, ibidem.
[36] Idem, p. 193.

Bibliografia

BAKHTIN, M. M. O autor e o herói. *Estética da criação verbal.* Trad. Maria Ermantina Galvão G. Pereira. 2. ed. São Paulo: Martins Fontes, 1997, pp. 23-220.

BAKHTIN/VOLOSHINOV, V. N. *Marxismo e Filosofia da Linguagem.* Problemas fundamentais do método sociológico na ciência da linguagem. Trad. Michel Lahud e Yara Frateschi Vieira. 4. ed. São Paulo: Hucitec, 1988.

BREZINKA, C.; LECHNER, T.; STEPHAN, K. The fetus and noise. *Gynakol Geburtshilfliche Rundsch,* 1997, pp. 119-29.

BRUNER, J. Contexts & formats. In: MOSCATO, M.; PIÉRAULT-LE BONNIEC, G. (ed.). *Le langage. Construction et Actualisation.* Rouen: Université de Rouen, 1984, pp. 69-79.

______. *Le développement de l'enfant*: savoir faire, savoir dire. 3. ed. Paris: Presses Universitaires de France, 1991.

______. *Comment les enfants apprennent à parler.* Paris: Retz, 2004.

CAVALCANTE, M. C. B. Da voz à língua: a prosódia materna e o deslocamento do sujeito na fala dirigida ao bebê. *Revista Sínteses,* Campinas-SP, v. 5, 2000, pp. 7-529.

CHOMSKY, N. *New horizons in the study of language and mind.* Foreword to Neil Smith. Cambridge: Cambridge University Press, 2000. pp.vi-xvii.

COUDRY, M. I. H. *Diário de Narciso*: discurso e afasia. São Paulo: Martins Fontes, 1988.

DE LEMOS, C. T. G. Sobre aquisição de linguagem e seu dilema (pecado) original. *Boletim da ABRALIN.* Curitiba, n. 3, 1982, pp. 97-126.

______. Los procesos metafóricos y metonímicos como mecanismos de cambio. *Substratum.* Barcelona, v. 1, n. 1, pp. 121-35.

______. A função e o destino da palavra alheia: três momentos da reflexão de Bakhtin. In: BARROS, D. L. P. DE; FIORIN, J. L. (org.). *Dialogismo, polifonia, intertextualidade*: em torno de Bakhtin. São Paulo: Edusp, 1994, pp. 37-43.

______. Língua e discurso na teorização sobre aquisição de linguagem. *Letras de Hoje.* Porto Alegre, v. 30, n. 4, dez.1995, pp. 9-28.

DEL RÉ. A. Pluralismo teórico-metodológico em Aquisição da Linguagem: o lugar do sujeito e da linguagem nas pesquisas. In: GONÇALVES, A.; GÓIS, M. L. (org.). *Os métodos e os dados nas ciências da linguagem.* São Paulo: Mercado de Letras, no prelo.

______. A. *A criança e a magia da linguagem*: um estudo sobre o discurso humorístico. São Paulo: Cultura Acadêmica, 2011.

______; HILÁRIO, R. N.; VIEIRA, A. J. Subjetividade, individualidade e singularidade na criança: um sujeito que se constitui socialmente. *Bakhtiniana: Revista de Estudos do Discurso,* v. 7, 2012, pp. 57-74. Disponível em: <http://revistas.pucsp.br/index.php/bakhtiniana/article/view/10331/9325>. Acesso em: 15 jun. 2013.

______; Romero, M. O pluralismo teórico em aquisição de linguagem e suas implicações para a metodologia, os dados e a ética na pesquisa In: Del Ré, A.; Romero, M. (org.). *Na língua do outro*: estudos interdisciplinares em aquisição de linguagens.1. ed. São Paulo: Cultura Acadêmica, v. 1, 2012, pp. 15-26.

Faraco, C. A. Pesquisa Aplicada em Linguagem: alguns desafios para o novo milênio. *D.E.L.T.A.*, 17 edição especial, 2001, pp. 1-9.

Figueira, R. A. A palavra divergente: previsibilidade e imprevisibilidade nas inovações lexicais da fala de duas crianças. *Trabalhos de Linguística Aplicada,* Campinas, v. 26, 1º dez. 1995a, pp. 49-80.

______. Erro e enigma na aquisição da linguagem. *Letras de Hoje,* Porto Alegre, v. 30, n. 4, dez.1995b, pp. 145-62.

______. O erro como dado de eleição nos estudos de aquisição da linguagem. In: Castro, M. F. P. de (org.). *O método e o dado no estudo da linguagem.* Campinas: Ed. da Unicamp, 1996, pp. 55-86.

François, F. *Pratiques de l'oral. Dialogue, jeu et variations des figures du sens.* Paris: Nathan pédagogie, 1993.

______. *Morale et mise en mots.* Paris: L'Harmattan, 1994.

______. *Enfants et récits. Mises em mots et "reste".* Lille: Presses Universitaires du Septentrion, 2004.

______. O que nos indica a "linguagem da criança": algumas considerações sobre a "linguagem". Trad. Guacira Marcondes Machado Leite. In: Del Ré, A. (Org.). *Aquisição da linguagem*: uma abordagem psicolinguística. São Paulo: Contexto, 2006, pp.183-200.

François, F.; Hudelot, C.; Sabeau-Jouannet, E. *Conduites linguistiques chez le jeune enfant.* Paris: PUF, 1984.

Herbinet, E. Compétence néonatale dans l'interaction et l'apprentissage prénatale. *Neuropsychiatrie de l'enfance et de l'adolescence,* 33 (2-3), 1985, pp. 53-8.

Geraldi, W. Apresentação. In: Ponzio, A. *A revolução bakhtiniana.* Trad. Valdemir Miotello. São Paulo: Contexto, 2008, pp. 7-10.

Lemos, M. T. de. *A língua que me falta*: uma análise dos estudos em aquisição de linguagem. Campinas, 1994. Tese (Doutorado em Linguística) – Instituto de Estudos da Linguagem, Universidade Estadual de Campinas.

Marcos, H. Apports de l'adulte à l'acquisition du langage. In: Marcos, H. et al. *Aprendre à parler*: Influence du mode de garde. Paris: L'Harmanttan, 2004.

Macwhinney, B. *The CHILDES Project*: Tools for Analyzing Talk. 3rd Edition.

Mahwah, NJ: Lawrence Erlbaum Associates, 2000.

Newport, E. L.; Gleitman, L. R. Mother I'd rather do it myself: some effects of effects of maternal speech style. In: Snow, C.; Fergunson, C. (ed.). *Talking to children*: Language, input and acquisition. Cambridge: Cambridge University Press, 1977.

Novaes-Pinto, R. C. Contribuição de conceitos bakhtinianos para a análise de dados nas diferentes formas de afasias. *Estudos Linguísticos,* v. 32, 2003, pp. 1-4.

______. A adoção de conceitos bakhtinianos para a análise de linguagem de sujeitos afásicos. *Lingua(gem),* v. 1, 2004, pp. 111-48.

Pereira Castro, M. F. On conditionals as dialogue constructs. In: Dascal, M. (org.). *Dialogue*: an interdisciplinary approach. 1. ed. Amsterdam/Philadelphia: John Benjamins, 1985a, pp. 101-13.

______. Processos dialógicos e construção de inferências e justificativas na aquisição da linguagem, Tese (Doutorado em Linguística) - Instituto de Estudos da Linguagem, Universidade Estadual de Campinas, 1985b.

Ponzio, A. *A revolução bakhtiniana.* São Paulo: Contexto, 2008.

Salazar-Orvig, A. *Les mouvements du discours*: style, référence et dialogue dans des entretiens cliniques. Paris: L'Harmattan, 1999.

______. L'inscription dialogique du jeune enfant: évolution, diversité et hétérogénéite. *Revue Tranel* (Travaux neuchâtelois de linguistique), 38/39, 2003, pp. 7-24.

et al. Dialogical beginnings of anaphora: The use of third person pronouns before the age of 3. *Journal of Pragmatics,* 2010a, 42, pp. 1842-1865.

et al. Dialogical factors in toddlers' use of clitic pronouns. *First Language* 30(3-4), 2010b, pp. 375–402.

Snow, C. E. Mothers' speech research: From input to interaction. In: SNOW, C.; Ferguson, C. (ed.). *Talking to children:* language, input and acquisition. Cambridge: Cambridge University Press, 1977.

Verri, G. *A gestante exposta ao ruído*: efeitos auditivos para o feto. Porto Alegre: Centro de Especialização em Fono-audiologia Clínica, 1999.

Vygotsky, L. S. *A construção do pensamento e da linguagem.* São Paulo: Martins Fontes, 2001.

______. *A formação social da mente.* 7. ed. São Paulo: Martins Fontes, 2007.

Relações entre Bakhtin e Bruner nos estudos em Aquisição

Rosângela Nogarini Hilário
Luciane de Paula
Rafaela Giacomin Bueno

Os estudos em Aquisição da Linguagem têm vasta tradição na descrição do percurso percorrido pela criança em direção à aquisição de aspectos gramaticais, incluindo a fonologia da língua. Eles se centram ou na expansão do vocabulário, ou no uso produtivo da gramática, ou no processamento automático da(s) língua(s). Algumas linhas de investigação buscam identificar, cronologicamente, o período em que a criança é capaz de produzir ("adequadamente") cada um dos sons da língua. Em outras, o foco se encontra nas relações entre o *input* e a produção linguística, bem como na inserção progressiva de novas palavras no vocabulário da criança. Cresce, ainda, a cada ano, o número de pesquisas de base quantitativa que, a partir do controle sistemático de variáveis, investigam como se dá o processamento e a compreensão da língua e, para isso, valem-se de experimentos minuciosamente pensados, grandes populações e análises estatísticas. Boa parte desses estudos tem como pressuposto um modelo de língua baseado na gramática do adulto (a chamada "língua alvo") e as condições para produção/compreensão da mesma acabam sendo localizadas no indivíduo – na maturação biológica, por exemplo. Esses estudos, tão importantes para a área de Aquisição, oferecem um quadro apenas parcial sobre a entrada da criança na língua(gem).

Nossa reflexão parte do seguinte ponto: o que mais podemos dizer sobre a entrada da criança na língua(gem), visto que há uma diferença importante entre a capacidade de produzir sons, morfemas, palavras, frases e a capacidade real de adentrar em um jogo de sentidos cada vez mais complexo?

Acreditamos, assim, que as reflexões propostas por Bakhtin[1] acerca dos gêneros do discurso, enquanto organizadores da atividade discursiva de qualquer falante em qualquer comunidade linguística, podem apontar caminhos para a compreensão do processo de aquisição da linguagem verbal, sendo que a criança é vista, desde o início, como sujeito na relação com a palavra do outro (é significada como tal). O que ocorre com o processo de aquisição da língua é a entrada no universo articulado e simbólico do signo verbal, sempre ideológico, típico do universo humano (sem desprezar outros tipos de comunicação ou de linguagens). Encontramos, para pensar na passagem do domínio da linguagem não verbal ao da verbal, respaldo nos estudos de Bruner,[2] que identificou certa estrutura que se formatava na interação mãe/criança durante os primeiros anos de vida. Sendo assim, pretendemos colocar em paralelo o conceito de *gêneros do discurso*, de Bakhtin, e de *formatos*, de Bruner, buscando, com isso, compreender como se dá a entrada da criança na língua(gem) verbal.

Essa proposta tem inspiração nos trabalhos de Frédéric François[3] e Anne Salazar-Orvig,[4] pesquisadores que também direcionaram seu olhar para a aquisição da linguagem a partir dos estudos bakhtinianos e, no caso de François, de sua relação com os estudos de Bruner e Vygotsky.

Gêneros do discurso e formatos rotinizados

De acordo com Bakhtin, a linguagem é organizada em gêneros e estes se formam nas esferas de atividades, sendo compostos por forma, conteúdo e estilo, podendo ser categorizados como primários e secundários. Não há discurso sem gênero e, segundo Bakhtin,

> Esses gêneros do discurso nos são dados quase da mesma forma que nos é dada a língua materna, a qual dominamos livremente até começarmos o estudo teórico da gramática. A língua materna – sua composição vocabular e sua estrutura gramatical – não chega ao nosso conhecimento a partir de dicionários e gramáticas, mas de enunciações concretas que nós mesmos ouvimos e nós mesmos reproduzimos na comunicação discursiva viva com as pessoas que nos rodeiam.[5]

Segundo o autor, se os gêneros não existissem, se não nos fossem dados juntamente com a língua, se tivéssemos que "inventá-los", a comunicação discursiva seria praticamente impossível.[6] Mas, afinal, qual é a relação dos gêneros com a entrada da criança na língua(gem)?

Bakhtin define os gêneros do discurso como "tipos relativamente estáveis de enunciados"[7] que circulam em campos (esferas sociais) de uso da linguagem. Não é possível mensurar a riqueza e a diversidade de gêneros do discurso, pois estes são constituídos na heterogeneidade, ou seja, eles se combinam e se complexificam.

Os gêneros primários são aqueles que circulam mais livremente na vida cotidiana e organizam a interação imediata entre falantes. Trata-se, pois, das réplicas do diálogo, do relato do dia a dia, das formas rotineiras de saudação etc. Os gêneros secundários são, por sua vez, aqueles que circulam em esferas sociais mais específicas, devido a seu maior acabamento e a sua maior complexidade. Estes, no entanto, não estão alheios aos primeiros, pelo contrário: os gêneros secundários incorporam e reelaboram os gêneros primários. São exemplos de gêneros secundários, então, a publicidade, os documentos oficiais, a literatura, a filosofia, entre outros.

A vinculação dos gêneros por campos de atividade humana se opõe à tradicional classificação tipológica que estratifica as atividades humanas de linguagem, vistas de forma artificial e estática, baseada nos estilos de linguagem, até porque, para Bakhtin, "o estilo integra a unidade de gênero do enunciado como seu elemento".[8] O autor argumenta que

> Onde há estilo há gênero. A passagem do estilo de um gênero para outro não só modifica o som do estilo nas condições do gênero que não lhe é próprio como destrói ou renova tal gênero.[9]

Há, portanto, gêneros mais propícios a um estilo individual, como a literatura de ficção; enquanto outros, como ordens militares, estão mais presos a uma forma padronizada.

Bakhtin traz à tona, ainda, a inescapável problematização da unidade de análise. Enquanto a oração é tida como uma unidade da língua, o enunciado é entendido como uma unidade do discurso. Nisso está ancorado o dialogismo bakhtiniano: embora seja perfeitamente possível compreender o significado linguístico de uma oração isolada, bem como antecipar minimamente seu papel no discurso, só se assume uma posição responsiva em relação ao dizer quando este se realiza enquanto enunciado. O enunciado é composto e atribuído a sujeitos históricos (eu-outro discursivos), ao contrário das unidades significantes da língua, "impessoais". É nesse sentido que o enunciado é tido, pelo Círculo, como um elo na cadeia da comunicação verbal: é sempre uma resposta a enunciados anteriores e posteriores, bem como, por sua vez, suscita respostas.

As "fronteiras" de um enunciado são determinadas pela alternância dos sujeitos (dos locutores). Não se trata, contudo, apenas das réplicas propriamente ditas em um diálogo realizado por dois sujeitos empíricos que se alternam nos turnos da conversação. O enunciado, segundo Bakhtin, reflete o processo de comunicação verbal, está intimamente ligado a outros enunciados, às vezes para negá-los, outras para juntar-se a eles, em franco diálogo (diálogo, sob a perspectiva bakhtiniana, é embate de vozes sociais vistas de maneira viva no discurso, tido como "arena"). Os enunciados estão necessariamente localizados em certo espaço-tempo, ou seja, são produzidos cultural e ideologicamente. Eles estão fortemente relacionados a um intuito discursivo do enunciador, a um querer dizer; e este, por sua vez, está intimamente ligado às formas típicas de estruturação do enunciado, já que o querer dizer do enunciador se realiza, antes de tudo, num gênero específico do discurso, marcado por traços enunciativos (estilo) que revelam as relações intersubjetivas autorais.

O que torna possível, então, a atividade responsiva/ativa no discurso é o fato de que há, no encadeamento dos enunciados, certa previsibilidade: eles se agrupam, se compõem mutuamente, mas, apesar da potencial plasticidade e flexibilidade, mantêm uma base estável. Segundo François,[10] a noção de gênero é um intermediário indispensável entre a generalidade assumida da língua e a especificidade dos atos enunciativos. Ela supõe tipos de enunciados e modos de encadeamento dos mesmos; caracteriza-se pelo que fazemos com a linguagem (mais que narrar, descrever, explicar/argumentar etc.) e pela atividade humana que abarca a produção discursiva.[11]

Com relação à entrada da criança na língua(gem), há pouquíssimas referências, nos textos de Bakhtin e dos demais autores do Círculo, ao período de aquisição. Afinal, o olhar desses autores estava voltado para a língua(gem) – o enunciado – em geral, e não para o processo de aquisição de língua (materna ou estrangeira), especificamente. Sendo assim, cabe a nós, em nossa contemporaneidade e a partir do lugar de onde enunciamos, estabelecer relações que não estão necessariamente explicitadas nos textos. Assim, para pensar a aquisição de língua materna, a referência ao conceito de *formato*, proposto por Bruner em seus estudos sobre a comunicação mãe/bebê desde o chamado *estágio pré-linguístico*,[12] mostra-se extremamente produtiva para o nosso intuito reflexivo aqui empreendido.

Como ponto de partida, trazemos um excerto extraído do *corpus* de ANA (2 anos e 6 meses).[13]

Excerto 1

Situação: ANA está no jardim da casa brincando enquanto a mãe e a irmã tomam uma xícara de café. O pai e a babá estão na sala de jantar.

(1) ANA: vo(u) canta(r) parabéns aqui. [posiciona-se em frente às plantas]
(2) IRM: você falo(u) que [ininteligível].
(3) MÃE: [tosse]
(4) MÃE: [ininteligível]
(5) IRM: quê?
(6) ANA: vem canta(r) parabéns! [fala para a irmã enquanto se posiciona atrás de uma planta]
[...]
(7) MÃE: qual que é a vela Ana? [pausa] num (es)to(u) entendendo.
(8) ANA: e:ssa velas. [aponta para as plantas do jardim]
(9) MÃE: são essas as velas?
(10) ANA: essa [pausa] é...

(11) IRM: ah, agora entendi. essas são [pausa] são as vela e aquele é o bolo. pronto.
(12) MÃE: nossa senhora!
(13) ANA: [ininteligível]
(14) MÃE: ah, o bolo é tudo, né?
(15) ANA: esse é o bolo. [aponta para o jardim]
[...] canta a música parabéns pra você
(16) MÃE: viva quem?
(17) ANA: Ana Clara Merita, viva! Viva Clara Merita! É pique, é pique, é pique.
[...]
[a criança assopra uma das plantas do jardim]
(18) MÃE: apago(u) as velas.
(19) MÃE: que bacana.
(20) ANA: agora vamo(s) corta(r) o bolo.

Vemos nesse trecho um estereótipo do que seria um formato já consolidado. Toda a cena se desenrola no jardim da casa, onde a criança propõe um "faz de conta", que tem como tema o momento de cantar parabéns de uma festa de aniversário. Fica claro que todo o contexto do salão da festa é evocado pelo enunciado "vou cantar parabéns aqui". Isso sugere um modelo de interação que não é um qualquer: a mãe questiona qual é a vela (pois há, para ambas, um pressuposto de que cantar parabéns está inserido em uma situação de aniversário, com bolo e velas) e sugere a continuidade da música ao dizer "viva quem?". Por fim, a criança anuncia a partição do bolo. Esse formato tão conhecido pelos interlocutores já havia, obviamente, sido repetido inúmeras vezes, seguindo esse mesmo padrão. O encadeamento dos enunciados é, portanto, familiar tanto para a criança quanto para o adulto.

Embora Bruner não tenha se referido aos gêneros do discurso nos moldes que Bakhtin o fez (uma vez que o foco do estudo de Bruner foi o desenvolvimento da comunicação mãe/bebê), é possível encontrar nos esquemas de interação identificados por ele algo que, em muito, se assemelha à "ordem do discurso" apontada por Bakhtin:

> Para a criança pequena entrar na linguagem, ela deve entrar nas relações sociais de um tipo que contextualize a linguagem em diálogo. Um formato é um exemplo simplificado deste tipo de relação. É um microcosmo de regras e laços em que o adulto e a criança fazem coisas um pelo outro. Como os padrões comunicativos e interacionais dos formatos entre a criança e o adulto começam antes da fala léxico-gramatical, eles são cruciais para a passagem da comunicação para a linguagem. Finalmente, adulto e criança se permitem fazer coisas um para o outro pelo uso da linguagem como um adicional aos meios não verbais.[14]

De acordo com o autor, os *formatos* são, inicialmente, determinados pelo adulto na interação com a criança. Essa interação rotinizada possibilita que os objetivos dos dois sujeitos (criança e adulto) sejam coordenados pela divisão do trabalho e pela divisão da iniciativa. Os formatos são incorporados como sub-rotinas desenvolvidas em cenários, tornando-se generalizáveis e bastante abstratos. Conforme o autor,

> Um formato envolve formalmente uma interação contingente entre, ao menos, duas partes de ação, contingente no sentido de que a ação de cada membro é dependente previamente do ato do outro. As intenções dos dois participantes não precisam ser as mesmas; o que se faz necessário é que as expectativas contingentes tomem forma de atos de fala em vez de outras formas de ação.[15]

Essas formas rotinizadas de interação foram observadas pelo pesquisador em dois estudos longitudinais. Bruner[16] acompanhou duas crianças (Jonathan e Richard) quinzenalmente, dos 5 aos 24 meses. Verificou, então, que a interação mãe/bebê se estruturava de tal forma que permitia à criança, pouco a pouco, posicionar-se no diálogo, inclusive com a alternância de papéis. Os jogos da infância são descritos por ele como "uma atividade surpreendentemente complexa"[17] e fornecem uma das primeiras ocasiões para o uso sistemático da linguagem.

Os principais jogos observados foram os jogos de esconder e aparecer, tendo como foco um objeto qualquer (um palhacinho escondido dentro de um cone, por exemplo) ou o próprio indivíduo (a mãe que se esconde atrás de um tecido ou de um móvel). O jogo, com ambas as crianças, estruturava-se em duas partes: a preparação e o desaparecimento, em seguida o reaparecimento e o restabelecimento. Trata-se, basicamente, da gestão de atenção conjunta e determinação de papéis (eu-outro), acompanhadas ou não de palavras.

O autor traz, em seu livro, um esquema do que seria essa estrutura profunda do jogo e a variação que se dá na superfície. Sendo assim, mantém sempre uma parte relativamente estável.

Figura 1. Estrutura do jogo.[18]

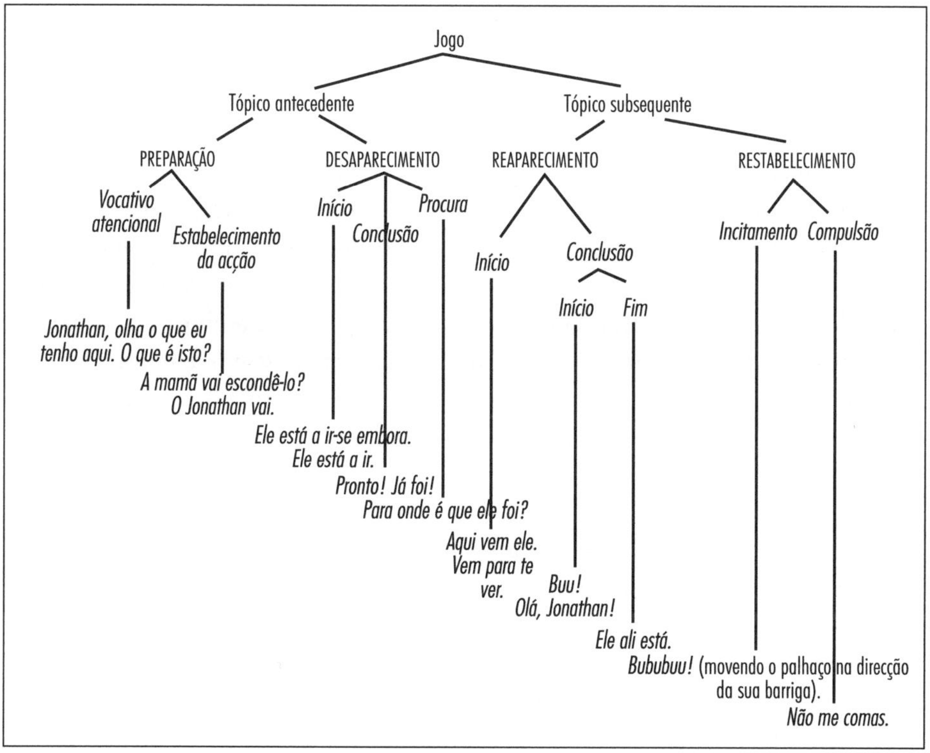

Segundo Bruner,[19] o jogo inclui o compartilhar de pressupostos, possibilitando a antecipação de respostas, e a integração de sub-rotinas em rotinas mais complexas. O espaço do jogo é entendido como um espaço de sentido, uma fonte de aquisição do diálogo antes mesmo da estruturação da linguagem propriamente dita. Trata-se justamente de um lugar de estruturação da atividade linguageira.

Ressaltamos a nossa opção pela expressão *atividade linguageira* no lugar de *atividade linguística*: a atividade linguageira envolve os efeitos produzidos pela dinâmica da palavra, ou seja, abarca um grande movimento de sentido para além das formas linguísticas propriamente ditas – trata-se da concepção semiológica de linguagem, em seu sentido amplo, que vai além da estruturação em língua e fala, por exemplo, pois compreende a interação por meio de signos verbais ou não verbais. Esses sentidos são dados a ver pela mistura de gêneros e de mundos, pelas repetições e modificações dos diversos tipos de enunciados e pelos modos de encadeamento dos mesmos, fazendo emergir significações não esperadas etc.

Consideramos importante também ressaltar que Bakhtin/Voloshinov,[20] ao discorrer sobre as potencialidades da forma artística presentes nos enunciados da vida, nas ações cotidianas, também sinalizava a situação, o horizonte extraverbal, o não dito como partes constitutivas do enunciado. Sendo assim, o enunciado, composto por duas partes, abrangeria: "(1) a parte percebida ou realizada em palavras e (2) a parte presumida". Podemos dizer, com base nos estudos de Bruner, que essas duas partes do enunciado estão contempladas na interação criança/adulto (mãe, nos casos analisados pelo pesquisador), ainda nas fases iniciais da aquisição.

Nas pesquisas em Aquisição, interessam-nos especialmente os gêneros e formatos que articulam a interação mãe-criança. Por isso, a noção de gêneros primários nos é cara, uma vez que nos voltamos à observação do diálogo do cotidiano, em uma configuração mais espontânea. Porém, nossas reflexões[21] a partir de um *corpus* bastante particular[22] também nos levaram a ressaltar a interação criança-observadora, no que diz respeito à aquisição/aprendizagem[23] de espanhol como segunda língua (L2), em um gênero que nomeamos como *jogo lúdico*. Nesse contexto, esse gênero funciona como uma espécie de recurso metodológico, como vemos no excerto a seguir:

Excerto 2[24]

Situação: FER (5 anos e 6 meses), a mãe e a observadora estão na sala da casa brincando com um jogo de cartões com imagens.

(21) OBS: tu preferido cuál es? [a criança aponta um dos cartões]
(22) OBS: ah: [pausa] y cómo era el nombre de eso? [a criança pega um brinquedo (trem)]
(23) OBS: [ri] jugar a los
(24) FER: trenes
(25) OBS: muy bien. y el segundo preferido, cuál es? [separa o cartão escolhido pela criança] de todos aquellos?
(26) FER: limpar la casa
(27) OBS: limpiar la casa. vamos a ponerlo en segundo lugar. [coloca o cartão abaixo do cartão "jugar a los trenes"]
(28) OBS: y en tercero?
(29) FER: ir la escuela [coloca esse cartão abaixo do segundo]
(30) OBS: ir a la escuela. cuarto?
(31) FER: debujar [coloca o quarto cartão abaixo do terceiro. A OBS sorri para a mãe]
(32) OBS: quinto?
(33) FER: ir la piscina [coloca o quinto cartão abaixo do quarto]
(34) OBS: ir a la piscina. sexto? [a criança coloca o cartão] cómo era este?
(35) FER: ver la TV
(36) OBS: ver la TV [pausa] y [pausa] séptimo? cómo lo dice?
(37) FER: ler histórias
(38) OBS: leer historias [FER coloca o cartão na sétima posição] y este?

(39) FER: jugar con los amigos
(40) OBS: jugar con los amigos y por último? [a criança coloca o cartão]
(41) FER: ir na casa de abuela
(42) OBS: perfecto, Fer. muy bien!

Nos turnos que destacamos, bem como na maior parte dos enunciados da criança, observou-se que as respostas de FER perpassavam inevitavelmente o português do Brasil (língua materna da criança) como, por exemplo, "limpar la casa", no lugar de "limp*i*ar la casa"; "d*e*bujar" (desenhar), no lugar de "d*i*bujar", "l*e*r histórias", no lugar de "l*ee*r historias". Há, portanto, evidências de que o contato com um novo modo de dizer acarreta modificações, reestruturações, adaptações em relação às estruturas linguísticas com as quais a criança teve um contato anterior. O que nos interessa ressaltar, no entanto, é que isso se dá a ver, no caso de FER, na situação de jogo, já que ambos (tanto a criança quanto a pesquisadora) têm o português como língua materna. Assim, o "falar em espanhol" figura como uma espécie de regra do jogo, isto é, como a língua eleita para a interação nessa atividade específica.

O jogo lúdico (enquanto gênero), no processo de aquisição/aprendizagem de línguas, se apresenta como um "amenizador" da dificuldade de ação e interação, já que, em outras circunstâncias, a própria comunicação talvez não se realizasse com tanta eficácia. É pela "naturalidade" de ação propiciada pelas brincadeiras e jogos que se notam, também, o entusiasmo e o prazer, por parte da criança, em interagir em outra língua, estimulando-a a perseverar e, por conseguinte, a adquirir/aprender a língua alvo. É o que vemos no próximo excerto, também extraído do *corpus* de FER.

Excerto 3[25]
Situação: FER (5 anos e 7 meses), a mãe e a observadora brincam com o "jogo das caras".

[FER tenta acertar a personagem escolhida pela observadora]
(43) MÃE: vamos a ver! si es cierto.
(44) OBS: cómo se dice? cómo se pregunta? a ver!
(45) FER: tiene oreja?
(46) OBS: sí! tiene oreja! [gesticula] dos!
(47) FER: tiene [pausa] tiene pelo blanco?
(48) OBS: sí! tiene pelo blanco!
[...]
[a observadora tenta acertar a personagem escolhida por FER]
(49) OBS: tiene que más?
(50) FER: tiene [pausa] tiene [pausa]cabeza verde
(51) OBS: verde! hum hum

(52) FER: es un animal
(53) OBS: hum hum. y tiene ojos pequeños?
(54) FER: tiene [pausa] tiene ojos medios.
(55) OBS: muy bien!
(56) FER: tiene [pausa] tiene un boné bran [pausa] blanco y rojo
(57) OBS: y rojo! muy bien!

Nesse jogo, a criança e a observadora devem adivinhar a personagem eleita ora por uma, ora por outra. Para tanto, é preciso que a criança formule uma série de perguntas que se sucedem umas às outras, de acordo com as repostas dadas pelo interlocutor. A resposta a uma pergunta, portanto, exclui algumas personagens e abre a possibilidade para que outras sejam cogitadas como solução possível para o desafio que movimenta o jogo. Quando a criança questiona ("tiene oreja?"/ "tiene pelo blanco?"), ela está, ao mesmo tempo, demandando uma descrição e descrevendo as personagens enquanto distribui sua atenção para uma sequência ordenada de acontecimentos. Mais uma vez, o espanhol figura como uma das regras do jogo (convencionou-se que as perguntas e respostas seriam elaboradas em espanhol). Sendo assim, o reconhecimento de um formato que já havia sido apresentado pela observadora (isso fica explícito no turno 44, quando esta diz à criança "cómo se pregunta?") permite a interação eu-outro. Vemos aqui, portanto, uma composição relativamente estável que une o tipo de enunciado (descritivo) a um encadeamento previsível.

Com o gênero lúdico, notamos que a criança se arrisca mais facilmente, busca formular hipóteses sobre a língua da qual lança mão com o intuito de vencer o seu interlocutor. Dessa forma, a produção linguística, objetivo primeiro do ensino/aprendizado de línguas, insere-se no universo infantil, distanciando-se de repetições monótonas, entre outras atividades que não despertam o real interesse da criança. Além de esse gênero favorecer a produção do espanhol, enquanto língua *outra*, por FER, funcionando também como um instrumento metodológico e pedagógico, ele permite a manifestação de marcas singulares[26] do próprio sujeito no discurso.

Gêneros e formatos na aquisição da linguagem

A gama de gêneros introduzidos pelos pais no dia a dia com a criança, sem dúvida, não é pequena: além das formas mais comuns do diálogo cotidiano (saudações, formas de falar ao telefone etc.), as narrativas, as cantigas de ninar, os contos, os jogos lúdicos, as parlendas etc. permeiam o discurso do adulto quando este interage com a criança. Mais do que um "informante" acerca do funcionamento de unidades mais abstratas da língua, o adulto possibilita a inserção da criança em um mundo de sentido, e este inclui o elemento social que organiza a própria interação. Como sabemos, o dizer não está submetido unicamente a uma ordem interna da língua, mas à forma composicional do enunciado em sua relação com a situação discursiva e o tema em que se insere.

Diversos autores têm estudado esse assunto. Dentre eles, destacamos o trabalho de Delamotte-Legrand,[27] que se propôs a investigar os jogos de linguagem e as confidências infantis como gêneros bastante utilizados no espaço discursivo por crianças pequenas; o de Belintane e Lima,[28] que ressalta a presença de contos, cantigas e jogos de linguagem no discurso infantil, chamando a atenção para as vozes presentes nos textos orais na infância; o de Cavalcante,[29] que pesquisou a inserção de bebês entre 2 e 18 meses nos gêneros e rotinas da esfera familiar; e o de Del Ré,[30] que desenvolve uma tipologia do humor a partir das produções de crianças pequenas (de 3 a 5 anos), em situações de interação com outras crianças e com adultos. Porém, a discussão trazida por François[31] acerca dos usos da linguagem e os diversos modos de significação na construção de narrativas pelas crianças nos parece particularmente expressiva.

As atenções de François se voltaram para as narrativas infantis e abarcaram, de maneira inovadora, não apenas a atividade de produção, mas também a de recepção desses textos orais pelo interlocutor adulto. Ele se aproxima, portanto, da noção bakhtiniana de *compreensão responsiva*, propondo uma análise interpretativa em lugar de uma análise interna que pudesse resultar em tipologias.

Segundo o autor, para ficar no domínio da narrativa é importante ter a capacidade de introduzir, em uma organização dominante, novos elementos como, por exemplo, a irrupção do mundo da ficção para o mundo real (e vice-versa). Trata-se de uma habilidade da criança, frequentemente inibida por modelos de narrativas fortemente socializados no universo adulto. A criança é capaz de introduzir um elemento de surpresa, deslocando os sentidos construídos pela narrativa. Com isso, François põe em cheque a visão – tão fortemente centrada na rigidez normativa – de que a linguagem da criança é de difícil compreensão e, por isso, difícil de ser analisada.

O espaço do jogo é, nesse sentido, um espaço de significação; é o lugar onde o real e o irreal se encontram, onde a normatividade se defronta com a possibilidade de ir além das significações estáveis e transmissíveis. A atividade linguageira, por meio das narrativas e da parceria entre adulto e criança na sua produção e compreensão, é, portanto, um espaço de jogo, já que o jogo permite os movimentos, os deslocamentos e a circulação do discurso. Para François,[32] é a entrada em um outro gênero discursivo, logo, de atividade linguageira que leva a criança a estruturas linguísticas específicas.

O que nos chama atenção nessa discussão é a estreita relação entre a linguagem e o contexto na produção de sentido – e na aquisição das formas linguísticas que, paulatinamente, vão produzindo sentido na fala da criança. Concordamos com a afirmação de François[33] de que "se a criança compreende o que lhe dizem é porque as palavras nunca são utilizadas em um vazio absoluto". Nós procuramos cercar essa questão também quando investigamos a aquisição do plural nominal[34] e constatamos que, mesmo ao tratar da apreensão de formas linguísticas bastante específicas – como é o caso do morfema de plural {-s} – é inescapável a referência a essa organização do discurso e da interação discursiva realizada pelos gêneros, a que nos remetem os estudos de Bakhtin (num outro contexto e com outras preocupações, como já salientamos) e de Bruner (especificamente voltado à aquisição de linguagem da criança).

No referido estudo, observamos que os contextos em que ocorriam as primeiras produções do plural nominal pelas crianças não eram quaisquer: as regularidades nos levaram a integrar, nas próprias categorias de análise, itens como *tipo de discurso*, *sequência discursiva* e *elemento não verbal* (gesto).

Os enunciados que continham sintagmas nominais plurais estavam inseridos em formatos bem definidos, como leitura compartilhada e jogos diversos. A interação mãe-criança, nos casos analisados, era articulada em torno de uma atividade específica e a atenção conjunta era gerida, na maioria das vezes, a partir de algo que pudesse ser manipulado pela criança ou por ambas, como um livro ou as peças de um jogo – novamente, o jogo lúdico como parte do jogo de linguagem auxilia metodologicamente no processo de aquisição da linguagem. A produção do plural nominal era precedida ou acompanhada por gestos de apontar. Nesse texto, optamos por discorrer unicamente sobre as particularidades das situações de leitura. Para isso, trazemos dois excertos:

Excerto 4

Situação: ANA (2 anos) e a mãe estão no quintal da casa. A mãe lê um livro que contém figuras no lugar de algumas palavras.

(36) MÃE: o que tem nessa cesta? [aponta para a figura do livro]
(37) ANA: p(r)esente!
(38) MÃE: perguntou ele. um...
(39) ANA: um bolo!
(40) MÃE: para minha querida... [aponta para a figura do livro]
(41) ANA: avovozinha!
(42) MÃE: sua... [aponta para a figura do livro]
(43) ANA: [ininteligível] o lobo.
(44) MÃE: não [pausa] sua... [aponta para a figura do livro e olha para a criança]
(45) ANA: não?
(46) ANA: sua vovozinha!
(47) MÃE: ficaria feliz se levasse... [aponta para a figura do livro]
(48) ANA: [ininteligível]
(49) MÃE: flores!
(50) ANA: **f(l)ores**!

Excerto 5

Situação: MEL (2 anos e 10 meses) e a mãe estão sentadas no chão da sala ao lado de uma pilha de livros. A mãe pega um deles e mostra para a criança.

(51) MÃE: e esse aqui, qual que é?
(52) MEL: o do patinho. o patinho é feio n(ão) é? [pega o livro das mãos de MÃE]
(53) MÃE: [ri]
(54) MEL: (es)tá no ovo.
(55) MÃE: é [pausa] (coi)tadinho.
(56) MÃE: olha a carinha dele de triste!
(57) MÃE: coitadinho do patinho.
(58) MEL: e esse também (es)tá t(r)iste o(lha). [abre o livro e aponta para uma figura]
(59) MÃE: é, olha só.
(60) MÃE: (coi)tadinho.
(61) MEL: e o patinho da mamãe (es)tá com um lacinho o(lha).
(62) MÃE: a patinha.
(63) MÃE: ai, filha, desculpa. [vai apontar para o livro e bate nos óculos de MEL]
(64) MEL: a patinha.
(65) MÃE: a patinha (es)tá com lacinho na cabeça.
(66) MEL: com lacinho na cabeça.
(67) MEL: olha a patinha!
(68) MEL: **os amiguinho do patinho**...

No caso da leitura, podemos dizer que há certa regularidade no encadeamento dos enunciados e que é um formato de interação bastante regular, especialmente porque a sequência narrativa é, nos casos analisados, conhecida pelos pares. A criança é frequentemente impelida pela mãe a participar da leitura, seja por meio de perguntas cujas respostas são previsíveis e, portanto, esperadas, seja por meio da suspensão de parte do enunciado para que a criança o complete. Além disso, há o suporte do livro (geralmente com figuras) e a leitura compartilhada funciona como um jogo de perguntas e respostas, favorecendo a descrição e a denominação como tipos de enunciado predominantes. O que nos interessa ainda ressaltar é a presença de um elemento não verbal que direciona a atenção conjunta: o gesto de apontar. Nas interações dessas crianças com a mãe, de um modo geral, o ato de apontar apresenta variações que ajudam tanto a direcionar a atenção da criança quanto a construir o sentido que se pretende para o enunciado responsivo (apontar enquanto gesto único, apontar simulando uma circunferência imaginária em torno do(s) objeto(s) de atenção conjunta, apontar repetitivamente sobre o mesmo objeto etc.).

No excerto 5, vemos a criança exercendo, na situação de leitura, a função que era da mãe enquanto leitora da história e gestora da atenção conjunta. A criança não apenas completa frases ou responde a questionamentos, mas também descreve cenas e personagens e propõe questões, acompanhadas pelo gesto de apontar, que direciona a atenção da mãe.

Nesses exemplos, podemos notar a convergência dos dois elementos que são alvo da nossa discussão neste capítulo: há um gênero – e um formato unido a esse gênero – que dá forma aos enunciados e à interação.

Embora estejamos dando relevo para o que acontece nas situações de leitura, não nos referimos unicamente a elas. Isso, sem dúvida, restringiria a reflexão que colocamos aqui a certas camadas da sociedade que priorizam o manuseio do livro e a leitura na interação com as crianças. Esse não é, de forma alguma, o foco em nossa argumentação. O que pretendemos mostrar é a presença de um formato de interação que se consolida não antes, mas durante a própria atividade de linguagem. Ele se manifesta seja em situações de leitura, seja em situações de jogo lúdico, seja em situações de faz de conta (como as do primeiro excerto) ou em outras não listadas aqui. Nesse caso, acreditamos que os exemplos que selecionamos em nossos dados não se afastam, em sua natureza, dos apresentados por Bruner, podendo, assim, ser generalizados.

Considerações finais

Nossa intenção, neste capítulo, foi demonstrar que o conceito de gêneros do discurso é particularmente caro aos estudos em aquisição da linguagem, pois estes são inerentes a todo e qualquer uso linguístico – em qualquer âmbito ou esfera de atividade humana. A inserção da criança no universo de sentido se dá, nessa perspectiva, pelos gêneros, que se integram a formatos rotinizados de interação entre ela e seu interlocutor (no caso dos exemplos, o adulto), possibilitando os primeiros usos da linguagem.

A relativa estabilidade observada nos enunciados (formas próprias que abarcam os usos da linguagem e as atividades que se desenrolam a partir dela) e nos formatos de interação é, ainda, um importante recurso metodológico na aquisição/aprendizagem de uma língua (seja materna, seja estrangeira), especialmente quando esses gêneros e formatos incorporam um caráter lúdico – lançando mão de um uso linguístico tão característico do universo infantil.

Mesmo a aquisição de formas mais específicas da língua – como o plural nominal, por exemplo – parece estar vinculada a essa relativa estabilidade dos enunciados e, especialmente, do encadeamento dos mesmos.

Esse campo de investigação nos parece extremamente frutífero para as discussões sobre a entrada da criança na linguagem. Especialmente ao comungarmos da concepção bakhtiniana de que não há enunciado sem gênero, nem gênero fora de alguma esfera de atividade, bem como não há atividade sem sujeitos (eu-outro) em ato-ação interativa (dialógica) de linguagem.

Mas é exatamente na ação do sujeito com e sobre a linguagem que percebemos movimentos na configuração dos gêneros do discurso. No próximo capítulo, nosso olhar se deslocará da estabilidade para a instabilidade (singularidade) do acontecimento enunciativo.

Notas

1 Bakhtin, 2003.
2 Bruner, 2004.
3 François, 1993, 1994, 2004, 2006.
4 Salazar-Orvig, 2002, 2004, 2010.
5 Bakhtin, 2003, pp. 282-83.
6 Idem, p. 283.
7 Idem, p. 262.
8 Idem, p. 266.
9 Idem, p. 268.
10 François, 1993.
11 Idem, p. 112.
12 Na verdade entendemos por *estágio pré-linguístico* o período anterior à fala. Não consideramos, contudo, que haja um período anterior à linguagem, visto que a criança já nasce na linguagem e que seus gestos (desde os mais primitivos) são, antes mesmo do nascimento, interpretados pelos pais como intenções comunicativas (espasmos são interpretados como sorrisos, choro como demanda de cuidados etc.). Nesse sentido, Bakhtin e Voloshinov (2006) afirmam que a criança não adquire a língua materna, mas penetra no fluxo da comunicação verbal.
13 Trata-se de uma criança monolíngue brasileira, filmada longitudinalmente em situações de interação familiar (contexto naturalístico) de 1 ano e 11 meses a 2 anos e 7 meses. Além dos enunciados da criança, os enunciados da mãe estão transcritos na linha MÃE e os da irmã na linha IRM.
14 Bruner, 1984, p. 76, tradução nossa. No original: "In order for the young child to enter into language, he must enter into social relationships of a kind that contextualize language in dialogue. A format is a simplified exemplar of that class of relationships. It is a rule-bound microcosm in which the adult and child do things to and with each other. Since formats pattern communicative interaction between infant and caretaker before lexico-grammatical speech begins, they are crucial to the passage from communication to language. Eventually the permit adult and child to do things with each other by the use of language as an adjunct to non-verbal means".
15 Idem, p. 76, tradução nossa. No original: "A format entails formally a contingent interaction between at least two acting parties, contingent in the sense that the action of each member is dependent upon a prior act of the other. The intentions of the two participants need not to be the same; all that is required is that contingent expectations take the form of speech acts rather than other forms of action".
16 Bruner, 2004.
17 Idem, p. 39.
18 Idem, p. 43.
19 Idem.
20 Bakhtin/Voloshinov, 1981.
21 Bueno, 2013.
22 Trata-se de uma criança brasileira que adquire/aprende o espanhol em um colégio bilíngue (português/espanhol) da cidade de São Paulo e em situações cotidianas em ambiente familiar. Isto é, com a mãe e outros familiares. A mãe de FER é brasileira, professora de espanhol, mas não dá aulas para o filho. Por uma demanda da própria criança, FER e a mãe falam em espanhol quando estão em casa. Os demais familiares, assim como a mãe, são falantes de espanhol como L2/língua estrangeira (LE).
23 O estudo a que nos referimos (Bueno, 2013) problematiza justamente a aquisição e aprendizagem precoce de línguas enquanto processos estanques, como se fosse possível definir em que medida se pode falar em aquisição de uma língua e a partir de que ponto passa-se a um processo de aprendizagem. Por esse motivo, acreditamos que essa reflexão seja pertinente em um capítulo que trata das especificidades da atividade de linguagem no período de aquisição.

[24] (21) OBS: o teu preferido qual é? [a criança aponta um dos cartões]
(22) OBS: ah: [pausa] e como era o nome disso? [FER pega um brinquedo (trem)]
(23) OBS: [ri] brincar de
(24) FER: trem
(25) OBS: muito bem! e o segundo preferido, qual é? [separa o cartão escolhido pela criança] de todos aqueles
(26) FER: limpar a casa
(27) OBS: limpar a casa. vamos colocá-lo em segundo lugar. [coloca o cartão abaixo do cartão "jugar a los trenes"]
(28) OBS: e em terceiro?
(29) FER: ir à escola [coloca esse cartão abaixo do segundo (colocado pela OBS)]
(30) OBS: ir à escola. quarto?
(31) FER: desenhar [a criança coloca o quarto cartão abaixo do terceiro. A OBS sorri para a mãe]
(32) OBS: quinto?
(33) FER: ir à piscina [coloca o quinto cartão abaixo do quarto]
(34) OBS: ir à piscina. sexto? [a criança coloca o cartão] como era este?
(35) FER: ver TV
(36) OBS: ver TV [pausa] e? [pausa] sétimo? como se diz?
(37) FER: ler histórias
(38) OBS: ler histórias. [FER coloca o cartão na sétima posição] e este?
(39) FER: brincar com os amigos
(40) OBS: brincar com os amigos... e por último? [a criança coloca o cartão]
(41) FER: ir na casa da avó
(42) OBS: perfeito, Fer! muito bem!

[25] (43) MÃE: vamos ver! se está correto.
(44) OBS: como se diz? como se pergunta? vamos ver!
(45) FER: tem orelha?
(46) OBS: sim! tem orelha! [gesticula] duas!
(47) FER: tem [pausa] tem cabelo branco?
(48) OBS: sim! tem cabelo branco!
[...]
(49) OBS: tem o que mais?
(50) FER: tem [pausa] tem [pausa] cabeça verde
(51) OBS: verde! hum hum
(52) FER: é um animal
(53) OBS: hum hum. e tem olhos pequenos?
(54) FER: tem [pausa] tem olhos médios
(55) OBS: muito bem!
(56) FER: tem [pausa] tem um boné bran... branco e vermelho
(57) OBS: e vermelho! muito bem!

[26] Para uma discussão das marcas de singularidade, consultar os capítulos "Aquisição da Linguagem e estudos bakhtinianos do discurso" e "Aquisição da escrita e estilo".

[27] Delamotte-Legrand, 2008.

[28] Belintane e Lima, 2008.

[29] Cavalcante, 2009.

[30] Del Ré, 2011.

[31] François, 2004.

[32] Idem.

[33] François, 2006, p. 188.

[34] Fazemos referência à pesquisa de Hilário (2010), que traz as análises do *corpus* de ANA. O *corpus* de MEL, bem como o de uma criança monolíngue francesa e o de uma criança bilíngue adquirindo o português do Brasil e o francês, é analisado em sua tese de doutorado (Hilário, 2013 (mimeo)). Todos os dados são provenientes de coleta longitudinal em ambiente naturalístico e priorizam situações cotidianas de interação entre a família (mãe, pai, irmãos) e a criança.

Bibliografia

Bakhtin. M. M. Os gêneros do discurso. In: ______. *Estética da criação verbal.* São Paulo: Martins Fontes, 2003, pp. 261-306.

Bakhtin, M. M./Voloshinov, V. N. Le discours dans la vie et le discours dans le poésie. Contribution à une poétique sociologique. (Trad. port. Carlos Alberto Faraco e Cristovão Tezza). In: Todorov, T. *Mikhaïl Bakhtine, Le principe dialogique.* Paris: Seuil, 1981, pp. 181-216.

Belintane, C.; Lima, S. A polifonia dos textos orais na infância e as matizes linguageiras da leitura. In: Del Ré, A.; Fernandes, S. D. (org.). *A linguagem da criança*: sentido, corpo e discurso. São Paulo: Cultura Acadêmica, 2008, pp. 117-34. (Série Trilhas Linguísticas v. 15).

Bruner, J. Contexts and formats. In: Moscato, M.; Piraut-Le Bonniec, G. (ed.). *Le langage*: construction et actualisation. Rouen: Publications de la Université de Rouen, 1984, pp. 69-79. Disponível em: <http://books.google.com.br/books?hl=pt-BR&lr=&id=8WNNoDaZ5IUC&oi=fnd&pg=PA69&dq=contexts+and+formats&ots=lGZifg189bMAZ&sig=Nrrroox7P5ycJkxiOjdCSIc7PtU#v=onepage&q=contexts%20and%20formats&f=false>. Acesso em: 13 maio 2013.

______. *Comment les enfants apprennent à parler*. Paris: Retz, 2004.

Bueno, R. G. *Aquisição e/ou aprendizagem*: a constituição da subjetividade e identidade de uma criança falante de português brasileiro e de espanhol. Araraquara, 2013. Dissertação não publicada (Mestrado em Linguística e Língua Portuguesa). – Faculdade de Ciências e Letras, Universidade Estadual Paulista (Unesp).

Castro, M. F. C. P. A infância e a aquisição de linguagem. *ComCiência* (Unicamp), Campinas, v. 72, dez./2005, pp. 1-3. Disponível em: <http://www.comciencia.br/reportagens/2005/12/09.shtml>. Acesso em: 15 out. 2012.

Cavalcante, M. C. B. Rotinas interativas mãe-bebê: constituindo gêneros do discurso. *Investigações*, Recife, v. 21, 2009, pp. 153-70.

Delamotte-Legrand, R. Dans les interstices du dialogue: jeux de langage et confidences enfantines. In: Delamotte-Legrand, R., Hudelot, C., Salazar-Orvig, A. *Dialogues, mouvements discursifs, significations*. Fernelmont: E.M.E., 2008, pp. 177-90.

Del Ré, A. *A criança e a magia da linguagem*: um estudo sobre o discurso humorístico. São Paulo: Cultura Acadêmica, 2011.

François, F. *Pratiques de l'Oral*. Paris: Editions Nathan, 1993.

______. *Morale et mise en mots*. Paris: L'Hamartan, 1994.

______. *Enfants et récits. Mises em mots et "reste"*. Lille: Presses Universitaires du Septentrion, 2004.

______. O que nos indica a "linguagem da criança": algumas considerações sobre a "linguagem". In: Del Ré, A. *Aquisição da linguagem*: uma abordagem psicolinguística. São Paulo: Contexto, 2006, pp. 183-200.

Hilário, R. N. *A marcação de plural na fala da criança*: marcas de subjetividade. Araraquara, 2010. Relatório de qualificação não publicado (Mestrado em Linguística e Língua Portuguesa). Universidade Estadual Paulista (Unesp).

______. *Marcas de singularidade na produção oral da criança pequena*: um olhar sobre a aquisição do plural nominal. Araraquara, 2013. Tese não publicada (Doutorado em Linguística e Língua Portuguesa). – Faculdade de Ciências e Letras, Universidade Estadual Paulista (Unesp).

Salazar-Orvig, A. Remarques sur la continuité et l'engagement dialogique chez le jeune enfant. In: Danon-Boileau, L.; Hudelot, C.; Salazar-Orvig, A. *Usages du langage chez l'enfant*. Paris: Éditions Orphrys, 2002, pp. 61-81.

______; Hudelot, C. Prendre place dans le dialogue: initiative et continuite. In: Marcos, H. et al. *Apprendre à parler*: influence du mode de garde. Paris: L'Hamarttan, 2004, pp. 151-90.

______. et al. Dialogical beginnings of anaphora: The use of third person pronouns before the age of 3. *Journal of Pragmatics*, 42, 2010, pp. 1842-65.

Aquisição da escrita e estilo

Marina Célia Mendonça
Natalia Grecco

Trabalhos que tratam de questões relacionadas ao estilo, geralmente, atêm-se às marcas próprias de determinado autor em textos literários (os estudos estilísticos têm longa tradição nos estudos literários); por isso, relacionar o estilo a textos de iniciantes na escrita, que se dão à margem do cânone, exige um deslocamento do olhar do analista para outras bases epistemológicas.

Um exemplo desse deslocamento é a pesquisa que se desenvolve com aquisição da escrita, cujos resultados iniciais se encontram em Abaurre, Fiad e Mayrink-Sabinson.[1] A proposta metodológica das autoras dialoga conflitantemente com o tratamento dos dados em sua homogeneidade, na abordagem de suas regularidades: elas propõem tratar os dados de aquisição de escrita como faz C. Ginzburg,[2] em pesquisa no âmbito da História, adotando a proposta metodológica chamada pelo autor de Paradigma Indiciário. Assim, propuseram uma metodologia de abordagem de textos baseada no dado único, no singular.[3]

Coerentemente com essa metodologia, adotaram um conceito de estilo que consiste em considerar marcas estilísticas aquelas que revelam o *trabalho* do sujeito com a linguagem e, a partir da proposta de Possenti,[4] tomam estilo como *escolha* do escrevente. Para o autor,[5] estilo deve ser entendido como escolha, considerando-a "[...] uma opção entre as alternativas dadas, seja entre palavras, seja entre construções, feita com plena consciência, quer das alternativas, quer do efeito (de sentido) que cada uma delas produziria [...]".[6] Para Possenti, cuja proposta relaciona-se ao quadro epistemológico da análise do discurso francesa, a escolha deve ser entendida não como um ato de liberdade, mas como efeito de uma inscrição, de exigências enunciativas.

As autoras, considerando as posições de Possenti, ressaltam também que essa escolha não é livre; tome-se como exemplo a produção textual escolar. Assumindo que, na esfera didático-pedagógica, tem-se pouca liberdade na produção escrita, elas defendem que a homogeneidade exigida pela instituição de ensino produz um *estilo escolar*.

Tendo em vista o exposto, nossa proposta aqui é refletir sobre alguns postulados bakhtinianos[7] que interferem na questão do estilo. Entendendo estilo segundo essa perspectiva, gostaríamos de destacar como ele pode ser pensado quando se assume que é parte das práticas realizadas por sujeitos que produzem gêneros do discurso e que atuam sobre eles em atitude responsiva.

Pressupomos, dada a perspectiva da qual lançamos o olhar para as atividades linguísticas, que a esfera de atividade (no caso aqui destacado, a didático-pedagógica) interfere nos gêneros do discurso produzidos pela criança – vemos, no texto escolar[8] que analisamos neste capítulo, a interferência dos valores e das práticas que definem os discursos que se constituem na esfera de atividade em que ocorre essa produção. Desse modo, também é possível argumentar a favor da presença de um estilo que é revelado na resposta da criança aos enunciados com que dialoga: encontramos pequenos movimentos realizados pela criança dentro do gênero previsto na escola, bem como marcas valorativas que revelam a presença da história pessoal do sujeito na sua produção escrita.[9]

Desse modo, nosso objetivo é apontar caminhos para se olhar a presença do sujeito em textos infantis, considerando estudos bakhtinianos do discurso; para tanto, focamos nossa reflexão no estilo da criança, assumindo estilo dentro das bases epistemológicas dos estudos apontados: interessa-nos, portanto, a atividade do sujeito sobre o gênero e sobre o discurso do outro, em atitude responsiva.

Para uma metodologia centrada no ato único, no singular

Apostando na relevância dos dados singulares, do ato único, Geraldi[10] sugere que o olhar do pesquisador em Ciências Humanas poderia destacá-los quando da análise de textos/discursos. Segundo o autor, é possível encontrar no ato único

> [...] a preocupação de Mikhail Bakhtin e de seu Círculo: a compreensão dos atos singulares e dos processos de sua realização pelos quais, em incontáveis liames, o único e irrepetível se articula à cadeia infinita da comunicação e comunhão dos atos humanos.[11]

Ele ainda afirma que a singularidade produz um pensamento de mão dupla: de um lado, distancia-se da abordagem estrutural que reduz o único a meros exemplos de abstração; de outro, permite uma melhor compreensão dos processos de construção do mundo, dos atos e dos eventos. Geraldi complementa:

> Ao atribuirmos valor crucial ao evento, assumimos que a relação com a singularidade é da natureza do processo constitutivo dos sujeitos, com a precariedade própria da temporalidade que o específico do momento implica, a instabilidade dos sujeitos – e da história – não é um problema a ser afastado, mas ao contrário é inspiração para recompreender a vida [...].[12]

Defendemos, com Geraldi, que os estudos bakhtinianos abrem espaço para buscar, no discurso, a singularidade da enunciação e do sujeito que enuncia. Podemos considerar um sinal de emergência da singularidade – do ato único – do sujeito, no discurso, sua contrapalavra. Parafraseando Bakhtin, podemos dizer que temos distintas histórias de relações com os outros e internalizamos diferentes palavras, que funcionam como contrapalavras, ou seja, "palavras que antes de serem nossas foram e são também dos outros, nunca teremos certeza se estamos falando ou se algo fala por nós".[13]

Da mesma forma, estar atento à alteridade também é um caminho para uma pesquisa que se abra para a singularidade. Afirma Geraldi:[14]

> Creio que um caminho a percorrer é precisamente aquele que nos apontam as relações atentas com a alteridade, porque elas nos permitem também, como a arte, escutar o estranhamento. As ações do outro, os dizeres do outro, prenhes de sua cultura, quando confrontados com objetos e fenômenos que nos escondem as valorações que nós mesmos lhes atribuímos, mostram-nos o que não mais conseguimos enxergar.

Em pesquisas na área da Aquisição da Escrita, como citado, já há trabalhos que consideram os atos singulares como pistas para se analisarem dados de sua aquisição. Abaurre, Fiad e Mayrink-Sabinson,[15] baseadas no Paradigma Indiciário, partem de rasuras, de refacções produzidas pelo sujeito em seu texto, para refletir sobre o trabalho do indivíduo em seu processo de aquisição da escrita. Essa perspectiva considera relevantes os escritos de Bakhtin sobre os gêneros do discurso: "Fica explicitada, então, a necessidade de se entender *escolha* junto a uma teoria bakhtiniana de gênero discursivo, o que exclui qualquer possibilidade de se pensar o estilo como desvinculado do gênero em que o sujeito se manifesta".[16] Nela, também se defende uma concepção de linguagem que leva em conta a interação entre os sujeitos, tema caro aos estudos bakhtinianos, como fica claro na citação que segue:

> [...] assumimos uma concepção sócio-histórica de linguagem, vista como lugar de interação humana, de interlocução. Tomada como atividade, como trabalho, a linguagem, ao mesmo tempo que constitui os polos da subjetividade e da alteridade, é também constantemente modificada pelo sujeito, que sobre ela atua.[17]

Nos trabalhos em questão, o sujeito constitui-se na interação social com outros, exercendo aí um papel ativo, e sua escrita revela traços relevantes dessa constituição (esse outro, na pesquisa das autoras, pode ser um interlocutor empírico – a mãe ou a professora, por exemplo – e/ou um interlocutor representado). Destacamos a importância do projeto em questão para uma metodologia de pesquisa em Aquisição da Linguagem, em especial pelo valor que dá ao papel do outro na constituição do sujeito:

> [...] à medida que a relação do sujeito com a linguagem é mediada, desde sempre, pela sua relação com um outro, interlocutor fisicamente presente ou representado, e necessário ponto de referência para esse sujeito em constituição, cabe também perguntar que estatuto teórico deve ser atribuído, pelas teorias da Aquisição da Linguagem, a esse interlocutor, o que equivale a perguntar como deve ser teoricamente avaliado o papel por ele desempenhado no próprio processo de aquisição da linguagem de uma criança, ou seja, como o interlocutor afeta e também é afetado por este processo. Inaugurar a discussão sobre o papel do outro nas teorias da Aquisição implica reconhecer a importância desse lugar teórico para uma melhor compreensão da função, no processo, do dado singular, bem como do seu próprio estatuto epistemológico [...].[18]

Enfim, as pesquisadoras entendem que a produção escrita é uma atividade em que emerge a singularidade dos sujeitos; portanto, é espaço privilegiado para aqueles que se interessam pelo tema:

> A aquisição da escrita é um momento particular de um processo mais geral de aquisição da linguagem. Nesse momento, [...] o sujeito reconstrói a história de sua relação com a linguagem. [...]
> A contemplação da forma escrita da língua faz com que o sujeito passe a refletir sobre a própria linguagem, chegando, muitas vezes, a manipulá-la conscientemente, de uma maneira diferente da maneira pela qual manipula a própria fala. A escrita é, assim, um espaço a mais, importantíssimo, de manifestação da singularidade dos sujeitos.[19]

Pela relevância desses estudos em Aquisição da Escrita e pela proximidade que encontramos entre a base epistemológica que os sustenta e aquela que dá suporte ao nosso trabalho, os resultados e procedimentos metodológicos usados pelas autoras encontram eco em nossas reflexões e análises. No entanto, nosso interesse é integrar a esse quadro sócio-histórico de estudo da Aquisição da Escrita uma concepção de estilo presente nos estudos do Círculo de Bakhtin, coerente com outros conceitos que se encontram em seus escritos.

O Círculo de Bakhtin e o estilo do enunciado

Nossa proposta é reforçar a importância de se considerarem aspectos sobre a subjetividade/alteridade em trabalhos de análise dialógica do discurso. Neste caso, especificamente, tendo por *corpus* dados de aquisição da linguagem escrita.

Em Bakhtin,[20] encontramos base para essa proposta. Para o autor, o sujeito, na elaboração de seus enunciados, toma as nuances valorativas dos enunciados do outro e as transforma em função de seus próprios índices de valor, dados pela sua interação com o horizonte de expectativas presente no meio social em que se constitui como sujeito; esse julgamento faz parte de todos os enunciados proferidos.

> [...] a experiência discursiva individual de qualquer pessoa se forma e se desenvolve em uma interação constante e contínua com os enunciados individuais dos outros. Em certo sentido, essa experiência pode ser caracterizada como processo de assimilação – mais ou menos criador – das palavras do outro (e não das palavras da língua). Nosso discurso, isto é, todos os nossos enunciados (inclusive as obras criadas) são plenos de palavras dos outros, de um grau vário de aperceptibilidade e de relevância. Essas palavras dos outros trazem consigo a sua expressão, o seu tom valorativo que assimilamos, reelaboramos e reacentuamos.[21]

O sujeito, sempre social – porque constituído pelas vozes sociais e ideologias –, não permanece passivo diante dos discursos a que tem acesso, pois não só é constantemente modificado por eles, mas também os modifica. Aceitando essa premissa sobre o sujeito, a proposta aqui é pensar a criança inserindo-se nesse processo de constituição dialógica da subjetividade, em contato com determinados gêneros do discurso na escola.

Na reflexão desenvolvida por Bakhtin, a noção de gênero discursivo reporta-se ao funcionamento da língua em práticas comunicativas, reais e concretas, construídas por sujeitos que interagem nas esferas das relações humanas. É no interior dessas esferas, correspondentes às instâncias públicas e privadas do uso da linguagem, que se elaboram e reelaboram os gêneros discursivos, para responderem não somente às necessidades dos sujeitos que nelas se inter-relacionam, mas também aos valores ideológicos que se produzem e se modificam ao longo da história. Assim, os gêneros do discurso estão relacionados a um projeto de dizer, inserido em relações sócio-ideológicas específicas.

Os gêneros do discurso, para o autor,[22] materializam-se em enunciados concretos e únicos, refletem as condições específicas e finalidades das esferas em que se situam por seu conteúdo temático, estilo e construção composicional. Esses três elementos integram-se no todo do enunciado, em relação com os valores sociais das esferas de comunicação em que se inserem.

Dessa forma, o estilo está indissoluvelmente ligado aos gêneros do discurso e deve, nessa perspectiva, ser pensado em relação com o contexto em que se constitui. Ele está ligado ao "acabamento" que o sujeito dá ao enunciado de que é autor, em função das expectativas que tem da sua "recepção". É ao mesmo tempo linguístico (tratando-se de estilo verbal) e social, porque socialmente produzido e dessa forma orientado.

A relação do estilo com os valores sociais fica clara em outros escritos do Círculo. Destaque-se *Marxismo e Filosofia da Linguagem*, cuja terceira parte é exemplo dessa integração indissolúvel entre estilo e contexto sócio-histórico. Voloshinov, que assina a obra, defende que as formas de citação do discurso de outrem (as quais organiza em dois grandes grupos: estilos linear e pictórico) são historicamente orientadas. Brait[23] resume a contribuição da obra para os estudos estilísticos baseados nos escritos do Círculo: "[...] as formas possíveis do discurso citado [...] assumem também a condição de estilo, confirmando a ideia de que o estilo, longe de se esgotar na autenticidade de um indivíduo, inscreve-se na língua e nos seus usos historicamente situados".

Assim, estilo está associado a determinados gêneros (Bakhtin defende que há gêneros mais propensos ao aparecimento do estilo individual – os literários, por exemplo – e há aqueles que definem formas estilísticas mais padronizadas), a determinadas épocas (a exemplo das formas de citação, típicas de determinados momentos históricos) e a autores. Estilo, nessa perspectiva, entende-se como manifestação de um sujeito agente, é uma resposta à palavra do outro, resultando em um acabamento provisório do enunciado na relação com a alteridade.

Considerando essas premissas, a contribuição que desejamos fazer aqui é refletir sobre o estilo no processo de aquisição da escrita. Abaurre, Fiad e Mayrink-Sabinson,[24] analisando produções textuais coletadas ao longo da história de letramento dos sujeitos pesquisados, argumentam a favor da emergência da autoria. Afirmam que há: a possibilidade de um sujeito ser autor de seus textos, desenvolvendo maior competência na produção de um gênero que na de outro;[25] a presença de marcas do *trabalho individual* com a escrita;[26] a *presença do sujeito na escrita,* perceptível em marcas como humor, *nonsense*, ritmo, rimas e jogos de palavras;[27] a presença do *estilo escolar* em produções textuais de estudantes universitários.[28]

As autoras entendem *estilo individual*, ou autoria, como característica de um autor, perceptível em várias de suas produções. É a recorrência da singularidade que confirma o estilo do sujeito-autor. Mas, até se saber se são recorrentes, destacam-se várias singularidades que podem fazer surgir reflexões sobre as relações dos sujeitos com a linguagem e com o outro – é esse ponto (as singularidades) que desejamos colocar em evidência.

Na perspectiva adotada aqui, a dos estudos bakhtinianos, o enunciado é singular, irrepetível, sempre traz algo novo quando posto no diálogo:

> O enunciado nunca é simples reflexo ou expressão de algo que lhe preexistisse, fora dele, dado e pronto. O enunciado sempre cria algo que, antes dele, nunca existira, algo novo e irreproduzível, algo que está sempre relacionado com um valor (a verdade, o bem, a beleza etc.). Entretanto, qualquer coisa criada se cria sempre a partir de uma coisa que é dada (a língua, o fenômeno observado na realidade, o sentimento vivido, o próprio sujeito falante, o que é já concluído em sua visão do mundo etc.). O *dado* se transfigura no *criado.*[29]

A singularidade do enunciado não se apreende somente no estilo, mas em tudo o que revela o movimento entre dado e criado: a intergenericidade, a paródia, a paráfrase, a mudança de tom valorativo... Mas essa singularidade é marcada também por um estilo, que dá acabamento ao enunciado, em consonância com as características dos gêneros do discurso, com os valores que movimentam uma esfera de atividade e com o projeto de dizer do autor e a história que o constitui. Para ilustrar a questão, apresentamos a seguir um evento de reescrita de uma história infantil em que nos chama atenção a singularidade do texto da criança.

Singularidade e estilo no texto infantil

Para as reflexões que desejamos fazer neste capítulo, são interessantes as considerações de Abaurre, Fiad e Mayrink-Sabinson.[30] Como as autoras, acreditamos que é possível argumentar a favor da presença de um estilo escolar em textos de sujeitos que passaram por processo de letramento, sob influência dos gêneros escolares e das relações subjetivas que se observam entre autor/leitor (professor).

Ao mesmo tempo, notamos que, apesar de os textos passarem por uma homogeneização, por serem fruto de uma solicitação e estarem circunscritos na esfera escolar, os alunos realizam pequenos movimentos dentro do gênero, como a inserção de posicionamentos valorativos que recuperam a história da criança. Mesmo que os movimentos sejam pequenos, pode-se ver a emergência do sujeito, apesar de o estilo escolar prevalecer nessas produções.

Para ilustrar esse processo, selecionamos uma reescrita de nosso *corpus*. É importante entender reescrita, aqui, como o ato de, após ouvir a leitura do professor, escrever a mesma história com as próprias palavras, sem qualquer intervenção do professor na sala de aula. Nesse caso, João[31] reescreveu o livro *O coelhinho que não era de Páscoa*, de Ruth Rocha.[32] Esse livro infantil conta a história de um coelho, Vivinho, que não queria seguir a profissão dos familiares (entregadores de ovos de Páscoa) e, ao final, torna-se cozinheiro. Eis a transcrição do texto da criança:

Era uma vez vivinho e seus irmãos foram a escola aprenderam a comer gostosas verduras deliciosas e vivinho era branquinho, fofinho, e redondinho e seus irmãos eles queriam escolher uma profissão.

– Mãe eu quero escolher uma profissão.

– É filho nossa qual é sua profissão.

– Ser entregador de óvós de páscoa.

– Nossa filho.

E no dia seguinte vivinho apareceu e vivinho disse

– Mãe eu não fui só brincar eu fui aprender faser ovôs de páscoa com os meus amigos essa é a melinda, julieta e florinda e viveram felizes para sempre.

Nessa reescrita, temos a contrapalavra da criança a, pelo menos, dois discursos: o texto literário que deve ser reescrito e a proposta da professora. Nesse sentido, as condições de produção do texto definem movimentos possíveis da criança, em diálogo com a memória que a constitui.

João começa seu texto com "Era uma vez" e termina com "viveram felizes para senpre", o que pode corroborar a afirmação de que haja nele a presença do estilo escolar. Assim, há no texto a influência de um "modelo" de narrativa: contos de fadas, textos com os quais a criança tem bastante contato. O texto de Ruth Rocha não começa ou termina com essas expressões; é introduzido com "Vivinho era um coelhinho" e finalizado com "Cada um deve seguir sua vocação". Esse movimento, na direção de uma homogeneização, permite produzir a hipótese de que a falta de segurança em outros gêneros narrativos faz com que a criança se apoie naqueles que lhe são familiares, como os contos de fadas. É a memória do gênero que ajuda a criança a produzir seu texto – nesse caso, uma memória do estilo do gênero.

Em termos estilísticos, destacam-se outros aspectos no texto em pauta: rima (recorrência de segmentos fonológicos), uso expressivo do discurso direto, busca de adequação à convenção de acentuação gráfica. No caso da rima, percebe-se que a criança devolve à escola o discurso dela, abrindo o texto com rimas, como é o livro de Rocha. Assim, João escreve em seu primeiro parágrafo: "Era uma vez vivinho e seus irmãos foram a escola aprenderam a comer gostosas verduras deliciosas e vivinho era branquinho, fofinho, e redomdinho e seus irmãos eles queriam escolher uma profissão". Percebe-se a recorrência de consoantes e vogais nasais, do tepe, dos sufixos "inho" e "osa". Dessa maneira, a criança imprime poeticidade à abertura de seu texto. Deve-se levar em consideração que a rima é um recurso presente no texto-base utilizado para a reescrita; o texto de Ruth Rocha inicia-se da seguinte maneira: "Vivinho era um coelhinho. Branco, redondo, fofinho". A criança mostra-se, nessa reescrita, sensível à poeticidade presente no texto-base (em que as rimas e a repetição de início de sentenças são constantes) e a transpõe para sua narrativa, devolvendo ao modelo escolar um texto na mesma medida.

Além disso, ainda considerando as características estilísticas do texto em questão, percebe-se que o autor insere vários diálogos em discurso direto, estilo narrativo que é frequente nas histórias infantis e bastante recorrente no texto-base. A criança mostra que já domina a convenção do uso dos sinais de pontuação e formas sofisticadas de apresentação da fala das personagens nesse estilo: praticamente não usa verbos de dizer e indica as personagens-locutoras pelo uso do vocativo. Acrescente-se que ela dá expressividade à fala da mãe, fazendo uso de "nossa", interjeição que carrega de emotividade o discurso materno.

Destacamos também, através do erro no uso do acento gráfico em "óvos", uma tentativa da criança de acertar – percebemos na redação original que ela oscila na acentuação da palavra na linha 7, colocando acento na última sílaba, apagando e decidindo pela acentuação da primeira. Na linha 10, a tentativa de acerto ainda se realiza em forma de erro ("ovôs"), indiciando que a criança se esforça para entender a acentuação gráfica. Levantamos a hipótese de que a proximidade gráfica entre ovo/avô desempenharia algum papel no emprego desse acento, por analogia a avó, avô, avôs. Haveria, nesse caso, um "diálogo" entre formas de escrita de uma e outra palavra. Ao tentar redigir "ovo", a criança, dialoga com "avô/avó/avós" e acaba usando o acento gráfico.[33]

Esses pontos destacados são indícios de que, estilisticamente, a criança dialoga com o discurso escolar, devolvendo-lhe um discurso em comunhão com ele. Isso ainda se percebe na forma composicional de seu texto: adota a descrição na abertura da narrativa, como está no livro que deve recontar. Dessa forma, podemos entender que João assume um estilo escolar em gênero recorrente na esfera pedagógica: "reescrita" direcionada à professora. Ele já aprendeu a lição, e muito bem.

Passemos ao que mais nos chama atenção no texto de João: os juízos de valor sobre a escola. João escreve que Vivinho e seus irmãos foram à escola aprender a "comer gostosas verduras deliciosas"; a entoação valorativa fica explícita pelo uso dos adjetivos, que foram inseridos pela criança na contrapalavra ao texto de Ruth Rocha, em que se tem: "Todos os dias Vivinho ia à escola com seus irmãos. Aprendia a pular, aprendia a correr... Aprendia qual a melhor couve para se comer".[34] No diálogo singular com os valores escolares, a criança devolve ao adulto/professora, de forma acentuada, o discurso da valorização da alimentação saudável.

Para interpretar esse "acento" que João coloca no discurso da escola, podemos nos remeter às palavras de Geraldi:

> Talvez seja possível pensar a leitura como uma oferta de contrapalavras do leitor que, acompanhando os traços deixados no texto pelo autor, faz estes traços renascerem pelas significações que o encontro de palavras e contrapalavras produz.[35]

Assim, notamos que a criança, após ouvir a história contada pela professora, deu um novo significado ao que ouviu e inseriu nela os valores da esfera de atividade em que a história foi atualizada. Na sequência do texto, ela confirma essa entoação valorativa a partir da linha 10, onde se lê "Mãe eu não fui só brincar eu fui aprender faser ovôs de páscoa com os meus amigos [...]". O uso do operador "só", diminuindo o valor do argumento "brincar", revela um discurso em consonância com os valores escolares, em que brincar estaria em conflito com atitudes responsáveis, de "trabalho" – a brincadeira entra, aqui, como algo que deveria estar em segundo plano. É importante lembrar que essa esfera de atividade atualiza discursos ideologicamente dominantes em nossa sociedade, em que o trabalho tem um valor positivo e é condição para a cidadania. Observamos, portanto, que o discurso do outro está marcado no discurso pessoal da criança, pois ela atualiza e/ou confirma o discurso do que é considerado "certo" pelos adultos com quem convive, principalmente o da professora, que é o seu destinatário no contexto escolar.

Nessa contrapalavra da criança ao discurso da escola/sociedade e ao texto a ser reescrito, observam-se, como vimos, atividades complexas de diálogo com os outros, em que estilo, forma composicional e tema se inter-relacionam. Mesmo que seu estilo seja bastante escolar, na forma encontrada por João para produzir esse diálogo, já encontramos indícios da presença desse sujeito: ele acentua o discurso do outro, produzindo de si uma imagem positiva para esse outro.

Além desse aspecto que indicia a singularidade do sujeito, gostaríamos de destacar ainda outro. Quando seleciona, entre os temas tratados no texto-base, aqueles que irá narrar em sua produção textual, a criança revela um projeto de dizer – não destaca que faltam ovos de Páscoa (essa problemática é tema que toma páginas da história que será reescrita e que traz vários personagens novos), mas centra-se na questão da escolha profissional/trabalho e em alguns personagens (mãe – há o apagamento da presença do pai, que é forte no texto-base –, irmãos e amigos) e produz a coerência temática (unidade) em torno da ideia da escolha da profissão. Nessa seleção de temas, em relação com o uso dos recursos estilísticos, a criança dá acabamento a sua produção escrita. Revela um projeto pessoal, que entendemos como indícios da presença desse sujeito no texto.

Bakhtin[36] concebe os gêneros do discurso como espaço de *relativa* homogeneidade, por isso de movimento (como também é a concepção de linguagem proposta pelo Círculo). Sem dúvida, a produção de texto escolar produz um fechamento das possibilidades de dizer, o que é perceptível na escolarização dos gêneros do discurso e na produção de um estilo escolar; mas ela não anula o sujeito.

Notas

[1] Abaurre, Fiad e Mayrink-Sabinson, 1997.
[2] Ginzburg, 1999.
[3] O capítulo "Aquisição da linguagem: a singularidade, a recorrência, as generalizações" discute metodologias na abordagem de dados de Aquisição da Linguagem, chamando a atenção para outros trabalhos em que a singularidade é colocada em foco pelo pesquisador.
[4] Possenti, 2008.
[5] Possenti, 2009.
[6] Idem, p. 92.
[7] Para uma justificativa da forma de citação do livro de Bakhtin adotada nesse livro, cf. "Apresentação" deste livro.
[8] O texto em questão é parte do *corpus* da pesquisa desenvolvida por Grecco (2012), coautora deste capítulo. O trabalho analisou textos escritos em contexto escolar por três alunos do segundo ano do ensino fundamental I. Trata-se de reescritas de narrativas de livros infantis.
[9] Remetemos o leitor ao capítulo "Relações entre Bakhtin e Bruner nos estudos em Aquisição", em que se discute a estabilidade relativa dos gêneros do discurso.
[10] Geraldi, 2010.
[11] Idem, p. 83
[12] Idem, p. 88.
[13] Idem.
[14] Idem, p. 89.
[15] Abaurre, Fiad e Mayrink-Sabinson, 1997.
[16] Fiad, 2003, p. 203.
[17] Abaurre, Fiad e Mayrink-Sabinson, 1997, p. 302.
[18] Idem, p. 20.
[19] Idem, pp. 22-23
[20] Bakhtin, 2003.
[21] Idem, p. 294.
[22] Bakhtin, 2003.
[23] Brait, 2008, p. 83.
[24] Abaurre, Fiad e Mayrink-Sabinson. , 1997.
[25] Idem, p. 168.
[26] Idem, p. 180.
[27] Idem, p. 186.
[28] Idem, p. 192.
[29] Bakhtin, 2003, p. 348.
[30] Abaurre, Fiad e Mayrink-Sabinson, 1997.
[31] Nome fictício para preservar a identidade do aluno. Trata-se de um aluno do segundo ano do ensino fundamental I de uma escola pública da rede de ensino municipal de Araraquara – cidade do interior paulista. Nessa pesquisa, realizada durante o ano letivo de 2010, foram recolhidos os textos das crianças sem qualquer intervenção da pesquisadora, que apenas acompanhava as aulas. As produções consistem em reescritas de livros infantis lidos pela professora em voz alta na sala de aula; após a leitura, as crianças escreviam, apenas com algumas instruções da professora, suas interpretações do texto lido. Optamos por não colocar o texto original, neste caso, por dificuldade técnica em sua reprodução. Sendo assim, a fonte que utilizamos na reprodução da redação da criança, dentro do quadro, não corresponde à caligrafia original dela.
[32] Rocha, 1994.
[33] Agradecemos a contribuição de João Wanderley Geraldi para a análise desse aspecto do texto de João.
[34] Rocha, 1994, p. 3.
[35] Geraldi, 2010, p. 47.
[36] Bakhtin, 2003.

Bibliografia

ABAURRE, M. B.; FIAD, R. S.; MAYRINK-SABINSON, M. L. T. *Cenas de aquisição da escrita*: o sujeito e o trabalho com o texto. Campinas: Mercado de Letras, 1997.

BAKHTIN, M. *Estética da criação verbal.* Trad. Maria Ermantina Galvão G. Pereira. 4. ed. São Paulo: Martins Fontes, 2003.

BAKHTIN, M./VOLOSHINOV, V. N. *Marxismo e Filosofia da Linguagem.* Problemas fundamentais do método sociológico na ciência da linguagem. Trad. Michel Lahud e Yara Frateschi Vieira. São Paulo: Editora Hucitec, 1992.

BRAIT, B. Estilo. In: ______. *Bakhtin*: conceitos-chave. 4. ed. São Paulo: Contexto, 2008.

FIAD, R. S. Questões sobre o estilo e sua relação com gêneros do discurso no processo de aquisição da escrita. In: *Caderno de estudos Linguísticos*, Campinas, 44, jan./jun. 2003, pp. 301-13.

GERALDI, J. W. *Ancoragens*: estudos bakhtinianos. São Carlos: Pedro e João Editores, 2010.

GINZBURG, C. Sinais: raízes de um paradigma indiciário. In: ______. *Mitos, emblemas, sinais*: morfologia e história. Trad. Federico Carotti. São Paulo: Companhia das Letras, 1999, pp. 143-80.

GRECCO, N. A. G. *Algumas marcas de singularidade nos textos escolares de alunos do 2º ano do Ensino Fundamental.* Araraquara, 2012. Dissertação (Mestrado em Linguística e Língua Portuguesa). Faculdade de Ciências e Letras, Universidade Estadual Paulista (Unesp).

POSSENTI, S. *Discurso, estilo e subjetividade.* São Paulo: Martins Fontes, 2008.

______. *Questões para analistas do discurso.* São Paulo: Parábola Editorial, 2009.

ROCHA, R. *O coelhinho que não era de páscoa.* São Paulo: Editora Ática, 1994.

A produção de sentido na interação entre pais e filhos

Alessandra Del Ré
Renata Coelho Marchezan
Alessandra Jacqueline Vieira
Heitor Quimello

Ao observamos a linguagem da criança pequena produzida em situações de interação cotidianas, não podemos deixar de levar em consideração a importância do outro nesse processo.[1] Em se tratando dos pais, babás, avós etc., esse outro parece assumir um estatuto diferenciado nas trocas que se estabelecem, contribuindo, na maior parte das vezes, para o desenvolvimento e para a convergência dialógica.[2]

As trocas verbais, seus contextos de produção, a cumplicidade e a intimidade entre os participantes, a interpretação que o adulto faz da fala da criança são ferramentas fundamentais para se compreender um pouco mais o processo de aquisição de linguagem e o modo por meio do qual a criança consegue, em tão pouco tempo, interagir verbalmente com os adultos, dando continuidade aos diálogos que se estabelecem durante a interação.

Instigados pelas questões que envolvem esse processo, para o qual ainda são necessárias muitas respostas, discutiremos neste capítulo a contribuição da *conivência* entre o adulto e a criança, bem como do *presumido* criado em seus diálogos. Acreditamos que a conivência, entendida como acordo entre os interlocutores,[3] e o presumido, que pode permear um enunciado concreto,[4] são fundamentais para que a comunicação e a interpretação de um enunciado ocorram efetivamente.

Devemos destacar que ambos os elementos, importantes na fala adulta, possuem um papel ainda mais marcante na fala da criança, dos quais depende fundamentalmente o processo de *vir a ser locutor*. Vale dizer, igualmente, que o estabelecimento da relação entre essas duas noções vai ao encontro da proposta do presente livro, na medida em que propõe uma aproximação dos estudos do Círculo de Bakhtin, por meio da ideia do presumido, e dos trabalhos em Aquisição da Linguagem, a partir da noção de conivência.

Partindo do pressuposto de que a relação existente entre os interlocutores e os conhecimentos provindos das situações partilhadas influencia de forma crucial o diálogo e a interpretação do enunciado, nossa proposta é trazer à discussão esses dois conceitos e suas nuances, em termos teóricos, mas ilustrando-os a partir de produções de GUS, uma criança pequena monolíngue. GUS é falante do português brasileiro (PB) e foi filmado dos 18 aos 36 meses. Os dados foram coletados nos momentos de interação entre a criança e seus pais e/ou babá. As filmagens foram feitas longitudinalmente, uma vez por mês, em registros que duravam cerca de uma hora, na casa da criança. Com os exemplos selecionados, busca-se verificar de que maneira a conivência e o presumido podem ser observados em diferentes contextos e situações discursivas.

Além de as ideias de Bakhtin e do Círculo[5] nos darem embasamento para tratar do presumido, do que está implícito no diálogo, elas nos permitem, igualmente, refletir sobre o desenvolvimento da linguagem infantil e, por conseguinte, sobre o funcionamento da linguagem de um modo geral.[6] Para tratarmos da conivência, da atmosfera necessária para que o diálogo se desenvolva, partimos das ideias de Salazar-Orvig,[7] Hudelot e Salazar-Orvig[8] e Del Ré,[9] cujos trabalhos esmiúçam o referido conceito do ponto de vista da Aquisição da Linguagem.

Algumas questões orientam a reflexão: de que forma o presumido e a conivência interferem no processo de aquisição da linguagem? Qual a importância de cada um desses elementos? De que forma eles se complementam e/ou diferenciam? Como os movimentos discursivos estão ligados a esses elementos, auxiliando assim em todo o desenvolvimento linguístico da criança?

O presumido e sua importância no discurso

O termo "presumido" foi trabalhado por Bakhtin/Voloshinov no livro *Discurso na vida e discurso na arte.*[10] De acordo com o autor, o presumido compreende os implícitos existentes nas situações discursivas, aquilo que é compartilhado entre os falantes. Trata-se, na realidade, de identificar no diálogo não apenas o verbal, aquilo que está posto, que é explícito, mas também o implícito, aquilo que está relacionado ao enunciado verbal, ao contexto (social, cultural, político, físico etc.) e também ao não verbal, como o gestual, por exemplo.

Bakhtin/Voloshinov[11] destaca que, para se compreender o sentido de um enunciado, é preciso compreender não só os elementos linguísticos transmitidos pelo interlocutor, mas também os elementos discursivos empregados nas situações de comunicação, que muitas vezes estão ligados ao contexto imediato ou, em alguns casos, ao contexto mais amplo e até mesmo histórico. O autor traz o exemplo de um enunciado que, em termos estritamente linguísticos, conta apenas com a palavra "bem". No exemplo, temos duas pessoas sentadas em uma sala, em silêncio, quando uma delas produz tal enunciado. O autor explica que "tomado isoladamente, o enunciado 'Bem' é vazio e ininteligível".[12] A partir daí, ele mostra, de forma precisa, o que entende por presumido e como ele é fundamental para a compreensão de um enunciado concreto.

> Todas essas avaliações e outras similares, qualquer que seja o critério que as rege (ético, cognitivo, político ou outro), levam em consideração muito mais do que aquilo que está *incluído* dentro dos fatores estritamente verbais (linguísticos) do enunciado. *Juntamente com os fatores verbais, elas também abrangem a situação extraverbal do enunciado.* Esses julgamentos e avaliações referem-se a um certo todo dentro do qual o discurso verbal envolve diretamente um evento na vida, e funde-se com este evento, formando uma unidade indissolúvel. O discurso verbal em si, tomado isoladamente como um fenômeno puramente linguístico, não pode, naturalmente, ser verdadeiro ou falso, ousado ou tímido.[13]

As partes presumidas são constitutivas do discurso (tanto na vida quanto na arte) e é também ao incluí-las que podemos determinar o sentido global de um enunciado. A falta de uma informação presumida para um dos interlocutores pode comprometer a continuação do diálogo ou levar o interactante a uma interpretação diferente do sentido pensado inicialmente pelo enunciador, o que pode ocasionar, eventualmente, os tão comuns mal-entendidos que ocorrem na fala cotidiana.

Bakhtin/Voloshinov[14] define a importância do presumido, enfatizando que "[...] um enunciado concreto como um todo significativo compreende duas partes: (l) a parte percebida ou realizada em palavras e (2) a parte presumida". Sendo assim, na comunicação real, a parte presumida, além daquilo que é verbalizado, é também fundamental para a compreensão do que é dito. Mas o que seria exatamente o presumido do enunciado e como podemos apreendê-lo?

Para responder a essa questão, propomos observar um exemplo, no qual a criança brinca com seus bloquinhos de montar enquanto conversa com a observadora. Nesse exemplo, a criança (GUS, 2 anos e 11 meses) chama a observadora (OBS) pelo nome de outra pessoa (Neuci, sua babá) e, após cometer esse engano pela primeira vez, retoma o nome de sua babá, dirigindo-se ao seu interlocutor (OBS), de forma intencional,[15] transformando esse engano em um jogo repleto de humor/ironia, em que há conivência e risos de ambos os envolvidos no diálogo:[16]

Exemplo 1

(754) GUS: Neuci o meu nari(z) (es)tá (es)correndo.
(755) OBS: como é que é?
(756) GUS: a Neuci::, tia Neuci::.
(757) OBS: a Neuci?
(758) GUS: você é a Neuci.
(759) OBS: eu?
(760) GUS: é:.

(761) OBS: acho que eu não so(u) não. [risos da observadora]
(762) [GUS tosse]
(763) GUS: você é sim.
(764) OBS: nã:::o, (es)tá doido?
(765) GUS: não, é eu (es)to(u) doido.
(766) OBS: é, eu (es)to(u) vendo que (vo)cê (es)tá doido.
(767) GUS: não, eu não (es)to(u) doido.
(768) OBS: (es)tá doidão.
(769) GUS: não (es)to(u).
(770) OBS: (es)tá doidão.
(771) GUS: não (es)to(u).
(772) OBS: doidão!
(773) GUS: não (es)to(u).
(774) OBS: doidão, doidão doidão doidão dão dão dão dão.
(775) GUS: não (es)to(u).
(776) GUS: não (es)to(u) Neuci.

Como já enfatizamos, no livro *Discurso na vida e discurso na arte*, Bakhtin/Voloshinov[17] ressalta também a importância do contexto extraverbal para a compreensão de um enunciado e explica ainda que este compreende três fatores: 1) o horizonte espacial comum dos interlocutores, 2) o conhecimento e a compreensão comum da situação por parte dos interlocutores e 3) sua avaliação comum dessa situação. Os três fatores constituem o que o autor chama de *parte presumida de um enunciado*.

Sobre o *horizonte espacial comum*, Bakhtin/Voloshinov[18] explica que:

> quando o horizonte real presumido de um enunciado é estreito, quando [...] ele coincide com o horizonte real de duas pessoas sentadas na mesma sala e olhando a mesma coisa, então mesmo a mudança mais momentânea dentro deste horizonte pode se tornar a parte presumida.

No nosso exemplo, falamos exatamente de duas pessoas (a criança e a observadora) que se encontram na mesma sala, enquanto partilham atenção conjunta para a situação.[19]

Sobre o *conhecimento comum da situação*, necessário para a compreensão do sentido global dos enunciados, podemos afirmar que ambos (a criança e a observadora) sabem que GUS está de fato com o nariz escorrendo; e, principalmente, sabem que o nome da observadora não é Neuci; sabem que Neuci não está presente na sala. Podemos fazer algumas reflexões sobre a relevância de tais informações.

Em primeiro lugar, em um momento anterior no vídeo em questão, a criança já havia chamado, por engano, a observadora pelo nome de Neuci, sendo corrigida pelo pai, na ocasião (ver exemplo 2, a seguir). No nosso exemplo, entretanto, GUS faz isso deliberadamente. Em segundo lugar, o fato de o pai ter saído da sala mostra-se relevante na medida em que, até então, com a presença do pai, a criança queixava-se com ele sobre o seu nariz. Enfim, tal conhecimento comum da situação tem influência direta no sentido global dos enunciados.

Passemos agora ao terceiro fator: a *avaliação comum da situação*. Em *Marxismo e Filosofia da Linguagem*, Bakhtin/Voloshinov explica que "não se pode construir uma enunciação sem modalidade apreciativa. Toda enunciação compreende antes de mais nada uma *orientação apreciativa*".[20] Em *Discurso na vida e discurso na arte*, o autor explica ainda que essa orientação apreciativa, ou *julgamento de valor*, como aparece na tradução do texto em questão, é um fenômeno fundamentalmente social.

No nosso exemplo, tanto a criança como a observadora têm/constroem uma avaliação comum em relação ao fato de se chamar alguém pelo nome de outra pessoa e o valor social que isso possui. Obviamente, os conhecimentos de mundo trazidos por cada um dos interlocutores (criança e adulto) são diferentes, singulares, o que não impede, como indica Bakhtin/Voloshinov,[21] que ambos estejam unidos como coparticipantes na produção de um sentido comum.

Outra avaliação compartilhada está ligada ao valor social de se afirmar que alguém está doido. Obviamente, a avaliação comum, no nosso exemplo, é muito mais restrita à situação específica e aos interlocutores em questão, mas não devemos nos esquecer da influência de um escopo mais amplo dos valores sociais (relacionados aos conhecimentos partilhados por sociedades, famílias, círculo de amigos etc.), que estão intimamente ligados à comunicação real e que podem interferir na significação e na interpretação do enunciado. O autor explica que "[...] o horizonte comum do qual depende um enunciado pode se expandir tanto no espaço como no tempo: o 'presumido' pode ser aquele da família, do clã, da nação, da classe e pode abarcar dias ou anos ou épocas inteiras".[22]

Em se tratando de uma produção humorístico-irônica da criança, é necessário levar em conta a entonação, considerando não apenas os elementos prosódicos mobilizados – e para os quais seria necessário realizar uma análise acústica do ritmo, timbre, intensidade, duração, altura de voz, pausas, silêncios, hesitações, ruídos etc. –, mas também a seleção dos vocábulos e a própria combinação entre eles,[23] tudo isso inserido em um âmbito discursivo. De acordo com Bakhtin/Voloshinov,[24] a entonação "sempre está na fronteira do verbal com o não verbal, do dito com o não dito. Na entonação, o discurso entra diretamente em contato com a vida", sendo ela social por excelência. Sendo assim, Bakhtin/Voloshinov explica ainda que a entonação possui uma "dupla orientação do falante":

> [...] cada instância da entoação é orientada em *duas direções*: uma em relação ao interlocutor como aliado ou testemunha, e outra em relação ao objeto do enunciado como um terceiro participante vivo, a quem a entoação repreende ou agrada, denigre ou engrandece. *Esta orientação social dupla é o que determina todos os aspectos da entoação e a torna inteligível.*[25]

Como qualquer enunciado é sempre "a expressão e produto da interação social de três participantes: o falante, o interlocutor e o tópico da fala", as valorações presumidas que são partilhadas entre os falantes – por envolverem questões de ordem social, cultural e ideológica – constituem a base da entonação: "A comunhão de julgamentos básicos de valor presumidos constitui a tela sobre a qual a fala humana viva desenha os contornos da entonação".[26]

Além da entonação, ao nos depararmos com as produções infantis (como no exemplo anterior), verificamos como o presumido também está intrinsecamente ligado à interpretação que os pais e outros interactantes habituados ao cotidiano da criança dão ao enunciado infantil. Isso é ainda mais evidente quando há um participante externo na comunicação, que não partilha dos conhecimentos vividos no seio familiar (e, como veremos, isso corresponde a uma conivência já existente entre eles). É comum os pais (ou a própria criança) explicarem ao participante externo do que se fala, explicitando, inclusive, os sentidos ali envolvidos.

> [...] esse fenômeno [o presumido] fundamentalmente social é completamente objetivo; ele consiste, sobretudo, da unidade material do mundo que entra no horizonte dos falantes [...] e da unidade das condições reais de vida que geram uma comunidade de julgamentos de valor – o fato de os falantes pertencerem à mesma família, profissão, classe, ou outro grupo social, e o fato de pertencerem ao mesmo período de tempo (os falantes são, afinal, contemporâneos). Julgamentos de valor presumidos são, portanto, não emoções individuais, mas atos sociais regulares e essenciais. Emoções individuais podem surgir apenas como sobretons acompanhando o tom básico da avaliação social. O "eu" pode realizar-se verbalmente apenas sobre a base do "nós".[27]

No fragmento anterior, Bakhtin/Voloshinov mostra-nos como o presumido não está ligado à consciência individual das pessoas, mas é, por excelência, um fenômeno estritamente social. Sendo assim, o contexto, as situações extraverbais, os gestos etc. são fundamentais para a compreensão do *todo* discursivo.

Em muitos casos, especialmente nas situações em que há intimidade entre os interlocutores (como ocorre nas relações entre pais e filhos), apenas um gesto ou uma palavra pode suscitar uma reação relacionada a outro evento já ocorrido, auxiliando na interpretação da intenção discursiva daquele que fala, o que é também muito importante no processo de aquisição. Dessa forma, ao analisarmos os dados da criança, as informações presumidas são fundamentais e nos levam a olhar não apenas para os elementos da língua, como as palavras e as orações[28] – que sozinhas não refletem a realidade da comunicação –, mas, também, para o extraverbal, o gestual, os conhecimentos partilhados etc. Para que possamos compreender os diferentes fenômenos linguísticos que emergem na linguagem da criança, é preciso observar a fala infantil em seu contexto de produção, verificando todas as peças que envolvem o processo.

A questão da conivência

A conivência é um conceito polissêmico, sobretudo porque, para a língua portuguesa falada no Brasil (PB), um de seus sentidos – o que utilizaremos aqui – não é mais considerado pela maioria dos falantes. A ideia de conivência nos remete a uma conotação pejorativa do indivíduo:

> [...] o fenômeno da conivência, embora possa ser identificado com uma certa facilidade na relação entre interlocutores, não parece ter recebido especial atenção nos estudos sobre o diálogo e, por mais simples que possa parecer, abordá-lo não é uma tarefa muito fácil. Comparando algumas definições de conivência existentes nos dicionários de língua portuguesa (Michaelis[29] e Aurélio[30]), é possível notar que a maioria deles se restringe a tratá-la como uma espécie de cumplicidade baseada na abstenção – propositada ou dissimulada – de prevenir ou denunciar o ato delituoso. A ideia que se tem daquele que é conivente é de alguém que finge não ver o mal que o outro pratica, ou seja, ela traz, de um modo geral, uma conotação pejorativa que parece ter se perdido ao longo do tempo na língua francesa.[31]

E, no entanto, o termo no PB, assim como no francês, já teve uma perspectiva positiva, por assim dizer: colaboração,[32] entendimento, conchavo secreto e acordo tácito.[33]

Em se tratando do desenvolvimento desse conceito com vistas à linguagem da criança, baseamo-nos no trabalho desenvolvido por Salazar-Orvig,[34] que trata do tema como algo relacionado à cumplicidade existente entre os interactantes, que é essencial no diálogo cotidiano, especialmente na comunicação entre adultos e crianças. Trata-se da intimidade existente entre os falantes, que permite ou não a continuação da comunicação. Ao iniciarmos um diálogo com nosso(s) interactante(s), diferentes fatores sociais e contextuais influenciam nosso modo de dizer, dependendo do grau de cumplicidade que mantemos com ele.

> Partindo dessas noções mais recentes (de sintonia, entendimento e acordo tácito), associadas à ideia de comunidade restrita, de implícito comum, códigos particulares, saber compartilhado (*savoir partagé*), podendo também haver a exclusão de terceiros, a ideia de conivência também estaria ligada a uma certa simpatia entre os interlocutores e a uma jubilação no acordo. [...] a conivência pressupõe a diferença entre os interlocutores, não é um gênero ou um tipo de interação e pode surgir em qualquer momento da relação dialógica; ela é procurada pelos interlocutores e deve ser confirmada. Trata-se da cristalização de um conjunto de fatores em um determinado momento da relação (de sintonia tácita e jubilatória) entre os interlocutores.[35]

Desde o nascimento, a criança vai aprendendo, por meio da linguagem e da interação com os pais, as nuances de sua língua, sua cultura, sua ideologia. Contudo, ao observarmos essas situações de comunicação entre criança e adulto, notamos eventos nos quais a interpretação dos pais se baseia em informações que muitas vezes não aparecem verbalizadas no discurso, o que pode dificultar o entendimento do que está acontecendo de fato em determinados momentos da interação, especialmente dos participantes externos.[36] Trata-se de saberes partilhados entre a criança e os pais, elementos implícitos, situações cotidianas, habituais da criança e do adulto e, até mesmo, do contexto de produção em que emergem seus enunciados.

Nesse sentido, a conivência no diálogo está ligada à maneira como ela implica os interactantes no discurso: ela permite que eles fiquem sintonizados na mesma situação conversacional e que compartilhem da mesma intenção comunicacional. Se essa sintonia e intenção não forem compartilhadas, não há conivência. A única forma que temos de flagrá-la é por meio da verbalização dos locutores, por meio de seus movimentos discursivos.[37]

Nessas trocas, cabe ao locutor:

- convidar seu parceiro a querer e/ou aceitar essa conivência, dando o tom da atmosfera desejada por ambos, por meio do gênero eleito no diálogo, do tema, da gestão dos *savoirs partagés*;

- dar indicações de implícito (utilizando, por exemplo, as alusões, as elipses nos enunciados, os conectores) e avaliar as reações de seu interlocutor;
- brincar (zombar do outro sem criar divergência, sem denegrir a própria imagem etc.);
- fazer uso de diferentes formas de riso (o riso do próprio discurso, o riso acompanhado de um enunciado alusivo, que incita o outro a evocar acontecimentos esquecidos etc.)

E cabe ao interlocutor aceitar o acordo proposto por meio de marcas de adesão:

- expressões como: "ah, sim, é verdade", "ah, é claro";
- fala simultânea;
- risos que seguem as brincadeiras ou as avaliações;
- falas em meias palavras, com a utilização de nomes próprios, expressões, referência temporal etc.

Ao analisarmos o exemplo a seguir, podemos perceber como a conivência é um importante elemento no processo de aquisição da linguagem e como os itens anteriormente elencados são encontrados nas diversas situações de interação da criança com o outro. Neste excerto, cena anterior ao exemplo 1 já discutido, GUS (2;11) está na sala de sua casa conversando com a observadora. Como já relatado, ele a chama pela primeira vez, durante esta sessão, pelo nome da babá Neuci:

Exemplo 2

(207) GUS: olha, Neuci, olha pa(ra) mim.
(208) OBS: Neuci, como assim Neuci, é meu nome Neuci?
(209) GUS: não, é, é tia Lê.
(210) OBS: a::: bom. [risos da OBS]
(211) MÃE: quem que é a Neuci?
(212) GUS: é aquele.
(213) GUS: eu não dá para ve(r) ela daqui porque o, o ti(a), o Neuci?
(214) [a OBS ri]
(215) PAI: a Neuci não (es)tá aqui filho.
(216) GUS: o tia Lê?
(217) OBS: oi?
(218) GUS: não dá para ve(r) a casa da Neuci porque é longe.
(219) OBS: é longe daqui, (vo)cê queria ver a casa dela daqui da sacada?
(220) GUS: não, mas eu não, eu não consigo ve(r).
(221) OBS: é que é longe?
(222) [GUS tosse colocando a mão na boca]
(223) GUS: é po(r)que é longe.

Durante toda a cena enunciativa, podemos notar a relação de conivência estabelecida entre a criança e a observadora. Apesar da confusão com os nomes por parte da criança, o adulto aceita a troca feita e faz uma brincadeira irônica, instigando-a à continuação do diálogo. O convite feito pela observadora é, dessa forma, aceito pela criança, que tenta explicar o motivo da troca do nome. Essa situação gera riso na observadora, especialmente pela correção feita por GUS da troca dos nomes e no momento em que a criança muda o seu nome pela segunda vez (turno 213).

Após a troca, o pai afirma a GUS que a babá não está presente. Isso suscita na criança uma explicação sobre o motivo de não conseguir ver a casa da babá (talvez na tentativa de explicar o porquê da troca), o que é aceito pela observadora, quando estabelecem, então, um novo rumo para o assunto. Sendo assim, podemos notar uma relação de conivência empreendida nessa situação conversacional, possibilitando a continuação do diálogo e a interpretação dos enunciados por parte dos interlocutores.

Comunicar-se com um amigo, um professor, um desconhecido, uma secretária; isso exige diferentes formas de dizer e implica diferentes tipos de relações entre os interactantes. Por essa razão, a conivência não indica apenas a simpatia, mas, também, a diferença entre os interlocutores. Mesmo em situações íntimas, podemos encontrar diferentes relações de conivência, como ao falar com o irmão ou com o pai. Dessa maneira, notamos que a conivência, que leva à aceitação ou não do convite ao diálogo por parte do interlocutor, é um elemento fundamental para compreendermos o funcionamento da linguagem.

A criança em foco: interação, presumido e conivência

Já ressaltamos aqui a importância da interação, a relação existente entre a criança e o outro, especialmente em seus primeiros anos. Por esse motivo, quando se trata de estudar a linguagem da criança, as análises dos dados buscam captar as nuances existentes nessas relações de interação, enfatizando, inclusive, a fala dirigida à criança.

Vygotsky[38] salienta em seus trabalhos a importância da interação no desenvolvimento da criança, ressaltando, por exemplo, a questão da Zona de Desenvolvimento Proximal. Segundo o autor, trata-se da distância entre o nível de desenvolvimento atual e o nível de desenvolvimento potencial da criança – aquilo que a criança consegue fazer com a ajuda de um adulto.[39]

> Isto significa que, com o auxílio deste método, podemos medir não só o processo de desenvolvimento até o presente momento e os processos de maturação que já se produziram, mas também os processos que ainda estão ocorrendo, que só agora estão amadurecendo e desenvolvendo-se.[40]

Bruner,[41] baseando-se nas ideias de Vygotsky, também enfatiza a importância da *tutela* do adulto para a realização de algumas tarefas que a criança, por si só, não é capaz de realizar sem a ajuda dele. Sendo assim, o adulto (ou até mesmo outra criança), ao interagir com a criança, mesmo que na maior parte das vezes não tenha consciência do que está fazendo, auxilia-a em seu desenvolvimento linguístico. É nesses cenários de interação que as relações de conivência emergem e que, também, podemos observar a importância do presumido. A conivência e o presumido, como já ressaltamos, são fenômenos sociais e emergem, dessa forma, em contextos de interação (aqui analisados, entre a criança e o outro).

As tarefas que a criança não consegue realizar por si só estão intrinsecamente relacionadas com a interpretação de sua fala por parte dos pais, fala esta que inicialmente é formada por enunciados de uma só palavra para depois se complexificar. Independentemente da extensão do enunciado, ele só poderá ser compreendido no todo da comunicação, gerando atos responsivo-ativos por parte dos interlocutores. Isso significa, como já enfatizamos, levar em conta não apenas a linguagem verbal, mas a não verbal, o contextual etc. (presumido).

Vê-se, portanto, que o presumido e a conivência assumem no discurso um papel fundamental para a compreensão do enunciado concreto e, por essa razão, são elementos essenciais, que permitem o diálogo, a continuação das cenas, a partir das situações interacionais.

Para ilustrar a importância desses dois conceitos no processo de comunicação real desde o início da aquisição da linguagem pela criança, traremos a seguir um exemplo da fala de GUS, no qual podemos perceber como ambos os conceitos estão presentes e como são fundamentais para a compreensão e interpretação dos enunciados. Neste episódio, temos o cenário da criança com o pai na sala do apartamento e ambos estão brincando com carrinhos. O pai tenta montar para GUS (2;11) um salão de automóvel, espalhando diversos brinquedos por todo o ambiente:

Exemplo 3

(47) PAI: quem que é a Dona Ca(i)xa?

(48) GUS: não tem a Dona Ca(i)xa.

(49) PAI: quem que é ela?

(50) GUS: nus, é:, não sei.

(51) PAI: quem que é a a Dona Caixa?

(52) PAI: (vo)cê sabe.
(53) PAI: quem que é?
(54) PAI: hum?
(55) GUS: não sei a Dona Caixa.
(56) PAI: quem que é a Dona Caixa?
(57) GUS: não sei.
(58) PAI: sabe sim, (vo)cê não quer falar.
(59) PAI: esqueceu?
(60) GUS: (es)queci.
(61) PAI: tudo bem, (o) que mais você ganhou de presente?
(62) GUS: ganhei esse daqui.
(63) [GUS aponta para um dos carrinhos]
[...]
(877) PAI: dá p(a)ra (a)s pessoas virem visitar e ve(r) os veículos.
(878) PAI: não é legal?
(879) GUS: e o Diriti também e a Dona Rei também.
(880) PAI: a Dona Ca(i)xa?
(881) [GUS tosse.]
(882) PAI: quem que é a Dona Ca(i)xa?
(883) GUS: aquele.
(884) [GUS aponta para um carrinho]
(885) PAI: quem é a Dona Ca(i)xa?
(886) GUS: aquele do "betiangues".
(887) PAI: ã?
(888) GUS: aquele, é.
(889) PAI: do Backyardigans?
(890) PAI: nã:::o, Dona Ca(i)xa.
(891) GUS: aquele que toca mú(si)ca com você.
(892) PAI: a:::, que toca música com o papai, n(ão) é?
(893) PAI: é Natasha.
(894) OBS: a::, Natasha? [risos da OBS]
(895) MÃE: o papai, o papai, o papai, o papai.
(896) PAI: veio aqui Giba e a Dona Ca(i)xa.
(897) GUS: paiê: o meu nari(z) (es)tá (es)correndo.
(898) PAI: eu sei, vamo(s) lá.

Nesse episódio podemos perceber a importância dos saberes partilhados entre os interlocutores, da atmosfera propícia para tais produções (conivência), da busca pelas outras cenas enunciativas (presumido) para que o enunciado ganhe sentido na comunicação e seja interpretado pelo pai, evitando possíveis desencontros de sentidos. O fato de GUS trocar o nome da amiga do pai – "Natasha" por "Dona Caixa" – é um saber partilhado entre os dois, que é introduzido pelo pai à observadora e é, também, incorporado em outros contextos discursivos. Porém, a criança não parece se recordar da brincadeira em questão, o que podemos notar em suas afirmações, como no turno 55.

Se retomarmos as concepções teóricas sobre o presumido,[42] que já enfatizamos na primeira parte deste capítulo, podemos dizer que o horizonte espacial comum dos interlocutores é a sala do apartamento, sendo este um horizonte limitado. Porém, a referência que o pai faz a sua amiga Natasha está ligada a situações passadas em outros horizontes espaciais e temporais, daí, talvez, a dificuldade de retomada do sentido (atribuído por pai e filho) pela criança.

Deve-se observar, contudo, nessa situação, que algo presumido pelos interlocutores (a brincadeira retomada pelo pai no momento da filmagem) leva a um encadeamento em que o próprio presumido coloca-se em jogo e passa a ser questionado. Será que GUS realmente não se recorda da brincadeira? No enunciado 58, podemos perceber que o pai não aceita a possibilidade de que a criança tenha se esquecido, atribuindo a ela uma decisão de não se pronunciar a respeito. É interessante notar que a troca dos nomes está relacionada ao universo no qual a criança está envolvida, como as brincadeiras com as personagens do filme *Carros* e com personagens inventadas pelo pai e pela criança. A observadora, que também não possui a informação da troca de "Natasha" por "Dona Caixa", é, então, inserida no assunto, passando a compreender o contexto da brincadeira empreendida pelos interactantes.

Observando esse exemplo a partir da avaliação comum dessa situação por parte dos interactantes, podemos dizer que a criança, partindo da entonação e dos sons que as palavras conjuntas constroem e, também, com base em seu universo de palavras (que envolve personagens e nomes de carros), faz a substituição de "Natasha" por "Dona Caixa". Essa troca já havia acontecido em outro momento, anterior ao da gravação, e é lembrada pelo pai, gerando o riso, compartilhado com a observadora. A criança desdobra o nome próprio não familiar em um sintagma composto por duas palavras conhecidas – uma forma de tratamento e um substantivo comum –; o que possibilita a brincadeira do pai, que insere a expressão em diferentes contextos discursivos.

Apesar de o implícito parecer não estar tão claro para a criança, GUS estabelece uma relação de conivência com o pai, dando continuidade à brincadeira. A conivência pode, também, ser percebida no convite feito pelo pai para que a criança responda às suas indagações e nas respostas dadas por GUS ao convite do pai. Apesar de a criança não se recordar da brincadeira, ela dá continuidade ao diálogo, até o momento em que o pai esclarece à observadora o porquê desse jogo. Identificamos, pois, uma relação de cumplicidade empreendida entre o pai e a criança, relação a partir da qual esta consegue desenvolver diferentes modos de dizer, a partir do auxílio do pai e da sua relação com ele.

Considerações finais

Nas situações de atenção conjunta[43] entre a criança e o adulto, podemos perceber como a conivência é fundamental para a compreensão e continuação da situação discursiva. Além disso, presumido e conivência são elementos importantes na comunicação e não podemos ignorá-los, especialmente no processo de comunicação real, em que os indivíduos interagem mutuamente:

> [...] a conivência é frequentemente evocada para caracterizar a natureza das relações entre os interlocutores e uma certa qualidade do diálogo. Ela não deve ser entendida a partir de uma única categoria de índices, e, sim, ser abordada, na dinâmica da troca (que se constrói no decorrer do diálogo e só existe se for provocada, atualizada e confirmada), a partir de um feixe convergente de movimentos e de traços *linguageiros* e não verbais. É nesse sentido que ela pode ser considerada um acontecimento dialógico. Trata-se, portanto, mais especificamente, de supor instrumentos de análise que permitam dar conta dessas configurações dinâmicas e colocar a conivência no conjunto das formas de convergência dos interlocutores no diálogo.[44]

Diante disso, poderíamos nos perguntar se a conivência propicia os presumidos ou se são os presumidos, da parte dos interlocutores, que indicam a existência da conivência. Não sabemos se é possível responder a essa questão e se de fato ela contribui para o nosso intuito, a saber, o de mostrar que há uma forte e indissolúvel relação entre as duas noções.

A conivência possibilita à criança e ao adulto (especialmente aos pais) estabelecer uma relação de cumplicidade e sintonia, permitindo o desenrolar do diálogo e mostrando à criança novas formas de "dizer". Essa relação é fundamental para o desenvolvimento da linguagem da criança, pois autoriza que os pais interpretem e deem sentido à fala de seu filho, incentivando-o em sua entrada no universo da linguagem. O presumido, por sua vez, também atua na interpretação da fala da criança por parte dos pais, a partir não apenas dos elementos linguísticos, mas da situação contextual que envolve o discurso infantil, sendo fundamental na compreensão do sentido geral e da intenção discursiva dos locutores.

Buscamos desenvolver, neste capítulo, nossas hipóteses sobre o tema, a fim de ampliar as noções que o envolvem e, com isso, contribuir para as discussões realizadas nos dois campos de estudo que aqui trouxemos: o dialogismo (com as ideias de Bakhtin e Voloshinov) e a aquisição da linguagem (a partir das noções de Salazar-Orvig).

Retomando os questionamentos inicialmente propostos, observamos que o presumido e a conivência são elementos essenciais para a compreensão do enunciado concreto e para a continuação da comunicação empreendida a partir das relações discursivas entre os interactantes. A atmosfera social em que os interlocutores estão envolvidos, a interação, os elementos linguísticos e extralinguísticos utilizados pelos participantes da comunicação, bem como a situação de *bonheur conversationnel*,[45] são essenciais para que a criança,[46] pouco a pouco, participe das situações discursivas e, consequentemente, progrida em seu desenvolvimento linguístico.

Da mesma maneira, o presumido, enquanto elemento fundamental para a compreensão de um enunciado concreto, também determina a continuação do diálogo, tanto nos casos em que há o máximo de reciprocidade possível entre os interlocutores quanto nos casos em que essa reciprocidade não acontece – por exemplo, quando falamos em casos de mal-entendidos. Sendo assim, apesar de distintos, ambos os conceitos estão relacionados ao discurso e às situações de comunicação.

O tema está longe de se esgotar; deve e pode ainda ser bastante explorado no que se refere à linguagem da criança. Procuramos dar, aqui, o primeiro passo para um debate essencial sobre a maneira como o presumido e a conivência fazem parte da nossa linguagem, estando já presentes nas interações inicias que se estabelecem quando se é ainda criança. Um questionamento que talvez possamos fazer é se, afinal, o presumido dos pais é o mesmo que o da criança. Bakhtin/Voloshinov quando comenta o presumido em situação conversacional pressupõe a interação entre dois adultos. Nesse sentido, chama-nos a atenção, de um modo geral, que numa conversação sejam presumidos valores e gêneros discursivos que fazem parte da memória mobilizada pelos falantes quando interagem. Resta saber o quanto desse conhecimento a criança compartilha, considerando seu conhecimento sobre os gêneros do discurso e a sua relação com os fatos vividos colocados numa linha do tempo.

Notas

[1] Para mais informações sobre a questão do outro (alteridade), consultar os capítulos "Aquisição da linguagem e estudos bakhtinianos do discurso" e "A retomada da palavra da criança pelos pais".
[2] Del Ré, 2011.
[3] Hudelot e Salazar-Orvig, 2003.
[4] Bakhtin/Voloshinov, 2000 (1926). Para uma justificativa da forma de citação do livro de Bakhtin adotada aqui, ver "Apresentação" deste livro.
[5] Apesar de termos acompanhado as discussões sobre a autoria dos livros de Bakhtin, Voloshinov e Medvedev, optamos por manter os nomes dos autores como nas edições utilizadas para compor este capítulo.
[6] *Estética da criação verbal* (1997), *Marxismo e Filosofia da Linguagem* (2010) e *Discurso na vida e discurso na arte* (2000 (1926)).
[7] 2003.
[8] 2003.
[9] 2002; 2011.
[10] 2000 (1926).
[11] Idem.
[12] Bakhtin/Voloshinov, 2000 (1926), p. 5.
[13] Idem, ibidem.
[14] Idem.
[15] O termo "intencional" é aqui entendido na relação que estabelece com a teoria da mente. Proposta inicialmente pelos psicólogos Premack e Woodrulf, em 1978, em um artigo intitulado "Does the chimpanzes have a theory of mind?", tal teoria serviu de base para uma série de trabalhos sobretudo nas áreas da Psicologia Cognitiva e da Educação. Mais recentemente, o termo tem procurado explicar alguns distúrbios, como o autismo, mas há muitas controvérsias sobretudo no que se refere a patologias. A teoria da mente é uma habilidade de se atribuir uma crença a outra pessoa, representando ou falando, seja essa crença verdadeira ou falsa. Trata-se da capacidade de interpretar ou antecipar ações de outras pessoas; capacidade para imputar estados mentais aos outros e a si próprio, para atribuir ou representar as intenções dos outros (Fodor, 1995).
[16] Informações referentes à transcrição dos dados encontram-se na "Apresentação" deste livro.
[17] Bakhtin/Voloshinov, 2000 (1926), p. 5.
[18] Idem, p. 6.
[19] Bruner, 2004.
[20] Bakhtin/Voloshinov, 2010, p. 140.
[21] Bakhtin/Voloshinov, 2000 (1926).
[22] Idem.
[23] Dionísio, 2010, p. 57.
[24] Bakhtin/Voloshinov, 2000 (1926), p. 7.
[25] Idem, p. 9.
[26] Idem, p. 8.
[27] Idem, p. 6.
[28] Bakhtin, 1997.
[29] Michaelis, *Moderno Dicionário de Língua Portuguesa*, São Paulo, Melhoramentos, 1998.
[30] Aurélio B. de H. Ferreira, *Novo Dicionário de Língua Portuguesa*, Rio de Janeiro, Nova Fronteira, 1986.
[31] Del Ré, 2011, p. 81.
[32] J. Carvalho e V. Peixoto, *Dicionário Brasileiro da Língua Portuguesa*, São Paulo, Cultural Brasil Editora, 1971.
[33] M. T. Biderman, *Dicionário Contemporâneo do Português*, Petrópolis, Vozes, 1992.
[34] 2003.
[35] Del Ré, 2002, p. 2.
[36] Nomeamos participantes externos aqueles interactantes que não convivem habitualmente com a criança ou não fazem parte do seio familiar e, por este motivo, não compartilham dos *savoirs partagés* existentes no momento da interação em família.
[37] Salazar-Orvig, 2003.
[38] 2008.
[39] Vieira, 2011, p. 34.
[40] Vygotsky, 2008, p. 112.
[41] 2004.
[42] Bakhtin/Voloshinov, 2000 (1926), p. 5.
[43] Bruner, 2004.

[44] Del Ré, 2011, p. 86.
[45] Sentir-se bem, feliz, durante a conversação
[46] Hudelot e Salazar-Orvig, 2003.

Bibliografia

BAKHTIN/VOLOSHINOV. *Discurso na vida e discurso na arte*. Trad. para fins acadêmicos de C. A. Faraco e C. Tezza, 2000. (Mimeo). (1. ed. 1926).

______. *Marxismo e Filosofia da Linguagem*. Trad. Michel Lahud e Yara F. Vieira. 14. ed. São Paulo: Hucitec, 2010.

BAKHTIN, M. *Estética da criação verbal*. Trad. Maria Ermantina Galvão Gomes Pereira. São Paulo: Martins Fontes, 1997.

BIDERMAN, M. T. *Dicionário Contemporâneo do Português*. Petrópolis: Vozes, 1992.

BRUNER, J. *Le développement de l'enfant*: savoir faire, savoir dire. Paris: PUF, 2004.

______. *Como as crianças aprendem a falar*. Trad. Joana Chaves. Lisboa: Horizontes Pedagógicos, 2007.

DEL RÉ, A. Conivência e humor nas interações criança-adulto e criança-criança. In: *Afinal, já sabem para que serve a Linguística?*. São Paulo: SDI/FFLCH/USP, 2002, pp. 177-88.

______. *A criança e a magia da linguagem*: um estudo sobre o discurso humorístico. São Paulo: Cultura Acadêmica, 2011.

CARVALHO, J.; PEIXOTO, V. *Dicionário Brasileiro da Língua Portuguesa*. São Paulo: Cultural Brasil Editora, 1971.

DIONÍSIO, M. T. *A questão do valor na linguagem para (o círculo de) Bakhtin*. Vitória, 2010. Dissertação (Mestrado em Estudos Linguísticos). Centro de Ciências Humanas e Naturais, Universidade Federal do Espírito Santo.

FERREIRA, AURÉLIO B. de H. *Novo Dicionário da Língua Portuguesa*. Rio de Janeiro: Nova Fronteira, 1986.

FODOR, J. A theory of the child's theory of mind. Folk Psychology. In: DAVIES, M.; STONE, T. *Readings in mind and language*. Cambridge: Blackwell publishers LTD, 1995.

FRANÇOIS, F. *Bakhtinine tout nu*: ou une lecture de Bakhtine en dialogue avec Voloshinov, Medvedev et Vygotsky. Paris: Lembert-Lucas, 2012.

HUDELOT, C.; SALAZAR-ORVIG, A. "Moi aussi, parce qu'on est jumeaux": Explication, connivence et argumentation dans un dialogue d'enfants de 5-6 ans. In: ZAOUCHE-GAUDRON, C. et al. (ed.). *L'enfant dans le lieu social*: Perspectives de la psychologie du développement. Paris: Éres, 2003, pp. 142-47.

MICHAELIS. *Moderno Dicionário de Língua Portuguesa*. São Paulo: Melhoramentos, 1998.

SALAZAR-ORVIG, A. Eléments pour l'analyse de la connivence dans le dialogue. In: BONDI, M.; STATI, S. *Dialogue Analysis 2000, Selected papers from the 10th IADA Anniversary conference, Bologna 2000*. Tübingen: Niemeyer, 2003, pp. 339-50.

VIEIRA, A. J. *Condutas argumentativas na fala infantil*: um olhar sobre a constituição da subjetividade. Araraquara, 2011. Dissertação (Mestrado em Linguística). Faculdade de Ciências e Letras, Universidade Estadual Paulista (Unesp).

VYGOTSKY, L. S. *Pensamento e linguagem*. Trad. Jefferson Luiz Camargo. 4. ed. São Paulo: Martins Fontes, 2008.

A retomada da palavra da criança pelos pais

Marina Célia Mendonça
Rosângela Nogarini Hilário
Alessandra Jacqueline Vieira
Paula Bullio

Não há novidade em falarmos na retomada da palavra do outro. Aliás, é bastante comum a busca, nos estudos em Aquisição da Linguagem, do reflexo da fala dos pais nos enunciados da criança, ainda que sob a ótica de teóricos distintos, como nos mostram os trabalhos relacionados ao *input* de Kleeck e Carpenter,[1] Hoff-Ginsberg e Shatz,[2] Schnack,[3] Cury,[4] entre outros, ou os que dão ao diálogo um estatuto teórico, como as pesquisas inspiradas nos trabalhos de De Lemos.[5]

> Em resumo, os estudos que rejeitam a imitação como um processo fundamental na aquisição de linguagem são baseados na autonomia e criatividade da produtividade linguística da criança e na diferença entre *input* e *output*, isto porque o que a criança produz é o resultado de sua própria invenção, conhecimento tácito e descoberta de regras. Por outro lado, a defesa da imitação como um fator explicativo na aquisição da linguagem é baseada em argumentos que enfatizam a dependência que o aprendiz tem do modelo ideal, entendido como o principal recurso de informação linguística. A criança é, assim, exposta a um modelo e recebe informações sobre o novo vocabulário e estruturas sintáticas da língua materna. O foco principal de tal abordagem é a analogia entre o que é imitado e o que é produto da imitação.[6]

No entanto, aqui, nossa preocupação com a *imitação* não se refere à fala da criança em si, mas à retomada da fala da criança pelos pais. Em ocasiões anteriores, buscamos flagrar, nos enunciados da criança, marcas de uma subjetividade (ou traços de um sujeito) em constituição, sendo a criança esse sujeito se constituindo na linguagem.[7] Contudo, para este capítulo, queremos deslocar a criança do lugar de sujeito que enuncia para o lugar de *outro*, sendo a palavra da criança entendida como *palavra alheia* pelos pais. Nossa intenção é refletir sobre como os pais retomam a fala da criança e a inserem em outros contextos e/ou a incorporam ao seu discurso.[8] As ideias do Círculo de Bakhtin servem de base para essa reflexão,[9] em especial as enunciadas em *Marxismo e Filosofia da Linguagem*, texto em que Bakhtin/Voloshinov[10, 11] propõe uma análise da citação da palavra de outrem por meio dos discursos narrativos.

A proposta aqui é, a partir de reflexões realizadas pelo Círculo de Bakhtin sobre o discurso produzido no mundo da cultura, tecer considerações sobre o diálogo entre pais e filhos – diálogo em que aqueles citam a palavra da criança no mundo da vida. Nesse ponto teórico de partida, o ato ético e o estético/cognitivo se encontram na categoria da responsabilidade/responsividade.[12]

Também não pretendemos atribuir à criança uma condição de sujeito já constituído, uma vez que nosso olhar continua voltado para um processo de constituição subjetiva que se dá juntamente com a aquisição da linguagem, quando os indivíduos "[...] penetram na corrente da comunicação verbal".[13]

Este capítulo se desenvolve, a princípio, a partir das considerações de Bakhtin/Voloshinov sobre a retomada da palavra do outro no discurso, ou o *discurso no discurso* e o *discurso sobre o discurso*. Em um segundo momento, buscamos compartilhar algumas observações sobre como o discurso da criança é citado pelos pais, com especial atenção a elementos linguísticos e extralinguísticos que explicitem uma entonação valorativa específica. Por fim, tecemos as considerações finais tendo em vista que este capítulo não tem a pretensão de propor uma metodologia específica, mas somente deseja levantar questionamentos talvez pertinentes àquele que pesquisa o processo de aquisição da linguagem numa perspectiva dialógica.

A citação da palavra do outro

> O discurso citado é visto pelo falante como a enunciação de uma outra pessoa, completamente independente na origem, dotada de uma construção completa, e situada fora do contexto narrativo. É a partir dessa existência autônoma que o discurso de outrem passa para o contexto narrativo, conservando o seu conteúdo e ao menos rudimentos da sua integridade linguística e da sua autonomia estrutural primitivas. A enunciação do narrador, tendo integrado na sua composição uma outra enunciação, elabora regras sintáticas, estilísticas e composicionais para assimilá-la parcialmente, para associá-la à sua própria unidade sintática, estilística e composicional, embora conservando, pelo menos sob uma forma rudimentar, a autonomia primitiva do discurso de outrem, sem o que ele não poderia ser completamente apreendido.[14]

Bakhtin/Voloshinov[15] propõe a análise dos esquemas de transmissão do discurso de outrem e das suas variantes no discurso literário. Ressalta, ainda, que se interessa pelo aspecto metodológico da questão posta, e não pela análise exaustiva de todas as variantes possíveis. Embora faça essa ressalva, discute diversas variantes observadas em russo, francês e alemão.

Ao citar as particularidades do discurso direto e a transposição deste para o discurso indireto em russo, o autor pondera que "[...] o emprego do discurso indireto ou de uma de suas variantes implica na transmissão analítica do discurso de outrem".[16] Assim, ressalta que qualquer enunciado que passe do discurso direto para o indireto terá seus elementos emocionais e afetivos naturalmente expressos nas formas da enunciação, figurando, então, como conteúdo da mesma. Nas palavras do autor:

> Antes de entrar numa construção indireta, eles [os elementos emocionais e afetivos] passam de formas de discurso a conteúdo ou então encontram-se transpostos na proposição principal como um comentário do *verbum dicendi*.[17]

No discurso indireto as expressões sugerem não apenas o significado do que foi dito, mas também a maneira de dizer. Para uma transposição do discurso direto em discurso indireto, há, segundo o autor, duas variantes possíveis em russo. Na primeira, a enunciação de outrem é entendida como uma *tomada de posição com conteúdo semântico preciso* e, portanto, o que disse o falante é transposto como uma composição objetiva exata através da construção indireta. Nesse caso, uma nítida distância é observada entre as palavras do narrador e o que é citado. Assim, a integridade e a autonomia da enunciação (em termos semânticos) são preservadas, gerando um estilo que o autor define como linear. Bakhtin/Voloshinov classifica essa variante como *discurso indireto analisador do conteúdo.*

O autor chama a atenção para o fato de que essa variante estilística encontra-se raramente no discurso literário russo, sendo mais afeita aos contextos científicos e retóricos. Já se encontra, portanto, nessa obra, uma indicação de que a esfera de atividade e os gêneros do discurso definem estilisticamente o enunciado (isso será comentado mais adiante).

Na segunda variante, a enunciação de outrem é apreendida e transmitida enquanto expressão e, portanto, observa-se tanto uma caracterização de *o que disse o falante* quanto do *próprio falante* (seu modo de falar, sua capacidade de se exprimir, seu estado de espírito etc.). Sua construção integra as palavras e as maneiras de dizer do discurso citado (no texto escrito, as palavras e expressões usadas pelo discurso citado são colocadas entre aspas), podendo ser claramente percebidas por sua especificidade e subjetividade. Nesse caso, o discurso citado ganha realce, é destacado, embora se acomode à entonação dada pelo autor (ironia, humor etc.). Essa variante é chamada pelo autor de *discurso indireto analisador da expressão.*

Vale ressaltar que, no estudo realizado na obra em pauta, os procedimentos estilísticos de citação da palavra de outrem são considerados levando-se em conta o contexto sócio-histórico de sua emergência, pois este é condição de sua gênese:

> Enquanto procedimento estilístico, essa variante (*analisadora da expressão*) só pode enraizar-se na língua sobre o terreno do individualismo crítico e realista, ao passo que a variante analisadora do conteúdo é justamente característica do individualismo racionalista.[18]

Devem-se ainda destacar, na reflexão do autor, as relações entre o sujeito e a alteridade nessas formas de citação: na segunda variante, a individualidade do outro é colocada em evidência, como mostra a citação a seguir.

> Vemos assim que as nossas duas variantes, embora unidas por uma tendência analítica geral do esquema, exprimem, contudo, abordagens linguísticas divergentes do discurso de outrem e da personalidade do falante. Para a primeira variante, a personalidade do falante só existe enquanto ocupa uma posição semântica determinada (cognitiva, ética, moral, de forma de vida) e, fora dessa posição, transmitida de maneira estritamente objetiva, ela não existe para o transmissor. Não há aqui condições para que a individualidade do falante se cristalize numa imagem.
>
> O oposto é verdadeiro em relação à segunda variante, na qual a individualidade do falante é apresentada como maneira subjetiva (individual ou tipológica), como modo de pensar e falar, o que implica ao mesmo tempo um julgamento de valor do autor sobre esse modo. Aqui a individualidade do falante se cristaliza ao ponto de formar uma imagem.[19]

O autor menciona também uma terceira variante do discurso indireto em russo, utilizada essencialmente para a transmissão do discurso interior da personagem (seus pensamentos e sentimentos). É uma variante impressionista, já que "trata o discurso de outrem com bastante liberdade, abrevia-o, indicando frequentemente apenas os seus temas e suas dominantes"; nessa variante, "o discurso indireto encontra-se a meio caminho entre a variante analisadora do conteúdo e a variante analisadora da expressão".[20]

Bakhtin/Voloshinov estuda o esquema do discurso direto e de suas variantes na literatura russa. Longe de simplificar, numa classificação sumária, esses discursos narrativos no discurso literário, o autor procede a uma fina caracterização, tendo por foco, em especial, as variantes em que ocorre uma troca de entoações, "nas quais se constata um estágio recíproco entre o discurso narrativo e o discurso citado"; completa:[21]

> Além disso, não nos interessaremos tanto pelos casos em que o discurso narrativo avança contra a enunciação citada, contaminando-a com suas entoações próprias, como por aqueles em que, ao contrário, as palavras citadas espalham-se e enxameiam por todo o contexto narrativo, tornando-o flexível e ambíguo. Aliás, não é sempre possível diferenciar os dois casos: muitas vezes, o contágio revela-se justamente recíproco.[22]

Neste capítulo, não nos interessa aprofundar as diferenças entre os estilos de citação estudados pelo autor, muito menos nos ater às classificações propostas. Por outro lado, parece interessante, no quadro dos estudos de Aquisição da Linguagem, a proposta do autor para se pensar as relações entre eu e outro nas formas de citação do discurso de outrem – esse olhar, que permite aliar estilo e subjetividade, é o que nos interessa.

Da obra em questão, é importante destacar que o autor entende os estilos dos discursos citados constituídos em contextos socioideológicos precisos, em consonância com a concepção de linguagem que assume, da qual compartilhamos aqui. O estudo coloca o estilo como elemento inalienável do enunciado concreto, vivo, afetado necessariamente pelo sócio-histórico.[23] Para o autor,

> a língua não é o reflexo das hesitações subjetivo-psicológicas, mas das relações sociais estáveis dos falantes. Conforme a língua, conforme a época ou os grupos sociais, conforme o contexto apresente tal ou qual objetivo específico, vê-se dominar ora uma forma ora outra, ora uma variante ora outra.[24]

Escreve ainda o autor:

> Encontramos justamente nas formas do discurso citado um documento objetivo que esclarece esse problema. Esse documento, quando sabemos lê-lo, dá-nos indicações, não sobre os processos subjetivo-psicológicos passageiros e fortuitos que se passam na "alma" do receptor, mas sobre as tendências sociais estáveis características da apreensão ativa do discurso de outrem que se manifestam nas formas da língua. O mecanismo desse processo não se situa na alma individual, mas na sociedade, que escolhe e gramaticaliza – isto é, associa às estruturas gramaticais da língua – apenas os elementos da apreensão ativa, apreciativa, da enunciação de outrem que são socialmente pertinentes e constantes e que, por consequência, têm seu fundamento na existência econômica de uma comunidade linguística dada.[25]

Além de as tendências econômicas (que produzem ideologias) atuarem sobre as formas da língua (sobre o estilo, como entendido na obra citada), podemos ler nessas palavras do autor, parafraseadas em outros trechos do livro, a preocupação com a relação entre o estilo e os gêneros do discurso. Assim, as "tendências sociais estáveis" e os "elementos da apreensão ativa, apreciativa, da enunciação de outrem que são socialmente pertinentes e constantes" tratam-se dos gêneros do discurso como objeto de reflexão para Bakhtin em *Os gêneros do discurso.*[26] Veja-se a continuação do trecho citado anteriormente:

> Naturalmente, há diferenças essenciais entre a recepção ativa da enunciação de outrem e sua transmissão no interior de um contexto. É conveniente levar isso em conta. Toda transmissão, particularmente sob forma escrita, tem seu fim específico: narrativa, processos legais, polêmica científica etc. Além disso, a transmissão leva em conta uma terceira pessoa – a pessoa a quem estão sendo transmitidas as enunciações citadas. Essa orientação para uma terceira pessoa é de primordial importância: ela reforça a influência das forças sociais organizadas sobre o modo de apreensão do discurso.[27]

Nesse sentido, *contexto* equivale à situação imediata (a terceira pessoa, o interlocutor), à situação sócio-histórica (as forças sociais organizadas) e aos gêneros do discurso (os quais têm um fim específico e são orientados para um destinatário).[28] Bakhtin/Voloshinov ressalta que "[...] o fim que o contexto narrativo procura encontrar é particularmente importante" e diferencia, assim, o discurso literário, o retórico, o judicial, o político etc. Considera ainda

> [...] importante levar sempre em conta a posição que um discurso a ser citado ocupa na hierarquia social de valores. Quanto mais forte for o sentimento de eminência hierárquica na enunciação de outrem, mais claramente definidas serão as suas fronteiras, e menos acessível será ela à penetração por tendências exteriores de réplica e comentário.[29]

Nesse ponto, julgamos ser necessário considerar, para a reflexão que fazemos aqui, que o gênero do discurso em que se dão as citações das falas das crianças pelos pais, nos dados de Aquisição da Linguagem, é basicamente o *diálogo do cotidiano*. A análise/descrição do texto oral, em situações de conversação informal, tem sido a forma de pesquisa cujo tema é a linguagem da criança no período de aquisição.

Sobre esse gênero do discurso, as reflexões levantadas pelo autor em *Discurso na vida e discurso na arte*[30] elucidam que

> [...] [nos] enunciados da fala da vida e das ações cotidianas [...] já estão embutidas as bases, as potencialidades da forma artística. Além disso, a essência social do discurso verbal aparece aqui num relevo mais preciso e a conexão entre um enunciado e o meio social circundante presta-se mais facilmente à análise.[31]

Entendemos, portanto, que uma análise da interação dialógica entre os pais e a criança não pode esquecer, de maneira alguma, o fato de que há uma entonação valorativa no discurso dos pais quando estes citam as palavras da criança.[32] Considerando que o diálogo do cotidiano foi objeto de reflexão nos textos do Círculo de Bakhtin, especialmente ao tratar das questões de vida e arte (literatura), nossa tarefa aqui é mostrar a possibilidade de pensar as ressonâncias valorativas no discurso citante no gênero em questão quando os falantes são crianças, em processo de aquisição da linguagem, e pais. Nesse exercício de construção dialógica de um espaço teórico e metodológico para o estudo da Aquisição da Linguagem, os movimentos do pesquisador sobre os postulados filosóficos com os quais dialoga são imprescindíveis. Na verdade, são esperados.

Quando o outro é a criança

Como já salientamos, muitos trabalhos em Aquisição da Linguagem buscaram evidenciar a importância do outro/Outro,[33] na tentativa de verificar como os pais e os interactantes influenciam a linguagem da criança. Porém, a pergunta que nos fazemos neste capítulo é: e quando a criança é o *outro* dos pais? Como o adulto retoma e dialoga com os enunciados da criança? Quais são as principais formas de retomada desses enunciados pelo adulto? De que modo a fala da criança interfere na fala adulta?

O tema é relevante no sentido de que, durante muito tempo, considerou-se o discurso da criança como cópia ou imitação do discurso do adulto. No entanto, estudos contemporâneos argumentam que a criança interage de forma ativa no diálogo, não sendo apenas um participante passivo.

> Muito foi escrito sobre as repetições em suas diferentes formas nos últimos trinta anos: em sua aparente simplicidade, elas constituem fenômenos complexos que não se deixam apreender facilmente a partir de um único ponto de vista. Quando se fala de uma repetição, pode-se, na verdade, fazer referência a pelo menos três fenômenos diferentes: à coincidência de formas, evidentemente, mas também à relação de continuidade no dis-

curso e à realização de um ato de linguagem propriamente dito (isto é, a realização de uma função social). Com efeito, repetir, retomar, reformular o que acabamos de dizer ou o que o nosso interlocutor acaba de dizer não é simplesmente reproduzir um comportamento, mas sim produzi-lo.[34]

Nesse sentido, as trocas de conversas entre adulto e criança elucidam de que maneira a entonação, a reformulação, a simplificação, a troca dos pronomes pelos pais podem evidenciar a influência do discurso infantil também na fala do adulto, possibilitando a criação de palavras, a inserção da criança na conversação etc. São justamente essas *propriedades* que permitem afirmar que o locutor repete o que disse, retoma parcialmente a fala do outro ou a reformula. Essa relação é dialógica no sentido bakhtiniano do termo. É essencial, assim, nos perguntarmos o que permite o movimento de repetição, marcado pela identidade ou similitude com um enunciado precedente.[35]

A seguir buscamos exemplificar exatamente esses movimentos da retomada da palavra alheia (entendendo, então, palavra alheia como a palavra da criança sendo retomada pelos pais), observando a forma como esta se dá. Nesse caso, interessa-nos precisamente o que move Bakhtin/Voloshinov[36] na análise das nuances da relação dialógica entre o discurso citado e o citante, os valores que se percebem nessas relações, a representação do outro pelo eu (pais) no ato de citação e também de si.

Além disso, parece-nos interessante identificar se essas formas de retomada da fala da criança estão ligadas ao conteúdo do dizer, à forma do dizer ou a ambos, considerando que sempre que a palavra de outrem é retomada há uma entonação valorativa posta em jogo.[37]

Os dois primeiros exemplos foram retirados do *corpus* de GUS.[38]

Exemplo 1

Situação: GUS (2 anos), a mãe e a observadora estão na sala do apartamento e estão brincando com um quebra-cabeça:

(272) MÃE: agora você monta para tia Lê. [fala para GUS]
(273) OBS: vamo(s) ve(r).
(274) MÃE: ver que você sabe fazer.
(275) OBS: vamo(s) ve(r) se você sabe montar [pausa] eu te ajudo [pausa] vamo(s) ve(r).
(276) MÃE: fala [pausa] não precisa.
(277) MÃE: fala [pausa] eu sei.
(278) GUS: eu sei.
(279) OBS: (vo)cê sabe montar tudo?

(280) MÃE: fala [pausa] eu sei sim.
(281) OBS: direitinho?
(282) MÃE: mostra para ela [pausa] ela não acredita que você sabe.

Nesse trecho vemos que a mãe fala como se fosse a própria criança, propondo uma resposta à indagação da observadora (turnos 276, 277 e 280). Embora no turno 278 pareça, à primeira vista, que é a criança que repete o que a mãe disse, para nós, aparentemente, há a antecipação da resposta pela mãe. Sendo assim, a repetição da criança pode ser entendida como um reflexo de seu próprio falar, em que está implicada a passagem da palavra da boca da criança para a do adulto e vice-versa. Esse tipo de citação é bastante recorrente na fala dos pais, especialmente quando há uma terceira pessoa com quem a criança interage. Mais do que uma forma de o adulto responder no lugar da criança, parece tratar-se de um mecanismo relativamente eficaz para a inserção da criança no diálogo através de um modelo de resposta e/ou argumento ao outro.

Nesse caso, ainda que a mãe enuncie no lugar da criança, os limites entre a *palavra própria* (da mãe) e a *palavra alheia* (da criança) permanecem bastante nítidos. Ela enuncia a possível fala da criança no discurso direto, e sua enunciação equivale a uma instrução, a qual contém não somente o conteúdo, mas a forma do dizer esperado da criança. Nesse caso, predomina uma relação desigual entre as duas falas (mãe-criança), sendo que a palavra que introduz a outra tenta modelar um dizer e, inclusive, um fazer em determinado contexto de interação, o que nem sempre é atendido pela criança.

O mesmo não ocorre no próximo excerto. A resposta da criança é retomada pelo pai no turno 43, integrando-se ao enunciado.

Exemplo 2

Situação: GUS (2 anos e 11 meses), o pai e a observadora estão na sala do apartamento brincando com carrinhos. O pai pega um deles e mostra para a criança.

(39) PAI: quem que te deu esse?
(40) GUS: [tosse]
(41) GUS: a tia [pausa] você tia Lê.
(42) OBS: ah bom!
(43) PAI: ah [pausa] foi a tia Lê [pausa] né?

Nesse caso, a produção da criança no turno 41 configura-se como uma espécie de resposta esperada, isto é, parece-nos que a pergunta "quem que te deu esse?", feita pelo pai, havia sido formulada já prevendo que a resposta seria uma afirmação do tipo "foi a tia Lê". Sendo assim, a fala da criança citada pelo pai no turno 43 integra o enunciado deste sem que dele se distinga, ou seja, ele repete a fala da criança como se fosse ela, num processo que lembra o de aprovação (o marcador conversacional "né" reforça essa nossa interpretação). Mas observe-se que o pai se afasta parcialmente do enunciado da criança inserindo nele o que está implícito (o verbo *ser*) e não assumindo a interlocução direta com a "tia Lê" (retira o "você"). Nesse sentido, é uma fala direcionada à criança, em aprovação à resposta dada, e não se confunde exatamente com a dela, que se dirige também a outro interlocutor explicitamente.

Por vezes, o que é retomado pelo adulto é a forma do dizer, com ou sem reformulação. Quando há reformulação, a retomada aproxima-se de uma proposta pedagógica de correção. Entretanto, quando não há reformulação, observam-se duas situações diferentes: ou a fala da criança é elevada a um nível de autoridade ou figura como uma espécie de anedota. Nesses dois casos, a entonação valorativa, obviamente, não é a mesma. Os próximos excertos, que fazem parte do *corpus* de ANA e de MEL, ilustram o que queremos dizer.

Exemplo 3

Situação: ANA (2 anos e 3 meses), a mãe e a observadora estão na sala. ANA recorta uma revista, colando as figuras em uma folha de papel. A mãe aponta para algo escrito na revista.

(554) MÃE: escreve então ANA [diz o nome completo da criança] da mamãe!
(555) ANA: é do papai!
(556) MÃE: ah [pausa] que porcaria! [ri]
(557) ANA: (a)cabo(u) a bolsas? [olha as figuras da revista]
(558) MÃE: (a)cabo(u) as bolsas.

No turno 558, a mãe retoma o enunciado da criança, colocando-o em forma assertiva, modificando/corrigindo a concordância de número. Assim, a retomada é motivada pela correção da forma, deixando implícita a referência a um "modo correto de falar". Como nos casos anteriores, a fala do adulto é a de um sujeito que se coloca no lugar da instrução e, nesse caso, valorativamente em oposição à fala da criança, em desacordo.

Exemplo 4

Situação: ANA (2 anos), a irmã e a mãe estão brincando no quintal. ANA pega uma das bonecas da caixa de brinquedos.

(17) ANA: ai [pausa] caiu. [põe uma bonequinha no chão]
(18) ANA: ela [pausa] vo(u) tira(r). [pega no cabelo da bonequinha]
(19) MÃE: pergunta p(r)a tata como ela chama.

(20) ANA: chama lobo manche.
(21) IRM: [ri].
(22) MÃE: é o [pausa] é o lobo mau?
(23) ANA: é.

Diferentemente, aqui tanto a forma quanto o conteúdo são colocados em relevo pela mãe quando ela retoma o enunciado da criança no turno 22. A resposta de ANA no turno 20 não pode ser entendida como previsível ou esperada e causa certo estranhamento na irmã, que ri. Esse estranhamento pode ter sido motivado por dois fatores: em primeiro lugar, pelo efeito surpresa da própria resposta (dar à boneca o nome de "lobo manche") e, em segundo lugar, pela pronúncia da criança para o que foi interpretado pela mãe como "mau". Pode-se dizer, então, que a citação do enunciado da criança pela mãe diz respeito tanto à forma (a oposição *manche/mau*) quanto ao conteúdo (a interpretação de "lobo manche" como "lobo mau"). Ao contrário do exemplo anterior, nesse trecho não nos parece que a reformulação proposta pela mãe traga consigo uma valoração de certo e errado, aproximando-se mais de uma tentativa desta de se certificar de sua interpretação sobre o dizer.

Entretanto, ainda se pode considerar que o discurso da mãe é de interlocutora autorizada que dá às palavras a forma correta. Aqui se mesclam os movimentos de identificação com a fala da criança e de distanciamento, na busca do sentido e da forma corretos.

Veja-se que há, no exemplo, outro momento em que a mãe cita a criança, introduzindo seu possível dizer, no turno 19. Nesse caso, diferentemente do discurso da mãe no exemplo 1, temos um trecho de citação antecipadora em discurso indireto. A criança, no turno seguinte, não somente não obedece como também traz um nome novo, produzindo um neologismo.

Exemplo 5

Situação: MEL (2 anos e 5 meses), a mãe e a observadora estão no quarto. A criança pega uma flauta doce e começa a tocar.

(694) MÃE: de quem que é esse daí?
(695) MEL: é minha. [abraça a flauta]
(697) MÃE: é do seu pai!
(698) MEL: [ri]
(699) MÃE: é do papai.
(700) MÃE: isso é uma flauta!
[...]
(747) MEL: é flautla. [põe a língua para fora quando diz "flautla"]
(749) MÃE: flautla. [imita a criança]

(751) OBS: [ri]
(752) MEL: [ri]

Temos aqui a repetição do enunciado da criança sem nenhuma proposta de reformulação pela mãe. Com isso, a forma é novamente destacada, mas agora pelo seu potencial cômico, engraçado, sem que haja, no entanto, a intenção de correção explícita. Nesse caso, o eu-adulto cita o outro-criança dando valor positivo a seu enunciado, ou seja, agindo sobre ele, mas com o olhar que só ele pode ter, do lugar do adulto que vê o erro como desvio e, por isso, engraçado.

No próximo trecho[39] exemplificamos a citação da palavra da criança quando lhe é dado um estatuto de autoridade. Embora o final da narrativa desperte também o riso do interlocutor, fica claro que esse não é o principal objetivo da retomada da palavra da criança (nesse caso, o irmão da mãe, tio de MEL) no turno 594.

Exemplo 6

Situação: A mãe se prepara para dar banho em MEL (2 anos e 9 meses) enquanto conversa com a observadora, narrando uma situação ocorrida há alguns anos com ela e seu irmão Tato (tio de MEL).

(588) MÃE: uma vez eu (es)tava lá em [pausa] quando eu morava lá co(m) a minha mãe o Tato era peque(ni)ninho [pausa] tinha dois anos. ele (es)tava lá embaixo no apartamento co(m) o porte(i)ro tocando violão.
(593) MEL: [pula e grita]
(594) MÃE: para com isso! [fala para MEL] aí eu desci falei vamos Tato, vamos subir. não, não quero [pausa] eu vo(u) fica(r) aqui com o Zé. eu falei Tato eu vo(u) subi(r) e vo(u) chupa(r) todo o saco de pirulito. ele falou chupa todo o saco mas de(i)xa os pirulito p(a)ra mim.
(603) OBS: ah. [ri]
(604) MÃE: [ri] eu fiquei de boca aberta n(ão) é [pausa] porque ele tinha a idade da MEL!

Nesse exemplo, os limites entre o enunciado do adulto e o discurso citado ficam bastante evidentes com o uso do discurso direto. Esse uso dá maior expressividade ao relato em questão[40] e destaca na fala do outro o conteúdo inusitado. Trata-se aqui de recurso também recorrente em citações de falas de crianças por adultos: um destaque ao inusitado de suas falas. Além de se colocar a criança em patamar acima do esperado, capaz de produzir humor conscientemente, marca-se uma diferença entre ser adulto e criança. Essa diferença é marcada em outros gêneros que circulam em nossa sociedade; podemos recorrer ao gênero discursivo piada, em que um personagem privilegiado é o Joãozinho, com o típico humor infantil, que mescla o inesperado e o ingênuo, ou às chamadas "tirinhas" que trazem personagens infantis, como a Mafalda e as demais por ela inspiradas.

Considerações finais

Nosso objetivo neste capítulo foi problematizar a retomada da palavra do *outro*, especialmente quando a criança é o outro do adulto, no caso, os pais.

Partimos da hipótese de que diálogo e alteridade são princípios epistemológicos fundamentais que se fazem presentes ao longo de todo o processo de aquisição da linguagem. Há várias formas e nuances valorativas assumidas pelas citações que os pais fazem da fala de seus filhos nesse processo. Essa fala, mais ou menos alheia, pode vir mesclada ao discurso dos pais, sem dele se diferenciar por índices de pessoa ou tempo; ou pode se apresentar como um enunciado à parte, marcado pelos discursos direto e indireto, com ou sem reformulações; ou pode se constituir na antecipação de um possível dizer. As formas que essas interações assumem não se fecham no rol que elencamos – com ele, temos a intenção de destacar algumas possibilidades de ressignificar o dizer do outro quando os sujeitos são pai e filho no período de aquisição da linguagem.

Nesse processo, cumpre refletir sobre tais retomadas e "encenações" como parte da interação verbal, em que os sujeitos ora se confundem com o outro, ora se distanciam, tomando-o em sua alteridade. Em Bakhtin,[41] a constituição subjetiva se dá na relação com as palavras do outro, isto é, na incorporação ou rejeição dessas palavras, que, de alheias, passam a próprias alheias e, finalmente, a palavras próprias. O que se percebe é que estudos de Aquisição da Linguagem priorizam esse movimento entre o que é palavra do outro e o que é palavra própria, na perspectiva da criança. Acreditamos que também é um espaço interessante de pesquisa constituído pelo dizer dos pais quando cita a fala dos filhos – haveria aí um movimento de reforço de identidades a se produzir na família, em o que o pai fala de um lugar de autoridade (porque corrige, dá instruções, define sentidos e formas para o dizer) e o filho do lugar do aprendiz? Haveria aí um movimento argumentativo embasado nas emoções, em que os pais repetem elogiando, compartilhando o engraçado, tentando se colocar no mesmo lugar dos filhos? Haveria aí um jogo de forças diferente do que se dá na instituição escolar, em que a não obediência gera formas simbólicas de castigo? Os exemplos apresentados indiciam que as crianças escapam da instrução e produzem sentido por outros caminhos; a resposta dos pais, nos casos vistos, aponta para o indício da aceitação e até da admiração do resultado da não obediência.

Enfim, não tivemos a pretensão de encerrar aqui essa discussão, mas de colocá-la em relevo. Fica aqui o convite para novas reflexões.

Notas

[1] 1980.
[2] 1982.
[3] 2007.
[4] 2011.
[5] 1992 a 1999.
[6] Scarpa, 1990, p. 149 – tradução nossa. No original: "In brief, studies that reject imitation as a fundamental process in language learning are based on the autonomy and creativity of the child's linguistic production and on the differentiation between input and output, because what children produce is the result of their own invention, tacit knowledge, and rule discovery. On the other hand, the defense of imitation as an explanatory factor in language acquisition is based on arguments that point out the dependence of the learner on the target model viewed as the main source of linguistic information. The child is, thus, exposed to the model and receives information about new vocabulary and syntactic structures on the mother tongue. The main focus of such an approach is on the analogy between what is imitated and the product of imitation."
[7] Hilário, 2010; Vieira, 2011; Del Ré, Hilário, Vieira, 2012.
[8] A relação criança-mãe e a influência daquela no discurso desta são problematizadas em trabalhos de Aquisição da Escrita citados/discutidos neste volume (Abaurre, Fiad, Mayrink-Sabinson, 1997). Veja o capítulo "Aquisição da escrita e estilo".
[9] Para uma justificativa da forma de citação do livro de Bakhtin adotada aqui, ver "Apresentação" deste livro.
[10] 2006.
[11] Embora estejamos cientes das discussões acerca da autoria das obras do Círculo, especialmente da obra *Marxismo e Filosofia da Linguagem*, creditada a Voloshinov, neste texto faremos referência a Bakhtin/Voloshinov, respeitando a edição por nós utilizada.
[12] Bakhtin, 2012.
[13] Bakhtin/Voloshinov, 2006, p. 109.
[14] Idem, pp.147-48.
[15] Idem.
[16] Idem, 2006, p. 162.
[17] Idem, p.162.
[18] Idem, pp. 167-68.
[19] Idem, p. 168.
[20] Idem, pp. 168-69.
[21] Nessa versão traduzida do texto, o termo "discurso narrativo" é, para as concepções aqui trabalhadas, o discurso do autor.
[22] Bakhtin/Voloshinov, 2006, p. 169.
[23] Ver o capítulo "Aquisição da escrita e estilo", neste volume.
[24] Bakhtin/Voloshinov, 2006, p.150.
[25] Idem, p. 149.
[26] 1997.
[27] Bakhtin/Voloshinov, 2006, p. 149.
[28] Sobre os gêneros do discurso em Bakhtin e a relação entre esse conceito e o de formato, proposto por Bruner (2007), ver o capítulo "Relações entre Bakhtin e Bruner nos estudos em Aquisição".
[29] Bakhtin/Voloshinov, 2006, p. 156.
[30] Bakhtin/Voloshinov, 1976.
[31] Idem, p. 4.
[32] Para maiores esclarecimentos sobre a importância da interação entre pais e criança, do presumido e da convivência no processo de aquisição da linguagem, ver o capítulo "A produção de sentido na interação pais e filhos", neste volume.
[33] No caso dos trabalhos propostos a partir da década de 1990 por De Lemos e colaboradoras, que partem de uma perspectiva psicanalítica (lacaniana), a língua é a alteridade levada em conta (o Outro, por assim dizer). Na perspectiva adotada neste livro, o outro é social e ideologicamente constituído, mas isso não significa que ele prescinda de aspectos relacionados ao inconsciente. Nessa abordagem, ora se usa a notação outro, ora se usa Outro – é importante frisar que esse Outro não é o mesmo de Lacan. Para mais esclarecimentos sobre as diferenças entre outro e Outro, consultar Cavalcante, Naslavsky (2011, pp. 11-38); Ferreira Junior, et al. (2009, pp. 251-72); Cavalcante, (2001, pp. 1-758).
[34] Bernicot, Salazar-Orvig, Veneziano, 2006, p. 30 – tradução nossa. No original: "Les reprises sous leurs différentes formes n'ont pas cessé de faire couler de l'encre dans les 30 dernières années: sous leur apparente simplicité, elles constituent des phénomènes complexes qui ne se laissent pas appréhender facilement d'un seul point de vue. Quand on parle de reprise on peut, en fait, faire référence à au moins trois phénomènes différents: la coïncidence des formes,

bien évidemment, mais aussi la relation de continuité dans le discours et l'accomplissement d'un acte de langage à proprement parler (c'est-à-dire la réalisation d'une fonction sociale). En effet, répéter, reprendre, reformuler ce que nous venons de dire ou ce que vient de dire notre partenaire de conversation n'est pas simplement reproduire un comportement mais c'est le produire".

[35] Bernicot, Salazar-Orvig, Veneziano, 2006, p. 31.

[36] 2006.

[37] A fim de obter diferentes considerações, verificar o capítulo "Bilinguismo: sujeitos, línguas e culturas em diálogo" que integra este volume, no qual podemos observar a relação entre fala, conteúdo e forma quando a criança está exposta a duas línguas distintas.

[38] Os dados de GUS pertencem ao banco de dados do grupo NALingua.

[39] Nesse trecho, não são os pais que retomam a fala da criança, mas a irmã mais velha. O exemplo é trazido aqui pela relevância que tem para nossa discussão.

[40] Ver Marcuschi (2003) sobre o efeito de sentido no uso do discurso direto em relatos.

[41] 1997.

Bibliografia

Abaurre, M. B.; Fiad, R. S.; Mayrink-Sabinson, M. L. T. *Cenas de aquisição da escrita*: o sujeito e o trabalho com o texto. Campinas: Mercado de Letras, 1997.

Bakhtin, M. Os gêneros do discurso. In: ______. *Estética da criação verbal.* Trad. Maria Ermantina Galvão Gomes Pereira. São Paulo: Martins Fontes, 1997.

______. *Para uma filosofia do ato responsável.* Trad. Valdemir Miotello e Carlos Alberto Faraco. São Carlos: Pedro & João Editores, 2012.

Bakhtin, M./Voloshinov, V. N. *Marxismo e Filosofia da Linguagem.* Trad. Michel Lahud e Yara F. Vieira. 7. ed. São Paulo: Hucitec, 2006.

______. *Palavra própria e palavra outra na sintaxe da enunciação.* A palavra na vida e na poesia: introdução ao problema da poética sociológica. Org. e equipe de trad. V. Miotello. São Carlos: Pedro & João Editores, 2011, 184p.

Bernicot, J.; Salazar-Orvig, A.; Veneziano, E. Les reprises: dialogue, formes, fonctions et ontogenèse. *La linguistique*, 42, 2006, pp. 29-50.

Bruner, J. *Como as crianças aprendem a falar.* Trad. Joana Chaves. Lisboa: Horizontes Pedagógicos, 2007.

Cavalcante, M. C. B. A fala atribuída: as vozes que circulam na fala materna. *Letras de Hoje*, Porto Alegre, v. 36, n. 3, 2001, pp. 1-758.

Cavalcante, M. C. B.; Naslavsky, J. P. N. A matriz inicial da subjetividade tendo como lócus a dialogia do/no manhês. In: Cavalcante, M. C. B.; Faria, E. M. B. de; Leitão, M. M. (org.). *Aquisição da linguagem e processamento linguístico*: perspectivas teóricas e aplicadas. 1 ed. João Pessoa: Ideia; Editora Universitária UFPB, 2011, v. 1, pp. 11-38.

Cury, P. *Linguagem dirigida à criança pequena*: a argumentação em foco. Araraquara, 2011. Dissertação (Mestrado em Linguística e Língua Portuguesa). Faculdade de Ciências e Letras, Universidade Estadual Paulista (Unesp).

De Lemos, C. T. G. *Em busca de uma alternativa à noção de desenvolvimento na interpretação do processo de Aquisição de Linguagem*: parte II. Relatório Científico, processo 300989/79-2, período de março de 1977 a março de 1999. (Mimeo).

______. Los procesos metafóricos y metonímicos como mecanismos de cambio. *Substratum*, Barcelona, v. 1, n. 1, 1992, pp. 121-35.

______. A fusão e o destino da palavra alheia. Três momentos da reflexão de Bakhtin. In: Barros, D. L. P. (org.). *Dialogismo, polifonia, intertextualidade.* São Paulo: Edusp, 1994. pp. 37-43.

______. Língua e discurso na teorização sobre Aquisição de Linguagem. In: *Letras de Hoje*, Porto Alegre, v. 30, n. 4, 1995, pp. 9-28.

Del Ré, A.; Hilário, R. N.; Vieira, A. J. Subjetividade, individualidade e singularidade na criança: um sujeito que se constitui socialmente. *Bakhtiniana*: Revista de Estudos do Discurso, 2012, pp. 57-74. Disponível em: <http://revistas.pucsp.br/index.php/bakhtiniana/article/view/10331>. Acesso em: 15 maio 2013.

Ferreira Junior, J. T.; Medeiros, N. A.; Nobrega, P. V. A.; Cavalcante, M. C. B. O bebê, a mãe e o outro: subjetividade e alteridade no processo de enunciação. In: Oliveira, E. F. L. de; Ferreira, S. S.; Barreto, T. A (org.). *As interfaces da clínica com bebês.* 1. ed. Recife: Bagaço, 2009, v. 1, pp. 251-72.

Hilário, R. N. *A marcação de plural na fala da criança*: marcas de subjetividade. Araraquara, 2010. Relatório de qualificação não publicado (Mestrado em Linguística e Língua Portuguesa). Faculdade de Ciências e Letras, Universidade Estadual Paulista (Unesp).

HOFF-GINSBERG, E.; SHATZ, M. Linguistic input and the child's acquisition of language. *Psychological Bulletin*, 92, 1982, pp. 3-26.

KLEECK, A. V.; CARPENTER, R. L. The effects of children's language comprehension level on adults' child-direct talk. In: *Journal of speech and hearing research*. v. 23, set. 1980, pp. 546-69.

MARCUSCHI, L. A. *Da fala para a escrita*: atividades de retextualização. 4. ed. São Paulo: Cortez, 2003.

SCARPA, E. Intonation and Dialogue Processes in Early Speech. *Children's Language*. Volume 7. Lawrence Eribaum Associates. New Jersey, 1990

SCHNACK, C. Baby-talk: uma fala do adulto direcionada à criança. Que adulto? Que criança? *Caleidoscópio*, v. 5, n. 2, maio/ago 2007, pp. 115-24.

SHATZ, M. On the development of the field of language development. In: HOFF, E.; SHATZ, M. (ed.). *Blackwell handbook of language development*. Malden: Blackwell, 2007, pp. 1-16.

VIEIRA, A. *Condutas argumentativas na fala infantil*: um olhar sobre a constituição da subjetividade. Araraquara, 2011. Dissertação (Mestrado em Linguística e Língua Portuguesa). Faculdade de Ciências e Letras, Universidade Estadual Paulista (Unesp).

Aquisição/Aprendizagem de língua estrangeira e as contribuições bakhtinianas

Renata Coelho Marchezan
Patrícia Falasca
Rafaela Giacomin Bueno

Nos estudos de Linguística Aplicada, inúmeras investigações refletem sobre o processo de ensino-aprendizagem de línguas. No entanto, verifica-se uma escassez de estudos que busquem, nesse processo, a compreensão do sujeito, uma vez que a maioria dos trabalhos tem como foco as relações entre professor e aluno, as relações dos alunos entre si e as preocupações que envolvem a sala de aula. Este capítulo[1] trata da subjetividade e da identidade do aprendiz de língua estrangeira (LE) no processo de aquisição/aprendizagem e o faz à luz das ideias do chamado Círculo de Bakhtin,[2] em especial, Bakhtin/Voloshinov[3] e Bakhtin,[4] explorando, desse modo, possíveis contribuições do dialogismo para a área. A presente reflexão nutre-se dos dados de uma criança pequena (5 anos), estudante de língua espanhola em uma escola bilíngue (português/espanhol), e de alunos adultos estudantes de língua inglesa; ambos os grupos falantes do português brasileiro (PB) como língua materna (LM). Tais dados aparecem como ilustração aos pontos de reflexão levantados ao longo do capítulo.

Lançando mão de *corpora* cuja natureza é distinta (situações formal e informal de aquisição/aprendizagem), propomos observar e constatar os possíveis deslocamentos identitários oriundos da presença de mais de uma língua na formação da subjetividade desses sujeitos, considerando, principalmente, os processos de aquisição e aprendizagem como coexistentes, interdependentes, diferentemente do que afirma Krashen em seus primeiros postulados.[5]

A área de Aprendizagem de LE e seu desenvolvimento

Os estudos na área de Aprendizagem de LE tiveram um desenrolar paralelo às questões de Aquisição de LM, tomando como ponto de partida, muitas vezes, as reflexões levantadas por tais questões e voltando-as à LE. Nos cerca de 70 anos de sua existência como campo científico, a área passou por diferentes fases, sendo que, inicialmente, as pesquisas se concentravam em questões de sala de aula e ensino de línguas, comparando métodos de ensino e buscando técnicas mais eficazes para as aulas de LE. O foco dos estudos, nesse momento, é a própria língua, a observação e a descrição de sua gramática enquanto meio de alcançar a aquisição da língua em questão.[6]

Somente a partir da década de 1960, com as novas perspectivas linguísticas traçadas pelas ideias de N. Chomsky, dos crescentes debates acerca da natureza da linguagem e do ensino-aprendizagem de línguas, os pesquisadores passaram a observar não apenas o processo de ensino, mas também o processo de aprendizagem de uma LE e, com isso, o aprendiz. Tal tomada de posição consolidou a área hoje denominada Aprendizagem de Língua Estrangeira.[7]

A principal motivação para a área torna-se, então, compreender de que forma e por qual razão, dentre tantas variáveis possíveis, alguns alunos conseguem comunicar-se apropriadamente na LE, alcançando o grau de desenvoltura por eles desejado, e outros não. De certa forma, essa é a mesma motivação deste capítulo, no qual focamos especificamente as questões da subjetividade e da identidade que podem estar ligadas ao sucesso ou não da aprendizagem da língua alvo (LA).[8]

Entre os anos de 1940 e 1950, os trabalhos seguem o paradigma da Linguística estrutural e, em uma perspectiva behaviorista e comportamentalista, a língua é tomada como uma rede de hábitos, formados pela repetição de estímulos e respostas. Por esse ponto de vista, aprender uma LE é, então, formar hábitos animados por estímulos para provocar respostas visuais e sonoras dos alunos.[9] Nesse contexto, o erro cometido pelo aprendiz é considerado algo negativo, uma formação de maus hábitos, e foi justamente esse ponto da teoria, aliado ao posicionamento demasiadamente simplista com relação à linguagem, que logo encontrou opositores. Em 1959, no texto "A Review of B. F. Skinner's Verbal Behavior", Chomsky publica uma crítica a tal modelo e propicia um novo olhar aos estudos de aquisição de LE.[10]

A partir de então, o foco passa a recair no aprendiz, em sua performance e na forma como desenvolve a LE. Os erros, nessa perspectiva, deixam de ser estigmatizados e passam a fazer parte do processo de formação das regras da nova língua, que culminam na gramática da LE, após sucessivas tentativas e formações de hipóteses do aprendiz com relação às formas gramaticais da língua que pretende aprender/adquirir (tal como faz a criança, ao adquirir sua LM). Uma grande ênfase é dada ao *input* recebido pelos aprendizes e considera-se que é a partir dele e do uso de regras internalizadas que as línguas se desenvolvem no aprendiz. Nessa perspectiva, levantam-se diversas reflexões; uma delas é a problematização acerca da existência ou não de um período na vida em que a aprendizagem de línguas seria otimizada e, se, fora de tal período, seria ela dificultada ou, até mesmo, impossibilitada.

Tal *período crítico* (como passou a ser chamado) baseia-se[11] na premissa de que o cérebro humano teria uma fase de desenvolvimento na qual a aprendizagem de línguas seria facilitada e, seguindo o desenvolvimento cerebral natural, com o passar do tempo, essa aprendizagem seria afetada. Aquilo que seria aprendido após tal período concentrar-se-ia em aspectos independentes do dispositivo inato de aquisição da linguagem, proposto por Chomsky. No entanto, há divergências acerca da definição do período crítico. A esse respeito, algumas conclusões consideram que

> [...] resultados a longo prazo claramente favorecem àqueles que começam a aprender a língua na infância [...]. Aprendizes expostos à língua na fase adulta mostram, em média, um baixo nível de performance em muitos aspectos da língua, *apesar de as variações individuais também aumentarem com a idade* (Johnson and Newport, 1989) *e alguns indivíduos poderem se aproximar da proficiência dos aprendizes precoces* (Birdsong, 1992).[12]

Embora haja mudanças naturais do cérebro que dificultam uma aprendizagem tardia, baseando-nos em reflexões como a citada anteriormente, o que nos move é justamente examinar variações individuais relacionadas à facilidade ou dificuldade de aquisição/aprendizagem de uma LE e, com isso, observar as questões identitárias e os deslocamentos trazidos pela língua do outro. Nesse ponto, as ideias do Círculo de Bakhtin, assim como de François[13] e Salazar-Orvig,[14] constituem uma base profícua para as reflexões.

Na perspectiva inatista de aquisição de linguagem, um nome a ser também lembrado na área de Aquisição de LE é Stephen Krashen.[15] Foi ele o autor que desenvolveu uma das primeiras teorias especificamente voltadas para a aquisição de LE: a teoria do monitor. Tal teoria tomou, através dos anos, diferentes formulações, culminando em cinco hipóteses sobre o processo de aprendizagem e o aprendiz: a hipótese da ordem natural; a hipótese do *input*; a hipótese do monitor; a hipótese do filtro afetivo e a hipótese da aquisição-aprendizagem.

Dentre as hipóteses propostas por Krashen ao longo de seu trabalho, focamos em uma das mais polêmicas e que tem ligação direta com o tema aqui desenvolvido: a hipótese da aquisição-aprendizagem, em que o autor propõe a existência de duas maneiras distintas e independentes de entrar em contato com uma LE: através da *aquisição* ou da *aprendizagem*. Na aquisição, segundo Krashen,[16] há uma apropriação inconsciente da língua por parte do aprendiz, assim como ocorre com as crianças ao adquirir sua LM. Já na aprendizagem, os processos envolvidos são conscientes e a língua é aprendida em ambiente de instrução formal, com foco no sistema de regras nela contido.

É impossível não perceber diferenças entre as aprendizagens que ocorrem em ambiente formal de ensino e as que ocorrem fora dele, mas, reconheçamos, não é possível nem desejável separá-las rigidamente: os aprendizes que tomaram contato com a língua de maneira natural podem, em algum momento, refletir sistematicamente sobre a língua e aqueles que a aprenderam em ambiente formal podem conseguir utilizá-la de forma próxima à natural, sem a necessidade constante de pensar nas estruturas linguísticas.

Consideramos, assim, que a distinção entre aquisição e aprendizagem não é estanque e definitiva: um processo vincula-se ao outro, podendo a aprendizagem (no sentido tomado por Krashen) levar, em certa medida, à aquisição. Por isso, ao nos referirmos a tais processos, optamos por não os diferenciar, tratando-os por aquisição/aprendizagem, tanto nos apontamentos sobre os dados das crianças quanto naqueles sobre a fala adulta, aqui apresentados.

Retirando a demasiada importância dada ao produto da aprendizagem de línguas (uma competência linguística próxima à nativa) pela teoria inatista, as teorias interacionistas e desenvolvimentistas trazem o foco das pesquisas para o processo de aprendizagem em si. Não há, aqui, o propósito de considerar mecanismos distintos do cérebro para as questões de aquisição/aprendizagem. Com Vygotsky,[17] entendemos que o desenvolvimento cognitivo humano é resultado das interações sociais entre sujeitos. Assim, na LE, as formas interacionais presentes em sala de aula são essenciais para alcançar o conhecimento.

As contribuições de Bakhtin e os pensadores do Círculo também trazem uma concepção de linguagem e social, marcada pela sociedade que a utiliza e dependente da interação com o outro para sua existência. Nessa perspectiva, consideramos a linguagem como dialógica, com uma dinamicidade que é continuamente renovada na atividade social. A linguagem, tomada como uma coleção de fontes socioculturais, tem importante papel no modo como damos forma ao nosso mundo[18] e constituímos, ao longo da vida, nossa subjetividade.

Assim, ao pensarmos o processo de aquisição/aprendizagem de LE, perguntamo-nos sobre o papel da LA no aprendiz, considerando a formação de sua subjetividade na LM. Consideramos que a LE impõe ao sujeito reorganizações que podem levar a deslocamentos identitários.

Não se encontram, em número significativo, trabalhos na área de Aquisição/Aprendizagem de LE que se pautem na perspectiva bakhtiniana; suas contribuições estão aos poucos sendo inseridas nas reflexões sobre a Aquisição de LM.[19] No entanto, uma publicação representativa para o estudo das LEs é o *Dialog with Bakhtin in Second and Foreign Language Learning: new perspectives*, editado por Kelly Hall, Gergana Vitanova e Ludimila Marchenkova.[20] É importante também considerar os esforços do grupo de pesquisa GEALin (Grupo de Estudos em Aquisição da Linguagem – CNPq) em trazer as ideias do Círculo de Bakhtin para a área de Aquisição da Linguagem, com trabalhos tanto em LM quanto em LE.

A subjetividade e sua constituição

Ao adotarmos uma perspectiva dialógico-discursiva para pensar o conceito de subjetividade e outros a ele vinculados, a partir das considerações presentes nos escritos de Bakhtin[21] e Bakhtin/Voloshinov,[22] entendemos que tais reflexões, apesar de não se referirem diretamente ao campo da Aquisição da Linguagem, aplicam-se a ela. Para dialogar com as ideias de Bakhtin, trazemos autores como Vygotsky,[23] Bruner[24] e François.[25] Com base nessas contribuições, pode-se afirmar que há uma relação intrínseca entre subjetividade e aquisição/aprendizagem da língua(gem). O acesso, ainda que limitado, à subjetividade do indivíduo nos possibilita apreender também parte do processo de aquisição/aprendizagem da linguagem. É fundamental, pois, que entendamos que a constituição do sujeito se dá na e pela linguagem e que tal processo constitutivo é contínuo, pois os sujeitos estão em constante formação (e reformulação) ao longo de suas vidas.

Ao examinarmos os escritos de Bakhtin e Bakhtin/Voloshinov, verificamos que o termo subjetividade aparece concomitantemente com outras noções, tais como individualidade e singularidade. A convergência e a divergência conceituais entre esses termos levam-nos a entender a questão da subjetividade em uma constante relação com os conceitos de individualidade e singularidade.[26]

A palavra "subjetividade" remete-nos inevitavelmente à ideia de sujeito. Ao concebermos a linguagem como atividade constitutiva do sujeito,[27] isto é, ao considerarmos que o sujeito se constitui na e pela linguagem, entendemos também que é por meio dela que ele é capaz de expressar seus anseios, sentimentos, opiniões etc. É nesse sentido que há uma relação de mão dupla entre aquisição/aprendizagem de língua(gem) e subjetividade, uma vez que esses processos nos conduzem à apreensão do sujeito e de seu "vir a ser", e vice-versa.

Com a perspectiva bakhtiniana, enfatiza-se, na concepção do sujeito, sua constituição social, na relação com o outro, sempre situada em um determinado tempo e espaço. Essa abordagem é de fundamental importância para os estudos que aqui mencionamos e vem ao encontro do conceito de *socialização*, definido por Ochs[28] como processo que possibilita que um indivíduo torne-se membro de uma sociedade determinada.

Tanto em sala de aula quanto em contexto familiar, a socialização se faz presente. Como lembra Bernstein,[29] é um processo por meio do qual uma determinada identidade cultural é adquirida e compreendida por respostas a ela dadas. A interação torna-se, pois, vital para esse processo, já que aquele que adquire/aprende uma língua necessita de práticas que lhe permitam colocar-se, posicionar-se como sujeito falante dessa língua, reconhecendo os seus próprios papéis e os papéis do outro.

A concepção de sujeito que aqui trazemos caracteriza-se fundamentalmente pela alteridade, ou seja, com ênfase nas relações que o sujeito estabelece com outros na comunidade na qual se inscreve. Embora reconheçamos que o sujeito sofra coerções sociais, entendemos que ele tem um papel ativo na cadeia dos discursos. O sujeito deixa suas marcas de individualidade em suas produções; assim, ocupa também um lugar de construção, de participação conjunta, uma vez que há uma combinação entre o discurso social e o individual, reelaborando, ressignificando os seus enunciados.

A fim de pensarmos a individualidade que caracteriza o sujeito e constitui a sua subjetividade, na relação indissociável entre o eu e o outro, é necessário que consideremos que o sujeito tem um querer dizer e o realiza na relação com o outro. Para que o sujeito concretize sua intenção, há a necessidade de escolhas que são próprias, individuais, manifestando, portanto, como designa Bakhtin,[30] a *individualidade* do sujeito.

O que o sujeito enuncia é indissociável das condições sócio-históricas que o engendram. O tempo, o espaço, a comunidade na qual se insere o indivíduo são as circunstâncias reais de enunciação que abrigam os "atos singulares" do sujeito. Compreendemos, pois, que a *singularidade* é a manifestação da individualidade.

> [...] o Ser único se dispõe de um modo único e irrepetível. Aquilo que pode ser feito por mim não pode nunca ser feito por ninguém mais. A unicidade ou singularidade do ser presente é forçadamente obrigatória.[31]

São as manifestações em forma de linguagem, que configuram os "atos singulares", que nos dão acesso à subjetividade. Sua apreensão, ainda que difícil e restrita, faz-se via linguagem e relaciona-se aos aspectos culturais e sociais que o sujeito experimenta e que participam de sua história. Essa face concreta que se revela por meio da linguagem não nos possibilita a compreensão do sujeito como acabado, concluído; este passa por constantes (re)organizações, (re)construindo-se.

Entender o sujeito que, ao produzir um discurso, combina o social (o discurso dos outros) e o individual, operando uma ressignificação do mundo, implica pensar a constituição da subjetividade em relação às experiências vividas. O sujeito torna-se ideológico à medida que assimila, de forma seletiva, única, singular, as palavras dos outros.[32]

Tal assimilação seletiva organiza o discurso do sujeito, de modo que, por um lado, ele busque no discurso do outro aquilo que se aproxima do que pensa, aquilo com que se identifica e, por outro, descarte, questione, reelabore os discursos aos quais se opõe, com os quais não se identifica.

No processo de aquisição de LM, nas interações que a criança estabelece com o seu interlocutor, vê-se claramente o movimento da palavra do outro (do interlocutor) que, aos poucos, torna-se palavra minha (da criança).

> As influências extratextuais têm uma importância muito especial nas primeiras etapas do desenvolvimento do homem. Estas influências estão revestidas de palavras (ou outros signos), e estas palavras pertencem a outras pessoas; trata-se das palavras da mãe. Depois, estas "palavras alheias" se reelaboram dialogicamente em "palavras próprias alheias" com a ajuda de outras palavras alheias (escutadas anteriormente) e logo se tornam palavras próprias (com a perda das aspas, falando metaforicamente) que já possuem um caráter criativo.[33]

Consideramos, pois, que a subjetividade toma forma na e pela língua materna, e o sujeito vai se tornando social, na infância, por meio das interações que estabelece com os membros da sociedade da qual participa, com os discursos e as vozes que estão inseridos na corrente da comunicação verbal que o constituem.

Nesse contexto, é ainda importante lembrar, com Bakhtin/Voloshinov,[34] que é por meio da palavra que se torna perceptível toda e qualquer mudança social, já que é na língua(gem) que se (re)estruturam as relações sociais do indivíduo. A palavra, como signo ideológico, é resultante das relações interindividuais.

A dinamicidade que essa concepção de signo instaura remete-nos ao dialogismo, segundo o qual, nas palavras de Fiorin,[35] "todos os enunciados se constituem a partir de outros [enunciados]". Os enunciados dos sujeitos, relacionando-se à esfera social a que pertencem, são sempre respostas a enunciados anteriores, ao mesmo tempo em que suscitam novas respostas. O funcionamento da linguagem é, nessa perspectiva, essencialmente dialógico.

Essa reflexão também é desenvolvida no contexto de aprendizagem da segunda língua:

> Assim como outros teóricos socioculturais, Bakhtin considera a aprendizagem de segunda língua como algo que envolve a reorganização e o desenvolvimento de ferramentas semióticas da língua nativa para a segunda língua, através da participação em *práticas sociais*. De acordo com essa visão, a linguagem emerge do engajamento em *atividades sociais e culturais* e se torna, posteriormente, internalizada (isto é, reconstruída internamente como processos psicológicos, por exemplo, formas de pensar, maneiras de aprender). Essas atividades são mediadas por signos (isto é, ferramentas simbólicas) – por exemplo, elementos linguísticos e não verbais. Conforme tais recursos e ferramentas semióticas são reorganizados e redesenvolvidos, os indivíduos são transformados.[36]

A partir do que tais autores nos apontam, entendemos também que adquirir/aprender uma língua, seja estrangeira ou segunda, é deparar-se com outras ideologias, uma vez que cada língua coloca em jogo culturas e histórias específicas. A língua(gem), como material semiótico, é portadora de ideologia, que alimenta tanto a linguagem em si quanto a consciência do sujeito.

O contato com uma nova língua traz ao sujeito, então, outros pontos de vista, outras vozes, podendo levá-lo a diferentes posicionamentos, a outras visões diante do mundo, que o conduzem a uma alteração significativa em sua subjetividade, sem que ele perca a constituição que se deu a partir da LM. Em conformidade com Hall, Vitanova e Marchenkova,[37] as palavras "[...] são usadas não somente para referir ou representar nossos mundos culturais, mas também são meios centrais por meio dos quais nós trazemos nossos mundos para a realidade, os mantemos e lhes damos forma para os nossos próprios propósitos".[38]

Há, portanto, uma reorganização, um redesenvolvimento dos signos (já que são oriundos de lugares outros, de uma língua distinta), que implica necessariamente em reestruturar, reorganizar também o sujeito que a adquire/aprende.

Como base nas formações psíquicas desse sujeito ativo, responsivo, historicamente inscrito, a subjetividade é possibilitada pela LM e norteia as atividades do sujeito, viabilizando a emergência e o desenvolvimento de modificações, transformações – facetas – que a constituem e que estão em constante vir a ser.

Identidade, movimentos discursivos e deslocamentos

O entendimento de que a ação de enunciar está relacionada com a própria constituição de identidade leva-nos a pensar que a aquisição/aprendizagem de uma outra língua, o contato com outros signos ideológicos, opera uma modificação na subjetividade do indivíduo a partir da qual podem tomar corpo outras visões de mundo.

A identidade, conforme a consideramos, consiste em facetas que podem emergir e desdobrar-se da subjetividade.[39] A aquisição/aprendizagem de uma LE configura-se em uma das identidades possíveis, considerando uma espécie de "permissão" do sujeito que adquire/aprende uma nova língua para deixar-se modificar por ela. A identidade nos diferencia do outro, mas também nos identifica com ele, aproxima-nos numa relação de busca por algo que nos cative.

O deixar-se tomar por outra visão de mundo trazida pela LE e a emergência de facetas identitárias trazidas por esse contato ocorrem por meio de uma série de *deslocamentos*, que caracterizam as mudanças pelas quais passam o sujeito que adquire/aprende uma outra língua, resultantes dos movimentos discursivos oriundos dos encadeamentos de enunciados, do conjunto de vozes que compõe o espaço discursivo.

Conforme Salazar-Orvig,[40] o espaço discursivo consiste em uma rede de significações que se tece no curso da troca verbal. O conjunto heterogêneo de significações que emerge do diálogo resulta, pois, de uma construção conjunta, dialógica. Nas palavras da autora:

> A constituição do sentido no diálogo não é localizável nem em cada sujeito tomado individualmente, nem na pura materialidade das palavras, mas em uma dimensão intermediária, ao mesmo tempo fictícia e real, por meio da qual se atualizam as significações. Esse sentido se constitui em um espaço que não é nem homogêneo nem estático, espaço que é fundamentalmente dialógico.[41]

É a partir de um sujeito que enuncia e, assim, suscita uma resposta, uma reação em seu interlocutor, que se estabelecem laços, sendo o espaço discursivo o entrelaço em que se constitui o sentido. Esses laços ou encadeamentos discursivos, que se travam no curso da interação dialógica, no movimento dos enunciados, apresentam dimensões distintas – explícitas (o dito) ou implícitas[42] (o não dito) – por meio das quais os sentidos aparecem. "A 'linguagem' comporta uma zona de sentido partilhado, uma zona de conflito ou, em todo caso, de diferença, uma zona de indecisão".[43] Compartilhando tal ideia, Salazar-Orvig afirma que:

> Toda palavra pronunciada (assim como, bem entendido, os outros aspectos da comunicação, olhares, gestos, vozes, posturas etc.) tem, além de sua materialidade, um outro tipo de existência, uma existência 'memorial'. [...] A partir da materialidade das falas pronunciadas, trocadas, se cria então um espaço intangível naqueles que se cristalizam, interagem e jogam as diferentes significações.[44]

Também para François,[45] são os movimentos discursivos (e suas dimensões) que configuram e garantem a continuidade das trocas verbais e que, ainda, podem viabilizar um *deslocamento*. A esse termo atribuem-se as mudanças de um domínio a outro, de tema, de gênero, de ponto de vista; a evidência de mais de uma verdade ou maneira de codificar um objeto, caracterizando a própria organização dialógica da linguagem.

A natureza dos movimentos discursivos caracteriza a linguagem como o lugar não apenas do previsto, mas da surpresa, do conflito e, como trazemos neste capítulo, do singular,[46] do único, do descontínuo, das diferenças. O sentido origina-se no conjunto das trocas linguísticas e no modo como elas *modificam* a situação. "A significação vem porque o outro nos diz algo que não teríamos dito e que, justamente por isso, age em nós."[47]

Quanto à aquisição/aprendizagem de línguas, entendemos que o sujeito, marcado por um ponto de vista oriundo de sua LM, pode, a partir do contato com uma outra língua, passar por um deslocamento identitário – consideramos que essa nova relação desestabiliza o que parecia fixo e permite novas construções e relações a partir daquilo que se cria na LA.

Há uma tentativa, nesse deslocamento do sujeito que adquire/aprende uma nova língua, de obedecer a uma ordem que se coloca de modo implícito: dizer algo diferente do outro e, ao mesmo tempo, estabelecer uma relação consigo mesmo, colocando-se de outro modo: "Desse ponto de vista, não é, evidentemente, toda irrupção que faz sentido, mas aquela que nos manifesta um outro aspecto do real, em particular, que o mostre de uma outra maneira."[48]

Ao retomar os escritos de Bakhtin e de Bakhtin/Voloshinov, Sobral[49] afirma que a identidade do sujeito é entendida como relativamente fixada, haja visto que não perderá a sua "essência", ainda que em constante contato com o(s) outro(s). Com base nessa consideração e estendendo essa noção de identidade ao que aqui propomos, entendemos que, com a aquisição/aprendizagem de uma língua estrangeira, não se configura uma nova ou outra identidade do sujeito, mas, por estar intrinsecamente ligada à subjetividade e dela emergir, a identidade passa a se caracterizar de modo diferenciado, constituindo aquele que adquire/aprende uma língua, de modo único, particular, singular.

Aos dados

Neste ponto, trazemos alguns exemplos para ilustrar nossas reflexões. Como dito, os dados são fragmentos de fala de adultos aprendizes de inglês como LE em uma escola de idiomas e de uma criança estudante de espanhol em uma escola bilíngue. As amostras que trazemos deixam entrever, na linguagem e no discurso de tais sujeitos, sua constituição e os aspectos que envolvem o contato com a LE, assim como suas posições com relação aos discursos com os quais tomam contato.

É importante lembrar que os pontos da teoria apresentados ao longo deste capítulo estão intrinsecamente ligados entre si e o destaque de um deles, quando ocorre, é para fins ilustrativos daquele ponto específico, não esgotando, na amostragem, as reflexões sobre os demais pressupostos trazidos.

Pensando na questão da subjetividade – formada na e pela LM, base para o psiquismo do ser; sendo, também, aquilo que diferencia o sujeito dos demais, através dos traços de individualidade –, temos na fala de um dos alunos, de 19 anos de idade:

(91) EST: (...) <eu s(into)> [/] eu sinto um pouco de desprezo
(92) eu acho que eu sou muito brasileiro.

Nessa fala, o aluno responde, em entrevista, o que ele acha dos países falantes de inglês como LM, e sua resposta inicia-se com uma argumentação contra o consumismo. Ele se posiciona como um sujeito que sente desprezo por tal atitude e que, como sujeito ativo, histórica e socialmente marcado, considera-se "muito brasileiro", deixando-nos entrever, no discurso, sua subjetividade e identidade fortemente constituídas em sua LM e em seu país de origem.

Essa subjetividade "brasileira" está também fortemente marcada na fala da criança (FER, 5 anos e 1 mês), presente no fragmento a seguir, no qual se verifica que seu discurso remete à condição de aprendiz *brasileiro* de língua espanhola, uma vez que sua fala se caracteriza por enunciados comuns aos sujeitos que se dispõem a adquirir/aprender espanhol como língua estrangeira (E/LE).

(696) MÃE: Fe, quién te ha dado?
(697) FER: Pe, un Pedro que no es de mi escuela!
(698) OBS: una persona llamada Pedro!
(699) OBS: sí?
(700) FER: es una **crianza**!
(701) OBS: ah un niño![50]

A mãe pergunta para a criança (FER) quem lhe havia dado o chocolate que ela estava comendo naquele momento. Assim que a criança responde, enfatiza que "Pedro", a quem ela se refere, não é o mesmo Pedro que estuda com ela, que vai à mesma escola (colégio bilíngue). Nota-se em seguida que, quando a pesquisadora-observadora (OBS) intervém, dizendo, no turno 698, "una persona llamada Pedro", há uma nova tomada de posição da criança que de certa forma se contrapõe ao seu interlocutor: não se trata de uma pessoa qualquer, é uma criança. Nesse turno (700), ao corrigir a OBS, aparece na fala da criança uma palavra ("crianza" – /kri'ansa/) que imediatamente nos remete ao PB, isto é, ao sujeito criança, pessoa de pouca idade, que vive a infância, tanto pela sua proximidade fonética quanto pelo contexto no qual se insere.

Mais interessante que a constatação de uma possível presença do PB na fala em espanhol da criança, ou, ainda, a questão de o próprio signo "crianza"[51] referir-se a um falso cognato no contexto de aprendizagem de espanhol, é que o modo como a criança enuncia em espanhol revela a singularidade do processo de aquisição/aprendizagem dessa língua para o brasileiro, pois solicita um esforço que lhe traz, de certo modo, uma dificuldade para se distanciar do PB, considerando principalmente a proximidade tipológica das línguas que compõem esse espaço discursivo.

Isso se constata pela forma como a criança modula a sua fala, buscando uma aproximação, em termos sonoros, com uma outra língua que, no caso dela, participa também de sua infância e da constituição de sua subjetividade. A reelaboração, reinvenção dos signos, também se faz presente de forma recorrente em muitos outros enunciados da criança, sinalizando o processo de aprendizagem do espanhol. Por exemplo, no turno 849, a seguir, a criança diz "rato" (/'rato/), palavra do PB que corresponderia a "ratón", em espanhol, como afirma a mãe no turno seguinte (850). Em espanhol, "rato" se refere a um curto espaço de tempo.

Situação: FER (5 anos e 1 mês) está no sofá e, junto à Mãe, lê um livrinho.

(843) FER: e qui to
(844) MÃE: p? es una p!
(845) MÃE: p?
(846) FER: p
(847) FER: pe que no
(848) MÃE: qué animal es este?
(849) FER: rato!
(850) MÃE: un ratón?[52]

Ainda no primeiro fragmento, ao considerarmos o fato de Pedro também não pertencer à escola onde FER estuda, podemos perceber dentro dos movimentos que operam o discurso infantil a intervenção do PB como uma dimensão implícita permanecendo em um entremeio, em um embate de vozes no qual, de um lado, há a imagem de seu amigo Pedro, que lhe traz outros contextos nos quais não se fala o espanhol, e, por outro lado, a situação ali imediata que exige o posicionar-se em espanhol.

Retomando, por outro lado, a questão da identidade como o que identifica o eu em relação ao outro, aquilo que o eu busca no outro, trazemos o seguinte trecho para ilustrar como ela pode ser examinada no discurso dos alunos adultos:

(53) OBS: e você gosta então de estudar?
(54) EST: a: eu adoro.
(55) OBS: tem assim um porquê especial ou por que.
(56) EST: é que eu acho lindo o jeito de falar, sabe?
(57) EST: num sei assim por que num [pausa] a gramática das melhores
(58) não é, sabe? não é, num sei, mas eu acho lindo o jeito de
(59) fala(r) inglês.
(60) EST: eu vejo as pessoas falando inglês nos filmes e eu falo eu gostaria
(61) de só falar essa língua.
(62) EST: sabe? eu não gostaria de falar português [risos] eu gostaria de
(63) falar inglês só.

Nesse trecho, há a fala de uma aluna de 25 anos, estudante de Direito. Ao longo de toda a entrevista da qual participa, ela se declara apaixonada pela língua inglesa, sem que isso tenha uma explicação concreta, mas simplesmente por achá-la uma língua bonita. A aluna diz, em outro ponto da entrevista, sentir tal identificação desde a sua infância, quando, por admirar uma amiga que estudava inglês, começou também a estudar essa língua. Vemos, aqui, de que maneira a relação com o outro constitui o eu e de que forma a identidade, enquanto aproximação com o outro (ou distanciamento), está presente na constituição da subjetividade do sujeito. No trecho anterior, vemos, entre os turnos 60 e 63, a colocação da aluna sobre a sua vontade de somente falar essa língua, a língua do outro, deixando claro que não gostaria sequer de falar sua LM, mas apenas essa língua que veio depois. É importante notar, nesse sentido, que, apesar de tal vontade estar discursivamente expressa na fala da aluna, a LM está sempre presente na constituição do sujeito e é por meio dela que se adentra na "corrente da criação verbal"[53] e que se desperta a consciência do ser. É somente a partir da LM que podemos buscar identificações e, com elas, novas estruturações, novos recortes da realidade vindos com as LEs.

Já no que diz respeito aos deslocamentos,[54] pelos quais acreditamos se dar a entrada na LE, deslocando pontos de vista, visões de mundo e colocando o sujeito em um lugar outro, utilizando-se da língua do outro para comunicar-se, temos um fragmento interessante, de um relato escrito por um aluno de 28 anos de idade, engenheiro, que ilustra, em seu discurso, tal mudança trazida com a LE:

> É uma sensação como se eu estivesse quebrando uma grande parede em minha frente e descobrindo um lugar novo e fascinante, onde eu nunca havia estado antes.[55]

Nesse trecho, vemos a forma como a entrada na LE traz modificações para o sujeito, o qual, apesar de possivelmente não estar ciente do fato de que tal língua traz um deslocamento, percebe que algo acontece, que um universo de possibilidades é aberto e que há um mundo novo a ser explorado, vindo juntamente com a língua.

As reestruturações vindas com a LE são possíveis, como explicitamos ao longo do capítulo, por meio de movimentos discursivos que levam aos deslocamentos anteriormente mencionados. Para melhor percepção de tais aspectos de movimentos discursivos, trazemos ainda um exemplo da criança aprendiz de espanhol, para observar a maneira pela qual tais movimentos podem ser reconhecidos na fala.

No fragmento seguinte, a OBS pede à criança que lhe conte a história dos três porquinhos. É necessário afirmar que a OBS havia solicitado aos pais que contassem essa história, no dia anterior à gravação, em ambiente familiar, tanto em português (pelo pai) quanto em espanhol (pela mãe), sem contar à criança que essa história seria resgatada na sessão seguinte com a OBS. Vejamos:

FER (5 anos e 5 meses)

(603) OBS : qué pasa Fer?
[FER tenta fechar a caixa com a tampa novamente].
(604) FER: eles tinham que fazer uma casa pra se proteger do lobo mau.
(605) OBS: hum hum!
(606) FER: aí o lobo mau veio e disse: porquinho porquinho abre a porta que eu quero entrar pra comer vocês.
(607) FER: não vo(u) não não abro.
(608) FER: aí hizo la casa de pared!
(609) OBS: não entendi.
(610) OBS: uma casa?
(611) OBS: quem fez casa?
(612) FER: casa![56]

A continuidade e a descontinuidade que caracterizam os encadeamentos discursivos[57] também podem ser visualizadas nesses enunciados da fala da criança, nos quais identificamos o dito, isto é, o explícito, corroborado por vozes implícitas, não ditas, descontínuas, inesperadas, uma vez que ambas as línguas são convocadas, de modo natural, na narrativa infantil, ainda que a OBS fale, na maior parte do tempo, em espanhol com a criança. Isso evidencia a reelaboração de discursos anteriores e resulta no encontro do PB e do espanhol, pelo qual passa essa criança. Essa reelaboração caracteriza o próprio processo aquisição/aprendizagem de línguas em contato.

Considerações finais

Neste capítulo, buscamos apresentar um olhar teórico sobre os processos de aquisição/aprendizagem de LE a partir das reflexões de Bakhtin e do Círculo. Para tanto, entendemos que a partir da LM, o sujeito pode sofrer um deslocamento identitário no contato com a LE, viabilizado pelos encadeamentos discursivos que subjazem às interações verbais. Por meio desses deslocamentos, o aprendiz adentra no recorte feito pela LE, o qual difere do de sua LM, e pode tomar parte nos discursos dessa nova língua. Trouxemos, também, considerações acerca do conceito de subjetividade, formada na LM, ao longo da vida do sujeito. Nesse contexto, ao articular as ideias bakhtinianas aos estudos em Aquisição/Aprendizagem de LE, ilustramos os pontos tratados no capítulo com dados de interações em ambiente familiar de uma criança estudante de espanhol como LE e de entrevistas com alunos adultos de inglês como LE, buscando, em tais dados, reconhecer de que maneira subjetividade, identidade, deslocamentos e movimentos discursivos podem ser observados dentro do discurso.

Notas

1 Trata-se do desdobramento de parte de duas investigações mais amplas: uma que se dedica ao exame de trocas dialógicas entre mãe-criança-observadora, durante o período de aquisição/aprendizagem do espanhol, e outra que analisa entrevistas e relatos escritos, coletados durante processo de aquisição/aprendizagem de língua inglesa por adultos.

2 Para uma justificativa da forma de citação do livro de Bakhtin adotada aqui, ver a "Apresentação" deste livro.

3 1997.

4 1981.

5 Ver Krashen, 2003, 1999, 1982, 1981.

6 Vasseur, 2006, p. 85.

7 Larsen-Freeman e Long, 1991, p. 5.

8 O termo LA é tomado aqui como sinônimo de LE.

9 Vasseur, 2006, p. 86.

10 Larsen-Freeman e Long, 1991, pp. 52-5.

11 Segundo Lightbown e Spada, 2006, p. 68.

12 Newport, 2002, p. 738 (tradução e grifos nossos). No original: "[...] long-term outcome clearly favors those who start learning the language during childhood [...]. Learners exposed to the language in adulthood show, on average, a lowered level of performance in many aspects of the language, *though individual variation also increases with age* (Johnson and Newport, 1989) *and some individuals may approach the proficiency of early learners* (Birdsong, 1992)".

13 2006, 1993, 1989.

14 2010a, 2010b, 1999.

15 Referimo-nos principalmente às obras de 2003, 1999, 1982, 1981.

16 2003.

17 2007, 2001.

18 Hall, Vitanova e Marchenkova, 2005, p. 2.

19 Para consultar tais trabalhos, buscar Salazar-Orvig, 2010a, 2010b, 1999; e François, 2006, 1993, 1989.

20 2005.

21 2000, 2010.

22 2000, 1997.

23 2007, 2001.

24 1983.

25 2006, 1993, 1989.

26 Del Ré, Hilário e Vieira, 2012.

27 Geraldi, 2010.

28 1999.

29 Bernstein, 1966, p. 162.

30 2000.

31 Bakhtin, 2010, p. 58.

32 Bakhtin, 1981, p. 341.

33 Bakhtin/Voloshinov, 1997, p. 385.

34 1997.

35 Fiorin, 2006, p. 30.

36 Iddings, Haught e Devlin, 2005, p. 34 (tradução e grifos nossos). No original: "For Bakhtin, as well for other sociocultural theorists, second language learning is considered do involve the reorganization and redevelopment of semiotic tools from the native language to the second language, through participation in social practices. According to this view, language emerges from engagement in social and cultural activity and later becomes internalized (i.e. reconstructed internally, as psychological processes, e.g., ways of thinking, modes of learning). These activities are mediated by signs (i.e. semiotic tools) for example, linguistic and nonverbal elements (e.g. gestures, facial expressions). As these semiotic tools and resources become reorganized and redeveloped, individuals become transformed".

37 Hall, Vitanova e Marchenkova, 2005, p. 2.

38 Tradução nossa. No original: "[...] not only are used to refer to or represent our cultural worlds, but they also are central means by which we bring our worlds into existence, maintain them, and shape them for our own purposes".

39 Ver Bueno, 2013 e Falasca, 2012.

40 Salazar-Orvig, 1999, p. 58.

41 Tradução nossa. No original: "La constitution du sens dans le dialogue n'est localisable chez chaque sujet pris individuellement, ni dans la pure matérialité des mots, mais dans une dimension intermédiaire à la fois fictive et réelle au sein de laquelle s'actualisent les significations. Ce sens se constitue en un espace, espace qui n'est ni homogène ni statique, espace qui est fondamentalement dialogique".

42 Para o desenvolvimento da importância desses implícitos no processo de compreensão que se estabelece no diálogo, ver o capítulo "A produção de sentidos na interação entre pais e filhos".

[43] François, 2006, p. 186.
[44] Salazar-Orvig, 1999, pp. 160-1 (tradução nossa). No original: "Tout parole prononcée (de même que, bien entendu, les autres aspects de la communication, regards, gestes, voix, posture, etc.) a, audelà de sa matérialité, une autre type d'existence, une existence "mémorielle" [...] A partir de la matérialité des paroles prononcées, échangées, se crée donc un espace intangible dans lequel se cristallisent, interagissent et jouent les différentes significations".
[45] 1993.
[46] Para uma discussão sobre a singularidade, remetemos o leitor aos capítulos "Aquisição da escrita e estilo" e "Aquisição da linguagem: a singularidade, a recorrência, as generalizações".
[47] François, 2006, p. 194.
[48] François, 1993, p. 105 (tradução nossa). No original: "De ce point de vue, ce n'est evidémment pas toutes irruption qui fait sens, mais celle qui nous manifeste un autre aspect du réel, en particulier qui le montre d'une autre façon".
[49] 2010.
[50] (696) MÃE: Fe, quem te deu? / (697) FER: Pe, um Pedro que não é da minha escola! / (698) OBS: uma pessoa chamada Pedro? / (699) OBS: sim? / (700) FER: é uma **criança**! / (701) OBS: ah, um menino! (tradução nossa)
[51] Em espanhol, "crianza" significa criação, isto é, a educação que se dá aos filhos.
[52] (843) FER: e qui to / (844) MÃE: p? é um p!/ (845) MÃE: p / FER lê: / (846) FER: p / (847) FER: pe que no / (848) MÃE: que animal é este? / (849) FER: rato! / (850) MÃE: um rato? (tradução nossa).
[53] Bakhtin/Voloshinov, 1997, p. 109.
[54] François, 1993.
[55] Tradução nossa. No original: "It's a sensation like I'm breaking a big wall in front of me and discovering a new and fascinating place that I have never been before".
[56] (608) FER: aí fez uma casa de parede! / (612) FER: casa! (tradução nossa)
[57] François, 1989.

Bibliografia

Bakhtin, M. *The dialogic imagination.* Ed. M. Holquist, trans. C. Emerson e M. Holquist. Austin: University of Texas Press, 1981.

______. *Estética da criação verbal.* Trad. Maria Ermantina Galvão G. Pereira. 2. ed. São Paulo: Martins Fontes, 2000.

______. *Para uma filosofia do ato responsável.* Trad.Valdemir Miotello e Carlos Alberto Faraco. São Carlos: Pedro & João Editores, 2010.

Bakhtin/Voloshinov. *Marxismo e Filosofia da Linguagem.* Trad. Marina Yaguello. São Paulo: Hucitec, 1997.

______. *Discurso na vida e discurso na arte.* Trad. para fins acadêmicos de C. A. Faraco e C. Tezza, 2000. (Mimeo). (1. ed. 1926).

Bernstein, B. Aspects of Language and Learning in the Genesis of the Social Process. In: Hynes, D. *Language in culture and society.* New York: Harper, 1966.

Bruner, J. *Como as crianças aprendem a falar.* Lisboa: Instituto Piaget, 1983.

Bueno, R. G. *Aquisição e/ou aprendizagem*: a constituição da subjetividade e identidade de uma criança falante de português brasileiro e de espanhol. Araraquara, 2013. Dissertação (Mestrado em Linguística e Língua Portuguesa) Faculdade de Ciências e Letras Universidade Estadual Paulista (Unesp).

Del Ré, A. A pesquisa em Aquisição da Linguagem: teoria e prática. In: Del Ré, A. (org.). *Aquisição da linguagem*: uma abordagem psicolinguística. São Paulo: Contexto, 2006, pp. 13-44.

______; Hilário, R. N.; Vieira, A. Subjetividade, individualidade e singularidade na criança: um sujeito que se constitui socialmente. *Bakhtiniana*: Revista de Estudos do Discurso, São Paulo, v. 7, n. 2, 2012, pp. 57-74.

Falasca, P. *Aquisição/aprendizagem de LE*: subjetividade e desdobramentos identitários. Araraquara, 2012. Dissertação (Mestrado em Linguística e Língua Portuguesa). Faculdade de Ciências e Letras – Universidade Estadual Paulista (Unesp).

Fiorin, J. L. *Introdução ao pensamento de Bakhtin.* São Paulo: Ática, 2006.

François, F. Langage et pensée: dialogue et mouvement discursif chez Vygotsky et Bahktine. In: *Enfance 1-2.* Paris: PUF, 1989, pp. 39-47.

______. *Pratiques de l'oral.* Paris: Nathan, 1993.

______. O que nos indica a "linguagem da criança": algumas considerações sobre a "Linguagem". In: Del Ré, A. *Aquisição da linguagem*: uma abordagem psicolinguística. São Paulo: Contexto, 2006, pp. 183-200.

Geraldi, J. W. *Ancoragens*: estudos bakhtinianos.São Carlos: Pedro & João Editores, 2010.

Hall, J. K.; Vitanova, G.; Marchenkova, L. (org.). *Dialog with Bakhtin on second and foreign language learning*: new perspectives. New Jersey: Lawrence Erlbaum Associates, 2005.

IDDINGS, A. C. D.; HAUGHT, J.; DEVLIN, R. Multimodal Rerepresentations of Selfand Meaning for Second Language Learners in English-Dominant Classrooms. In: HALL, J. K.; VITANOVA, G.; MARCHENKOVA, L. (org.). *Dialog with Bakhtin on second and foreign language learning:* new perspectives. New Jersey: Lawrence Erlbaum Associates, 2005, pp. 33-53.

KRASHEN, S. D. *Second language acquisition and second language learning.* Oxford: Pergamon Press, 1981.

______. *Principles and practice in second language acquisition.* Oxford: Pergamon Press, 1982.

______. *Three Arguments against Whole Language & Why They are wrong.* Portsmouth, N.H.: Heinemann, 1999.

______. *Explorations in language acquisition and use.* Portsmouth: Heinemann, 2003.

LARSEN-FREEMAN, D.; LONG, M. H. *An introduction to second language acquisition research.* London, New York: Longman, 1991.

LIGHTBOWN, P.; SPADA, N. *How languages are learned.* Oxford: OUP, 2006.

NEWPORT, E. L. Critical periods in language development. In: NADEL, L. (ed.). *Encyclopedia of Cognitive Science.* London: Macmillan Publishers Ltd./Nature Publishing Group, 2002, pp. 737-40.

OCHS, E.; SCHIEFFELIN, B. B. *Language Socialization across cultures.* Cambridge: Cambridge University Press, 1999.

SALAZAR-ORVIG, A. *Les mouvements du discours*: style, référence et dialogue dans des entretiens cliniques. Resenhas Harmattan. Paris: L'Harmattan, 1999, 294p.

______. et al. Dialogical beginnings of anaphora: The use of third person pronouns before the age of 3. *Journal of Pragmatics*, 42, 2010a, pp. 1842-65.

______. Dialogical factors in toddlers' use of clitic pronouns. *First Language*, 30 (3-4), 2010b, pp. 375-402.

SOBRAL, A. Ato/atividade e evento. In: BRAIT, B. (org.). *Bakhtin*: conceitos-chave. São Paulo: Contexto, 2010, pp. 11-36.

VAUSSER, M. T. Aquisição da L2: compreender como se aprende para compreender o desenvolvimento da competência em interagir em L2. In: DEL RÉ, A. *Aquisição da linguagem*: uma abordagem psicolinguística. São Paulo: Contexto, 2006, pp. 85-102.

VYGOTSKY, L. *A construção do pensamento e da linguagem.* Trad. Paulo Bezerra. São Paulo: Martins Fontes, 2001.

______. *A formação social da mente*: o desenvolvimento dos processos psicológicos superiores. Org. Michael Cole et al. Trad. José Cipolla Neto, Luis Silveira Menna Barreto e Solange Castro Afeche. 7. ed. São Paulo: Martins Fontes, 2007.

Bilinguismo: sujeitos, línguas e culturas em diálogo

Luciane de Paula
Paula Bullio
Rafaela Giacomin Bueno

Neste capítulo, nosso objetivo é tratar do bilinguismo em dois contextos diferentes, considerando a relação da aquisição da linguagem com a cultura e as línguas em questão. O objeto de estudo delimitado é o de dois tipos diferentes de população bilíngue: a) uma criança de 5 anos, falante de português do Brasil (PB) e do espanhol; e b) outra criança de 2 anos, falante de PB e francês. Ambas foram filmadas em contexto familiar. O intuito é o de entender como cada um desses sujeitos se constitui na sociedade em que vive e quais são as marcas verbais e não verbais que evidenciam a relação língua/cultura por eles estabelecida. O contato com uma nova comunidade, cultura e ideologia, ao falar outra língua, permite-lhes, como discutido no capítulo anterior, uma imersão em "novas correntes de comunicação verbal".[1] Cada língua, pois, relaciona-se a olhares, vozes e modos distintos de vida.

Bakhtin discorre acerca da concretude da linguagem, vista como "organismo vivo", uma vez que abordada em contexto de interação (diálogo) entre sujeitos (eu-outro), na sua natureza sociocultural. O autor considera o aspecto ideológico como constitutivo do signo, logo, do universo da linguagem.

Com a perspectiva bakhtiniana, emerge uma nova visão de como as trocas verbo-voco-visuais (para usar um termo cunhado por Pignatari ao se referir à poesia concreta, mas que podemos pensar de maneira ampla) constituem a linguagem, composta por signos ideológicos, sempre considerando os sujeitos em contextos interacionais de comunicação.

A partir desse ponto de vista, também podemos pensar acerca da constituição da subjetividade da criança, que cresce e se desenvolve biológica, psicológica e socialmente em um ambiente sociocultural específico (sempre ideológico); logo, durante o processo de aquisição de linguagem, também aprende aspectos sociais, culturais e ideológicos da comunidade em que está inserida.

Sendo assim, podemos dizer que a criança, ao ser exposta ao meio social, não aprende apenas uma língua, sua estrutura, mas a linguagem, de maneira ampla.

Segundo Fernandes,[2]

> A língua, dessa maneira, é um sistema de relações, e saber uma língua é, de certo modo, relacionar formas e conceitos. A manifestação linguística jamais pode ser concebida apenas como um conjunto de respostas verbais, uma simples acumulação de itens ou, então, um armazenamento de palavras.

Bakhtin,[3] contudo, alerta-nos para outros elementos constitutivos da língua, vista como *organismo vivo*, no processo da interação verbal:

> [...] O respeito às regras da "etiqueta", do "bem-falar" e as demais formas de adaptação da enunciação à organização hierarquizada da sociedade têm uma importância imensa no processo de explicitação dos principais modos de comportamento. Todo signo, como sabemos, resulta de um consenso entre indivíduos socialmente organizados no decorrer de um processo de interação. Razão pela qual as formas do signo são condicionadas tanto pela organização social de tais indivíduos como pelas condições em que a interação acontece.

De acordo com o filósofo russo,[4] a constituição do sujeito e da sociedade é dialógica e construída por meio da língua, vista como social. Em outras palavras, ao adquirir uma língua, os indivíduos entram em contato com várias visões de mundo e as "incorporam". Isso significa que, "por meio do processo de socialização, os indivíduos internalizam valores da sociedade, incluindo aqueles relacionados à personalidade e às regras de comportamento".[5]

Segundo Shaul e Furbee,[6] em suas considerações a respeito da língua e da cultura, um membro de uma comunidade pertencerá a várias *redes* de interação e terá uma variação em sua fala de acordo com o lugar, o tempo, a posição ou o papel do falante e do ouvinte. Estudos dentro da Linguística, entre eles os empreendidos pela Análise da Conversação, ajudam a entender melhor o que cria a competência comunicativa de cada falante: um membro de uma comunidade deveria saber o padrão do som e o padrão semântico de sua língua, além de saber como usá-la apropriadamente dentro daquela sociedade. Pensar essas questões de aquisição, do ponto de vista da língua e da linguagem, como constitutivas do ser humano, numa perspectiva social e interativa, como a bakhtiniana, ao tratar de sujeitos bilíngues, é o intuito deste capítulo. Daí, considerar as relações entre sujeito, língua e cultura como essenciais para a compreensão do fenômeno do bilinguismo, objeto aqui analisado.

Bilinguismo

Pesquisas interessadas em aquisição bilíngue têm ocupado um espaço considerável. Há uma concordância de que a aquisição bilíngue se refere à aquisição de duas ou mais línguas na infância, mas não há consenso sobre as várias situações em que esta pode ocorrer ou de como podemos categorizá-las. Elencaremos alguns exemplos: McLaughin[7] é geralmente uma referência quando tratamos de aquisição simultânea ou sucessiva, sendo a primeira caracterizada pelo *input* das duas línguas ao mesmo tempo antes dos três anos de idade; e a segunda caracterizada pelo *input* da segunda língua depois dos três anos. Houwer,[8] entendendo que a primeira categoria de McLaughin era muito abrangente, diferenciou sua delimitação, argumentando que, quando a criança é exposta às duas línguas desde o nascimento, ela tem duas línguas maternas (LMs); e a situação na qual a exposição regular a uma segunda língua ocorre depois do primeiro mês do nascimento, mas antes dos dois anos de idade, é chamada de aquisição bilíngue de segunda língua. Mesmo assim, o que é realmente necessário é especificar quando a exposição às duas línguas ocorreu. No caso deste capítulo, trataremos de duas crianças em duas situações e em dois contextos socioculturais distintos: uma criança foi exposta às duas línguas desde o nascimento; a outra, depois dos quatro anos de idade – quadro que configura uma diferença na relação que essas crianças estabelecem com sua(s) respectiva(s) língua(s) e cultura(s).

Nossas primeiras indagações surgiram quando nos deparamos com um número bastante reduzido de pesquisas que envolviam o tema do bilinguismo dentro da Aquisição da Linguagem com a mesma perspectiva discursiva que usamos. E um número ainda menor quando a língua estudada é o português brasileiro. Isso acontece, provavelmente, também porque, como nos adverte Grosjean:[9]

> Poucas áreas da Linguística são cercadas por tantos equívocos como o bilinguismo. A maioria das pessoas pensa que o bilinguismo é um fenômeno raro, encontrado apenas em países como Canadá, Suíça e Bélgica, e que bilíngues têm de falar e escrever com igual fluência em suas línguas, não têm sotaque e podem interpretar e traduzir sem nenhum treinamento. A realidade é na verdade bem diferente: o bilinguismo está presente em praticamente todos os países do mundo, em todas as classes da sociedade e em todas as faixas etárias; de fato, estima-se que metade da população mundial seja bilíngue. Quanto aos bilíngues, a maioria adquiriu suas línguas em vários momentos durante a sua vida e raramente são igualmente fluentes nelas; muitos falam uma de suas línguas pior que a outra (e muitas vezes com sotaque) e muitos só podem ler ou escrever em uma das línguas que falam. Além disso, poucos são os intérpretes bilíngues proficientes e tradutores.[10]

O próprio conceito de bilinguismo já é, por si só, controverso. Como há muitas pesquisas que envolvem essa questão em diferentes áreas (como Educação, Linguística Aplicada, Neurolinguística, Psicolinguística, entre outras), para cada uma delas é possível encontrar uma definição diferente para o termo, bem como para o que seria investigado quando falamos em bilinguismo.

Pode-se, por exemplo, investigar como e até que ponto o bilinguismo pode ser medido; o que acontece quando duas ou mais línguas são adquiridas e utilizadas; a maneira como se dá a aquisição de duas línguas; e se esse é um fenômeno favorável ou não para os indivíduos. Essas perspectivas divergentes geram o surgimento de acepções particulares para cada investigação desenvolvida, gerando questões distintas, como, por exemplo: se, como e com qual intensidade as crianças eventualmente começam a falar as duas línguas.

Alguns exemplos das discordâncias mencionadas anteriormente sobre o conceito de bilinguismo são as pesquisas desenvolvidas por Bloomfield,[11] que define o bilinguismo como o controle nativo de duas línguas; enquanto Weinreich[12] afirma que o termo consiste na prática do uso alternado de duas línguas. Além dessas concepções, de acordo com Saunders,[13] o simples fato de dominar duas línguas poderia caracterizar o bilinguismo; enquanto que, para Grosjean,[14] bilíngue é aquele que utiliza duas línguas em diferentes situações do cotidiano, e não apenas possui competência em ambas. Seja como for, conforme apontam Harmers e Blanc,[15] o bilinguismo é um fenômeno complexo e deve ser estudado como tal, levando em consideração variados níveis de análises individuais, interpessoais, intergrupais e sociais. Além do que, de acordo com Houwer:

> Há muitas situações nas quais as crianças podem tornar-se bilíngues: elas podem ouvir uma língua até a idade de dois anos e, apenas depois, começar a ouvir regularmente uma segunda língua em adição à primeira. Em alguns casos, essa segunda língua pode substituir inteiramente a primeira. A terceira possibilidade é que a criança pode ser exposta regularmente a duas línguas desde o nascimento ou, pelo menos, pouco tempo após o nascimento. As crianças podem também ouvir mais do que duas línguas. Essas são apenas algumas das muitas possibilidades.[16]

Ainda segundo Houwer,[17] no campo dos estudos de Aquisição da Linguagem, a ênfase tem sido dada especialmente no desenvolvimento da linguagem de crianças monolíngues e, nessa busca por respostas, há muitas pesquisas que comparam crianças no processo de aquisição de diferentes línguas – é o que chamamos de pesquisa comparativa, a fim de encontrar fatores específicos distintos ou semelhantes na aquisição de línguas diferentes.[18] Entretanto, nesse tipo de comparação, a maior parte das variáveis psicológicas e sociais não pode ser considerada e, assim, não se pode ter certeza de quais são as razões precisas para quaisquer diferenças ou semelhanças encontradas como *padrões*. Isso porque eles podem ser puramente fatores linguísticos, mas também podem ser outros fatores, como desenvolvimento cognitivo, ambiente cultural ou social, entre outros.

Por esses motivos é que a criança bilíngue nos oferece um amplo quadro de possibilidades de investigação. Contudo, não podemos estender nossas considerações sobre as crianças bilíngues como adequadas às crianças monolíngues e vice-versa.

Admitem os estudiosos da área da Aquisição que há muitas maneiras de as pessoas tornarem-se bilíngues; uma das mais comuns é utilizar a abordagem de uma pessoa-uma língua, ou seja, quando o pai é falante de uma língua e utiliza apenas a sua língua materna com a criança, e a mãe é falante de outra e também se dirige à criança utilizando apenas a sua língua materna. Apesar de ser dita muito eficaz, essa abordagem também possui problemas, pois, segundo Grosjean,

> A língua dominante, falada ou pelo pai ou pela mãe, pode tornar-se dominante quando a criança vai à escola e começa a interagir com a comunidade exterior. Além do mais, o pai que fala a língua não dominante talvez fique em uma posição difícil conversando com a criança fora de casa, especialmente se aquela língua é vista com desdém pela maioria. Tal situação pode ocorrer quando a criança está com amigos e não deseja ser excluída; nesses casos, o pai muitas vezes troca para a língua dominante para não envergonhar a criança.[19]

Entendemos que o bilinguismo na infância ocorre, geralmente, porque a criança tem uma necessidade de se comunicar com pessoas que têm um papel muito importante em suas vidas – pais, irmãos, parentes, amigos e professores. Enquanto a comunicação for eficaz e esses sujeitos forem importantes para a criança, ela se manterá bilíngue; quando esses fatores perderem importância ou forem removidos, a criança, naturalmente, irá tornar-se monolíngue.[20]

Nos fragmentos do *corpus* de FER, nota-se consideravelmente que, devido à situação na qual se propõe que a criança fale espanhol – em ambiente familiar, na presença simultânea da mãe e da pesquisadora –, há diferenças em sua produção linguística, uma vez que se alteram o espaço e os interlocutores aos quais ela está acostumada a se dirigir em espanhol (apenas à mãe e aos tios; ou aos professores da escola, na escola).

Neste capítulo, apresentamos dois tipos de população bilíngue:

- uma criança de 5 anos (FER), cujo processo de ensino/aprendizagem já foi citado nos capítulos "Relações entre Bakhtin e Bruner nos estudos em Aquisição" e "Aquisição/Aprendizagem de língua estrangeira e as contribuições bakhtinianas". Recuperamos e ampliamos aqui o contexto em que se dá esse processo: a) é falante de português brasileiro (PB) e do espanhol; b) utiliza a língua espanhola na instituição escolar, visto que a aprende em um colégio bilíngue, e também em contexto familiar, ou seja, em situações cotidianas do lar, com a mãe e, como também mostram os dados, com a pesquisadora; c) a mãe, brasileira, é professora de espanhol no mesmo colégio, mas não dá aulas para o filho, embora haja incentivo para que ele fale em espanhol em casa, não só com a mãe, mas também com outras pessoas da família.

- a outra criança (MAR) tem 2 anos e é falante de português brasileiro (PB) e francês. Ela mora na França e fala português em casa, com a mãe, a irmã e a babá; e o francês é usado com o pai e na escola.

Mesmo tendo dois contextos, um de maior dominância do português e outro de maior dominância do francês, dado o país em que moram e a relação língua-pessoa estabelecida pelos pais de MAR, percebemos que há marcas verbais e não verbais na interação dessas crianças com os seus outros em ambas as línguas, o que mostra a relação intrínseca entre língua e cultura.

Sobre a questão da dominância de uma língua na fala de crianças bilíngues, muitos autores já trataram desse assunto. Entre eles, Nicoladis e Genesee,[21] e Lanza.[22] Romaine[23] aponta para o fato de que o conceito de dominância foi usado em 1960 como parte de um teste que media o nível de competência dos bilíngues. Os que apresentavam melhor desempenho em uma das línguas eram considerados *dominantes* em uma delas, e os que apresentavam uma proficiência igual nas duas línguas eram chamados de *equilibrados*.[24] Entretanto, muitas pesquisas, incluindo as de Grosjean,[25] criticaram essa categorização, por ela não levar em consideração as situações de uso das línguas. Outros exemplos são Petersen,[26] que define essa dominância em relação aos *code-switchings*;[27] Klausen, Subritzky e Hayashi,[28] que consideram, como fator para ser dominante ou não, a exposição e a produção nas duas línguas. Lanza[29] menciona diretamente a mistura como um indicador dessa dominância, mas não o único. De maneira geral, os autores levam em consideração a produção do falante. Para a nossa pesquisa, consideramos que tanto MAR quanto FER têm uma língua dominante, levando-se em consideração a escolha e o uso das línguas.

Há muitas pesquisas, especialmente na área da Psicolinguística, que tentam entender como funciona o cérebro do bilíngue: de que lado as línguas se localizam e quais áreas são ativadas quando uma ou outra língua é falada e/ou ouvida. Outras pesquisas também anseiam por responder a questões sobre a proficiência de um bilíngue (o quanto é preciso haver de produção para que a criança seja considerada um falante bilíngue *real* ou *ideal*).

Para a nossa pesquisa, esses pontos são irrelevantes, pois nos interessa saber como a criança bilíngue lida com as duas línguas a que está exposta e nossas perguntas não seriam respondidas levando em consideração os aspectos mencionados anteriormente, haja vista que entendemos a língua como social, constituinte do sujeito e da cultura, sempre em interação. Daí, para nós, o que importa é saber em que condições socioculturais se dão as interações bilíngues – as quais ajudam a constituir a subjetividade da criança, vista como sujeito ativo no processo de aquisição de língua e linguagem – e que tipos de interação incentivam a produção do bilinguismo.

Levamos em conta também as considerações feitas por Grosjean,[30] que entende que os bilíngues têm duas maneiras de se comunicar, dependendo da necessidade. Isto é, eles utilizam o modo monolíngue e o bilíngue, dependendo dos participantes, da situação, do tipo de linguagem etc. Na verdade, eles se adaptam à situação em que estão. Quando interagem em situações monolíngues (por exemplo, quando alguém não fala as duas línguas), a tendência é que se comuniquem em apenas uma língua; se estiverem com outros bilíngues, provavelmente irão "misturar" suas duas línguas. Reafirmando uma posição para a qual chamamos a atenção em capítulos anteriores, podemos explicar essas situações de comunicação considerando, em estudos bakhtinianos, que o sujeito é constituído pelo outro e seu enunciado é responsivo, logo, para assegurar a interação, a criança (considerada o sujeito *eu*, no caso) responde ao *outro* com quem fala, uma vez que é constituída por ele. Segundo Grosjean,

> Bilíngues utilizam suas línguas para propósitos diferentes, em diferentes momentos, com pessoas diferentes. Aspectos diferentes da vida geralmente pedem línguas diferentes. Contextos e domínios geram atitudes, impressões e comportamentos diferentes, e o que é visto como uma mudança de personalidade devido à mudança de língua pode não ter nada relacionado com a língua (mas com o contexto).[31]

Na prática, podemos observar, no excerto da fala de FER, a seguir, a presença de enunciados de recusa em espanhol como, por exemplo, "*no!*" (turno 517) e "*no sé!*" (turno 527), que podem expressar o modo como a criança se posiciona frente ao discurso da mãe. Não é coincidente que justamente os enunciados negativos sejam produzidos na língua materna da mãe em uma interação como essa. A criança precisa afirmar sua posição enquanto sujeito, para isso, adentra na cultura do outro (a mãe) por meio da utilização da sua língua e, por meio da língua do outro, o *eu* se coloca, identifica e marca sua presença. Diferente de simples e mera aceitação ou confusão entre línguas, trata-se de uma marcação discursiva do sujeito – um embate sociocultural e de poder que se dá por meio do domínio da língua.

Tanto pelo uso de recursos verbais quanto de elementos não verbais – a criança se entretém com os brinquedos no chão da sala, parecendo não dar muita atenção ao que a mãe diz –, parece que FER apresenta uma vontade distinta daquela da mãe e da pesquisadora e se posiciona, discursivamente, impondo-se.

Como notamos ao longo do *corpus* de FER, a criança parece lançar mão do espanhol geralmente em situações semelhantes a essa, o que demonstra que ela explicita saber muito bem que o domínio de uma língua também se relaciona a um embate ideológico e também (por que não?) de poder. Algumas situações em que isso se revela são: quando quer negociar com a mãe ou com a pesquisadora-observadora; quando quer chamar a atenção da mãe para si; quando está sendo repreendida pela mãe; ou em alguma situação na qual há uma recompensa – como, por exemplo, quando há jogos infantis na interação. Vejamos:

FER (5;3:30)[32]
(514) OBS: te gusta bailar, FER?
(515) MÃE: bailar?
(516) MÃE: te gusta bailar?
(517) FER: no!
(518) OBS: nada, nada?
(519) OBS: ni un poquito?
(520) MÃE: cuál es el
(525) MÃE: ni un poquito?
(526) MÃE: cuál es la é ... el baile ... el bailado de... Angelina Bailerina?
(527) FER: no sé!
(528) MÃE: no sabe?[33]

Nessa interação, junto com as marcas lexicais do "*no!*" e do "*no sé!*", a entoação se faz *sine qua non*, tanto quanto o contexto situacional e as marcas não verbais (gestual, inclinação de cabeça e corpo etc.). A criança entra no mundo do outro por meio de sua língua, colocada como "dominante" monolíngue na interação. Língua de domínio é também dominante no sentido em que, ao adquiri-la, o sujeito passa a ser detentor de certo poder; mesmo sem ter consciência plena desse processo nessa fase de sua vida, ele já domina o jogo social e já internalizou que esse jogo é linguístico.

Grosjean nos apresenta três estágios pelos quais as crianças bilíngues geralmente passam e que nos parecem adequados ao nosso *corpus*, pois MAR demonstra passar (na idade em que foi gravada – dos 2 aos 3 anos) pelas três fases no decorrer das filmagens. No início, ela reconhece as duas línguas, mas produz o português; depois ela mistura as duas línguas; até, finalmente, produzir as duas em contextos determinados. FER, por outro lado, talvez devido ao fato de a exposição ao espanhol ter acontecido de forma tardia, apresenta mais características da primeira fase e da última. Os estágios propostos pelo autor são:

- 1º – a criança reconhece as duas línguas, mas produz apenas em uma delas, seja devido aos participantes ou para não querer causar mal-entendidos;
- 2º – há maior número de *code-switchings* – a criança fala as duas línguas, misturando-as;
- 3º – a criança produz em ambas as línguas reconhecendo e produzindo de maneira consciente, escolhendo qual delas utilizar dependendo da situação de interação em que se encontra.

Um dos problemas em estudar o bilinguismo é que, de maneira geral, as pessoas não entendem os bilíngues como sujeitos ativos de e numa dada situação sociocultural específica que, normalmente, utilizam suas línguas para diferentes propósitos, com pessoas diferentes e em momentos diferentes. Assim,

> Pesquisadores estão agora começando a entender o bilíngue não como a soma de dois (ou mais) monolíngues completos ou incompletos, *mas um enunciador específico e totalmente competente que desenvolveu uma competência igual, mas diferente na sua natureza, à do monolíngue. Essa competência se dá em uma, na outra ou nas duas línguas juntas (misturadas) dependendo da situação, do tópico, do interlocutor, etc.* Isso levou a uma redefinição dos procedimentos usados para avaliar as competências dos bilíngues. Os bilíngues estão sendo estudados agora em termos de sua língua total, e os domínios de uso e as funções das línguas variadas dos bilíngues estão sendo levados em conta.[34]

Ao comungarmos a noção de sujeito ativo à essa definição de Grosjean é que consideramos a criança bilíngue como um enunciador que, com competência, faz uso da(s) língua(s) adquirida(s) de acordo com o seu interlocutor e a situação sociocultural experienciada. Daí a importância de considerarmos, para a compreensão do processo não apenas de aquisição, mas também de uso da(s) língua(s) – primeira língua (L1) e/ou segunda língua (L2) –, as categorias enunciativas (interlocutivas e espaçotemporais, logo, socioculturais) de interação.

Cultura

O antropólogo Tylor[35] sintetiza o termo germânico "*Kultur*" e cria a palavra inglesa "*culture*", percorrendo sentidos que reúnem as possibilidades de realização humana, atribuindo à cultura um valor de aprendizagem, não de aquisição inata. Segundo o autor, a cultura "é este todo complexo que inclui conhecimentos, crenças, arte, moral, leis, costumes ou qualquer outra capacidade ou hábitos adquiridos como membro de uma sociedade".

Entendendo que a cultura é um conhecimento compartilhado, aprendido entre os membros de uma comunidade,[36] e também a configuração de todos os significados simbólicos que se encontram atrelados à determinada cultura,[37] consideramos a língua(gem) como o lugar que desperta em seus falantes ressonâncias ideológicas ou concernentes à vida. Nessa relação indissociável entre língua e cultura, tratamos indispensavelmente dos signos. Em um processo de interação, os signos, os seus valores e a situação em que se inscrevem serão determinados e produzidos a partir de um consenso entre sujeitos que se organizam sócio-historicamente.

> O ponto de vista, o lugar valorativo e a situação são sempre determinados sócio-historicamente. E seu lugar de constituição e de materialização é na comunicação incessante que se dá nos grupos organizados ao redor de todas as esferas das atividades humanas. E o campo privilegiado de comunicação contínua se dá na interação verbal, o que constitui a linguagem como o lugar mais claro e completo da materialização do fenômeno ideológico. A representação do mundo é melhor expressa por palavras, pois que não precisa de outro meio para ser produzida a não ser o próprio ser humano em presença de outro ser humano.[38]

O discurso verbal, tomado no seu sentido mais amplo como um fenômeno de comunicação cultural, deixa de ser alguma coisa autossuficiente e não pode ser mais compreendido independentemente da situação social que o engendra.[39] Do mesmo modo que a realidade determina o signo, o signo reflete e refrata a realidade em constante transformação.[40] O uso da língua e de seu conhecimento depende do contexto, bem como o contexto histórico depende da linguagem para ser semiotizado. Os conhecimentos linguístico e contextual são, portanto, centrais nos estudos da língua e da cultura.[41]

> [...] a língua humana é um produto da cultura, mas não existiria cultura se o homem não tivesse a possibilidade de desenvolver um código articulado de comunicação oral. Acrescenta-se a esse fato que a língua é a principal ferramenta para a internalização da cultura pelo indivíduo.[42]

Geertz[43] afirma que, para se compreender uma cultura, engana-se quem acredita que basta "mergulhar" nela. Aliás, como se "mergulha" numa cultura? Machado[44] explica que "só se enxerga a cultura alheia quando se coloca de um ponto de vista exterior a ela". Isso é o que Bakhtin[45] denomina *extraposição*. No contratempo é que surge o diálogo, ou seja, a compreensão responsiva – isso é o que parece ter ocorrido com FER na interação mencionada anteriormente, com suas negativas. Esse processo é possível a um sujeito bilíngue porque ele consegue deslocar-se, transitar por e entre culturas distintas (sempre, por meio da língua). De acordo com Bakhtin,[46]

> [...] no campo da cultura, extraposição é o mais poderoso agente da compreensão. Somente aos olhos de outra cultura que a cultura alheia se manifesta completa e profundamente... Um sentido descobre suas profundezas ao encontrar-se e ao tangenciar outro sentido, um sentido alheio... Colocamos à cultura alheia novas perguntas que ela nunca cogitara, buscamos sua resposta a nossas perguntas e a cultura alheia nos responde descobrindo diante de nós seus novos aspectos, suas novas possibilidades de sentido... No encontro dialógico duas culturas não se fundem nem se mesclam, cada uma conserva sua unidade e sua totalidade aberta, mas ambas se enriquecem mutuamente.

Esse é o exercício vivido pelo sujeito bilíngue. Ele experimenta um diálogo interno entre línguas e culturas que semiotizam situações e universos específicos e, externamente, ao atualizar uma dada língua, desde o processo de sua aquisição, ele experimenta o exercício de deslocamento (extraposição) com o outro, no jogo interativo, testando como dialogar com o seu interlocutor, com estratégias linguísticas e translinguísticas de maior ou menor sucesso identitário e de poder – caso explícito da interação de FER, previamente mencionada. Afinal, da mesma forma que a cultura é atravessada por deslocamentos e transformações, as formas discursivas também são suscetíveis de modificações, e aprender como lidar com isso faz parte do processo de aquisição da linguagem de uma criança bilíngue.

O processo de interação cultural é mais complexo que simplesmente se atirar num dado espaço-tempo, de acordo com Paula.[47] Geertz[48] caminha pelo viés de que as culturas são semiotizadas pela linguagem e que elas se constituem da interação actorial-espaço-temporal. A complexidade do processo se encontra exatamente na interação, sempre realizada por meio da linguagem. O dialogismo bakhtiniano, segundo Machado,[49] ao valorizar os estudos dos gêneros, descobriu um recurso para "radiografar" a pluralidade de sistemas de signos culturais.

A partir da língua(gem), do signo, é que Bakhtin instaura a compreensão de uma realidade de base dialógica e ideológica. A pluralidade de vozes sociais expressas via língua(gem) que caracteriza o discurso de uma comunidade e que constitui o processo de interação – verbal e não verbal – fundamenta a produção semiótica, sendo, assim, plausível pensar o cultural, o que emerge nas relações em sociedade, a partir de uma análise dialógica dos processos ou fenômenos que dela decorrem, tal como o bilinguismo.

Segundo Paula,[50] ao pensar o processo dialógico da linguagem, Bakhtin instaurou, na cultura, um campo de luta, uma "arena" discursiva onde é possível se discutir ideias e construir pontos de vista sobre o mundo, inclusive com códigos culturais emergentes. Bakhtin alcançou essa outra dimensão da cultura, de acordo com Machado,[51] ao examinar a insurreição de uma forma dentro da outra no processo dialógico, o que permite, inclusive, o surgimento de discursos híbridos e entre línguas. Cabe aqui pensarmos o bilinguismo em suas instâncias comunicativas, em que discursos heterogêneos entre si são empregados, ainda que não haja nenhuma regra combinatória aparente. Afinal, a linguagem não nasceu pronta. Ao contrário. Ela continua em seu processo de construção, desde o seu surgimento, por meio da dinâmica dos gêneros discursivos.

Afirma Bakhtin[52] que

> [...] a linguagem participa da vida através dos enunciados concretos que a realizam, assim como a vida participa da vida através dos enunciados. [...] Os enunciados configuram tipos de gêneros discursivos e funcionam, em relação a eles, como "correias de transmissão" entre a história da sociedade e a história da língua.

O vínculo estreito que Bakhtin verifica entre discurso e enunciado evidencia a necessidade de se pensar o discurso no contexto enunciativo da comunicação, e não como unidade de estruturas linguísticas. *Enunciado* e *discurso* pressupõem a dinâmica dialógica da troca entre sujeitos discursivos no processo da comunicação. Daí a importância do contexto comunicativo para a assimilação desse repertório.

Falar em cultura significa, inevitavelmente, tocar na questão dos gêneros e em sua relação cronotópica, pois a interação ocorre sempre entre sujeitos, num dado espaço-tempo. A aquisição de uma língua, desse ponto de vista, significa entrar num universo sociocultural. No caso dos sujeitos bilíngues, eles adentram em, pelo menos, dois universos (duas línguas, duas culturas distintas, que convivem, em diálogo – no sentido amplo dado por Bakhtin – constante).

Na cultura, tanto a experiência quanto a representação são manifestações marcadas pela temporalidade. O cronótopo trata das conexões essenciais de relações temporais e espaciais. Enquanto o espaço é social, o tempo é histórico. Em outras palavras, a teoria do cronótopo, ao pensar a relação espaçotemporal no ato comunicativo vivenciado pelo sujeito, nos faz entender a existência cultural da linguagem. Na esfera comunicativa da cultura, "tudo reverbera em tudo, uma vez que nela as formas culturais vivem sob fronteiras".[53]

O próprio discurso alheio pode integrar a cadeia discursiva e ser reprocessado – casos em que o discurso do adulto aparece reproduzido pela criança, seja com o intuito de tentar incorporar a fala (por meio da língua) do outro, seja para relativizá-la (questionando-a, ironizando-a ou negando-a diretamente). E, no caso do bilinguismo, a relação cultural é extremamente marcada, uma vez que há um embate entre línguas ocorrendo de maneira dialógica, no interior e no exterior, pelo deslocamento entre línguas (consequentemente, entre culturas também). Afinal, como afirma Bakhtin,[54] "o discurso alheio possui uma expressividade dupla: a própria, que é precisamente a alheia, e a expressividade do enunciado que acolhe o discurso alheio". Mais uma vez, é a ideia de elo na cadeia que orienta a formulação. No fragmento que segue, de MAR, no qual ela brinca de massinha com a mãe, notamos, nos turnos 274 e 277, a presença da interjeição "ulalá", que, como signo, remete-nos à língua e à cultura francesas, uma vez que seu emprego é típico de falantes de francês. Vejamos:

(273) MÃE: toma.
(274) MAR: ulálá!
(275) OBS: [risos]
(276) MÃE: to(ma).
(277) MÃE: ulálá!
(278) MAR: du(r)o mamãe duro.
(279) MÃE: duro?
(280) MAR: du(r)o mamãe.
(281) MÃE: difícil?
(282) MÃE: tem que te(r) força.
(283) MÃE: é porque você não comeu.
(284) OBS: tem que come(r) fe(i)jão.
(285) MÃE: pois é tem que come(r) fe(i)jão.
(286) MAR: fe(i)jão.
(287) MÃE: Marina que(r) fe(i)jão?
(288) [MAR finge que está comendo a massinha]
(289) OBS: [risos]
(290) MÃE: isso aí é feijão não.
(291) MAR: não.
(292) MÃE: então esse aqui quem é esse animalzinho?
(293) MAR: ã?
(294) MÃE: quem é?
(295) MAR: ca(r)nei(r)inho.
(296) MÃE: pois é carneirinho.
(297) MÃE: como é que faz o carneirinho?
(298) MAR: o!
(299) [MAR imita o carneirinho]

(300) MAR: igual a xuxa tem o ca(r)nei(r)inho.
(301) MÃE: a xuxa faz o carneirinho?
(302) MÃE: a é a história dos três carneirinhos né?
(303) MAR: é.

Já entre os turnos 282 e 287, temos uma sequência de enunciados que evidencia, de maneira bastante significativa, a cultura brasileira. O observador diz para a criança que ela deve comer feijão, frase comumente utilizada pelos brasileiros, quando queremos dizer que, para ficar forte, é preciso comer feijão – típico alimento brasileiro. Sabemos que, na França, o costume de comer arroz e feijão não é usual. Sabemos também que na casa de MAR não se mantém esse costume, pois as gravações foram feitas também quando as refeições aconteciam. Dessa forma, mesmo tendo o PB muito presente em interações quase que exclusivamente com a mãe, a irmã e a babá brasileiras, parece-nos que, para a criança, essa frase não tem o significado que teria para uma criança brasileira falante de português e habitante do Brasil. Isso demonstra que o fato de MAR apresentar a mesma desenvoltura nas duas línguas não significa que ela viva essas línguas da mesma forma, uma vez que não vivencia, no caso, a cultura brasileira. Assim, ter competência e fluência linguística não significa, necessariamente, conhecer, de fato, enunciativamente a língua adquirida apenas enquanto estrutura.

No mesmo trecho, no turno 300, a criança faz menção à cantora infantil Xuxa e ao DVD de músicas ao qual ela sempre assiste e que é exemplo flagrante de seu contato com a língua e a cultura brasileiras, incentivado, aparentemente, pela mãe.

Além das marcas ou dos elementos verbais, consideramos nas análises do desenvolvimento linguístico das crianças bilíngues, os elementos não verbais como, por exemplo, a entoação e os gestos, uma vez que eles estabelecem uma relação intrínseca com a cultura, com o social, com as visões de mundo da comunidade na qual o sujeito está inserido. Faz-se fundamental, nesse sentido, o olhar atencioso à situação, ao contexto do qual surgem os enunciados infantis. Sobre os elementos não verbais Bakhtin/Voloshinov afirma:[55]

> a entoação e o gesto são ativos e objetivos por tendência. Eles não apenas expressam o estado mental passivo do falante, mas também sempre se impregnam de uma relação forte e viva com o mundo externo e com o meio social – inimigos, amigos, aliados. Quando uma pessoa entoa e gesticula, ela assume uma posição social ativa com respeito a certos valores específicos e esta posição é condicionada pelas próprias bases de sua existência social.

Ainda quanto à situação extraverbal, também parte indispensável ao todo do enunciado, o autor afirma que

> A situação extraverbal está longe de ser meramente a causa externa de um enunciado – ela não age sobre o enunciado de fora, como se fosse uma força mecânica. Melhor dizendo, a situação se integra ao enunciado como uma parte constitutiva essencial da estrutura de sua significação.[56]

A seguir, apresentamos um fragmento da fala de FER que nos evidencia como o gesto, no caso, "dançar flamenco", está intrinsecamente ligado à língua e, por consequência, à cultura correspondente. Notamos, nesses dados, que a língua é apreendida como um fenômeno sociocultural, fundada no ponto de vista valorativo dos participantes da interação da qual faz parte. Identificamos essa internalização de valores e de culturas via língua(gem) não só no momento em que a criança gesticula como se estivesse dançando o flamenco, baile típico espanhol, após o enunciado da mãe "Cómo se baila flamenco?"(turno 789), mas também na referência às castanholas, objeto empregado nessa dança, e aos professores de espanhol da criança.

(530) MÃE: cómo se llama aquel que él to ... que ella toca?
(531) [MÃE faz um movimento com as mãos, como se estivesse tocando as castanholas]
(531) MÃE: cómo se llama aquel que ella tututu con las manos?
(532) MÃE: así así que tiene ... que hace así!
(533) MÃE: cómo es ... cómo se llama?
(534) MÃE: cas
(535) FER: castanholas!
(536) MÃE: eso!
(537) MÃE: pero cómo se dice eso en español... no sé!
(538) FER: castanholas!
(539) MÃE: castañuelas!
(540) MÃE: ah, Manolo me ha enseñado pero me olvidé!
(541) MÃE: castañuelas?
(542) FER: sí!
(543) MÃE: ah!
(544) MÃE: habla a ... cuenta a
... a ... a Rafaela que tu profe, a Thábata, Thábata ... é... sabe bailar muy bien!
(...)
(778) [FER pisa forte com ambos os pés no chão da sala]
(779) MÃE: qué ... qué ... juego es este?
(780) OBS: creo que estás bailando eh!
(781) MÃE: ah, es un baile!
(782) MÃE: baila un poco para vermos!

(783) [OBS ri]
(784) MÃE: no?
(785) FER: não tem que pisar aqui!
(786) MÃE: yo sé hablar una cosa!
(787) MÃE se aproxima do ouvido de FER
(788) MÃE: yo sé hablar fla-men-co!
(789) MÃE: cómo se ha ... cómo se baila flamenco?
(790) [FER movimenta rapidamente suas pernas]
(791) OBS: muy rápido!
(792) OBS: es rápido?
(793) OBS: cómo se baila?
(794) FER: no sé!
(795) [FER gesticula como se estivesse dançando flamenco]
(796) MÃE: también no! [*] [:tampouco][57]

Nos postulados de Bakhtin e do Círculo, verificamos uma abordagem de cultura a partir de uma perspectiva social que privilegia a dimensão e a complexidade de sentidos. Bakhtin, ao estudar e analisar as manifestações culturais na obra de François Rabelais,[58] tem por objetivo "revelar a unidade, o sentido e a natureza ideológica profunda dessa cultura, isto é, o seu valor como concepção do mundo e o seu valor estético". Estendendo essa proposta empreendida pelo autor às reflexões no campo da Linguística, especificamente, à relação língua, cultura e bilinguismo, apreendemos, por meio das questões culturais e dos valores que emergem da interação dialógica da qual participam os sujeitos, o modo como se dá o desenvolvimento linguístico que caracteriza a constituição da subjetividade e identidade de crianças bilíngues. Como assevera Souza,

> Todo itinerário que leva a atividade mental (conteúdo a exprimir) à sua objetivação externa (enunciação) situa-se completamente em território social. A personalidade que se exprime revela-se como um produto total da inter-relação social.[59]

A ideologia, constituinte do signo, é veiculada por meio da linguagem na cultura e se insere no funcionamento social de maneira dinâmica, bem como é constitutiva da própria consciência dos sujeitos. Segundo Severo,

> A mente do indivíduo possui uma natureza socioideológica – ela se estrutura mediante a sua inserção no universo ideológico dos signos através da interação social, o que implica que, sem o conteúdo semiótico e ideológico, a consciência seria "vazia" ou um nada.[60]

A consciência e a ideologia são os espaços nos quais o signo se encontra, impossibilitando a sua separação da situação social na qual se insere. A mente, pois, pode ser entendida como o espaço do social, ou, ainda, "o social infiltrado no organismo do indivíduo".[61]

No fragmento de fala de FER, a seguir, a mãe pede à criança que recolha os seus brinquedos, porque eles estão espalhados pela sala da casa. Para tanto, recorre à prática escolar, espaço específico de aula de língua espanhola, a fim de que a criança cante a canção destinada a essa ação.

FER (5;3:30)
(810) MÃE: cómo es la canción para recoger las cosas?
(811) MÃE: en la clase de Manolo!
(812) OBS: hum... hay una canción para recoger?
(813) MÃE: hay una canción
(814) OBS: cómo es, FER?
(815) OBS: a recoge:r [canta]
(816) FER: a recoge:r [canta]
(817) FER: a recorre:r [canta]
(818) FER: cada cada cosa en su lugar! [canta]
(819) FER: a recorrer a recorrer [canta]
(820) FER: agora a música de ir pro almoço?
(821) MÃE: cuál es la canción de ir pro almoço?
(822) FER: come(r) come:(r) come(r) come:(r) é o melhor para poder crescer! [canta]
(823) FER: a recorre:r come(r) come:(r) come(r) come:(r) é o melhor para poder crescer! [canta]
(824) FER: a recorre:r a recorre:r é o melhor para poder crescer! [canta]
(825) Fer: a recorre:r a recorre:r é o melhor para poder crescer! [canta]
[FER termina de encaixar os pedaços de pista no chão e olha para MÃE]
(826) MÃE: muy bien!
(827) MÃE: palmas [aplaude]
(828) OBS: muy bien[62]

Como pode se observar nos turnos 816 a 820, a criança enuncia em espanhol e, adiante, emprega o português perguntando à mãe se poderia cantar outra canção, a que se canta na escola quando as crianças vão almoçar. A cantiga a que a criança se refere é genuinamente brasileira, reconhecida por crianças e adultos que pertencem e/ou estão inseridos nessa cultura.

Ambas as canções fazem, pois, parte da rotina da escola bilíngue onde a criança estuda, porém se destinam a funções diferentes, em momentos diferentes.

É necessário esclarecer que a escola possui uma dinâmica distinta da maior parte das escolas bilíngues de São Paulo, uma vez que, na Educação Infantil, somente a aula de espanhol é ministrada na língua, sendo as demais, portanto, em língua portuguesa. Sendo assim, as músicas aparecem como menção e ilustração, de certo modo, das particularidades do uso linguístico da criança. São os turnos 823 a 825 um exemplo claro de que a criança mistura as duas línguas que fazem parte de sua realidade sociocultural, influenciada também, como acreditamos, pela equivalência de melodia de ambas. Conforme Ponzio,

> A apropriação linguística é um processo que vai desde a mera repetição da palavra alheia à sua reelaboração, capaz de fazê-la ressoar de forma diferente, de conceder-lhe uma nova perspectiva, de fazer-lhe expressar um ponto de vista diferente.[63]

Como apontam os dados das crianças que trazemos, torna-se evidente a relevância dos pais e outros interlocutores no compartilhamento não só da língua que utilizam, mas também de visões de mundo e comportamento social de determinados contextos e situações de comunicação. Esse processo, denominado socialização, consiste no meio pelo qual os indivíduos internalizam valores de uma sociedade, incluindo aqueles relacionados à personalidade.[64] Refere-se, pois, a uma transformação no sujeito, na qual o ser biológico passa a ser um ser sociocultural. Segundo Bernstein,

> Socialização sintetiza para a criança as várias ordens da sociedade, por estas serem essenciais nos vários papéis esperados que ela tenha. Em um sentido, a socialização é um processo para fazer as pessoas seguras. O processo age seletivamente nas possibilidades do homem em criar um senso de inevitabilidade de um dado acordo social e limitando as áreas em que mudanças são permitidas. As bases da socialização na sociedade contemporânea são: a família, o grupo de amigos, a escola e o trabalho. É por meio dessas agências e em particular por meio da relação entre elas que as várias ordens da sociedade se manifestam.[65]

A oposição biológico *versus* cultural aparece nos postulados de Bakhtin como "indivíduo natural" *versus* "individualidade". O critério utilizado para distingui-los é também o social:

> Para evitar os mal-entendidos, convém sempre estabelecer uma distinção rígida entre o conceito de indivíduo natural isolado, não associado ao mundo

> social, tal como o conhece e estuda o biólogo, e o conceito de individualidade, que já se apresenta como uma superestrutura ideológica semiótica, que se coloca acima do indivíduo natural e é, por consequência, social.[66]

O conceito de *socialização* vai ao encontro das reflexões de Bakhtin acerca da apreensão da linguagem, do sujeito e de sua individualidade, principalmente em relação ao processo de aquisição de língua materna, baseando-se no critério social, via interação dialógica, o que possibilita que identifiquemos, na voz de cada sujeito, a voz do outro, ou seja, a voz da cultura (ou de parte dela) na voz da mãe, a voz da mãe na voz da criança e vice-versa (voz da criança na voz da mãe e da cultura). De acordo com o filósofo russo,

> As influências extratextuais têm uma importância muito especial nas primeiras etapas do desenvolvimento do homem. Estas influências estão revestidas de palavras (ou outros signo), e estas palavras pertencem a outras pessoas; antes de mais nada, trata-se das palavras da mãe. Depois, estas "palavras alheias" se reelaboram dialogicamente em "palavras próprias alheias" com a ajuda de outras palavras alheias (escutadas anteriormente) e logo se tornam palavras próprias (com perda das aspas, falando metaforicamente) que já possuem um caráter criativo.[67]

Quanto à identidade cultural e ao biculturalismo, sobre os quais, por limitações que nos trazem este capítulo (seria matéria para um outro capítulo), não nos deteremos, é relevante afirmar, devido às considerações sobre cultura já traçadas aqui, que alguns pesquisadores dos temas, tais como Harmers e Blanc,[68] entendem que a identificação que os sujeitos ou certos grupos fazem em relação a comportamentos culturais e linguísticos torna-se um padrão para julgar diferenças e semelhanças com características de outros grupos. Com respeito à dinâmica social, Grosjean[69] afirma que a

> Identidade cultural, assim como o desenvolvimento da linguagem, é uma consequência do processo de socialização que a criança experiencia. Este é um mecanismo dinâmico desenvolvido pela criança e pode ser modificado por eventos sociais e psicológicos durante a vida do indivíduo.

Entendemos que a identidade cultural configura-se, pois, a partir de uma natureza semiótica, dialógica e ideológica. O signo linguístico ou qualquer outro material semiótico "não pode ser criado pelo arbítrio individual, mas surge da relação entre os indivíduos no meio social, uma vez que o processo de significação e de valoração do signo não se desvincula dessa relação".[70]

Considerações finais

A partir de uma concepção de língua(gem) social, apreendida na relação com o outro, na interação (sempre ideológica), como condiz com os postulados bakhtinianos, explicitamos neste capítulo a relação intrínseca que se estabelece entre língua e cultura na aquisição bilíngue. Nesse sentido, trouxemos, para fins ilustrativos apenas, marcas verbais e não verbais flagradas nos dados de fala de duas populações bilíngues que evidenciam a linguagem como lugar no qual os sentidos estão atrelados a conhecimentos, valores, visões de mundo que pertencem a uma determinada comunidade, a uma cultura, apreendida por meio das vozes dos sujeitos, no jogo interativo.

Ao pensarmos o desenvolvimento linguístico de crianças bilíngues a partir de uma perspectiva dialógico-discursiva, entendemos que as crianças adquirem diferentes visões de mundo, por meio da relação dialógica com o outro (em geral, seus pais e demais familiares, coleguinhas, em casa e na escola; enfim, nos ambiente e com as pessoas com quem convivem), e formas de comportamento, em interações com interlocutores e espaços específicos nos quais vozes distintas, reflexos e refrações de discursos sociais os mais diversos perpassam as línguas das quais lançam mão, caracterizando, de modo singular, a constituição de suas subjetividades e identidades.

Notas

1 Bakhtin/Voloshinov, 1997.
2 2006, p. 169.
3 1997, p. 43-4.
4 1997.
5 Ochs, p. 1, 1999. (tradução nossa). No original: "[...] through the process of socialization, individuals internalize the values of society, including those relating to personality and role behavior".
6 1998, p. 18.
7 1978.
8 1995.
9 Esse autor acredita que a capacidade de aquisição de línguas é uma característica inata do ser humano. Mesmo sendo essa perspectiva divergente da nossa, o que nos interessa em sua teoria são as reflexões feitas acerca do bilíngue enquanto ser único com especificidades próprias.
10 Grosjean, 1994, p.1 (tradução nossa). No original: "Few areas of linguistics are surrounded by as many misconceptions as is bilingualism. Most people think that bilingualism is a rare phenomenon found only in such countries as Canada, Switzerland and Belgium and that bilinguals have equal speaking and writing fluency in their languages, have accentless speech and can interpret and translate without any prior training. The reality is in fact quite different: bilingualism is present in practically every country of the world, in all classes of society and in all age groups; in fact, it has been estimated that half the world's population is bilingual. As for bilinguals themselves, the majority acquired their languages at various times during their lives and are rarely equally fluent in them; many speak one of their languages less well than the other (and often with an accent) and many can only read or write one of the languages they speak. Furthermore, few bilinguals are proficient interpreters and translators".
11 1933.
12 1953.
13 1988.
14 1997.
15 2000.

[16] 1990, p. 2 (tradução nossa). No original: "There are various situations in which children can become bilingual: they may hear one language until they are two years old and only after this start to regularly hear a second language in addition to the first. Alternatively, this second language might entirely replace the first. A third possibility is that children may be regularly exposed to two languages from birth onwards, or at least from very soon after birth. Children may also hear more than two languages. These are just a few of the many possibilities".

[17] 1990

[18] Ver pesquisas como as de Slobin, 1995; Berman, 1986; e Mills, 1986.

[19] 1982, p. 175 (tradução nossa). No original: "The majority language, spoken by either the father or the mother, may become dominant when the child goes to school and starts interacting with the outside community. In addition, the parent speaking the minority language maybe in a difficult position when conversing with the child outside the home, especially if that language is looked down upon by the majority group. Such a situation may occur when the child is with playmates and does not wish to be singled out; in these cases, the parent often switches over to the majority language in order not to embarrass the child".

[20] Grosjean, 1982.

[21] 1996

[22] 1997.

[23] 1995.

[24] No original, temos o termo "balanced bilinguals".

[25] 1982.

[26] 1988.

[27] *Code-switching*, de maneira geral, é a troca de palavras entre as línguas.

[28] 1993

[29] 1997.

[30] 2001, p. 4.

[31] 2010, p. 125 (tradução nossa). No original: "Bilinguals use their languages for different purposes, in different domains of life, with different people. Different aspects of life often require different languages. Contexts and domains trigger different attitudes, impressions, and behaviors, and what is seen as a personality change due to language shift may have nothing to do with the language itself."

[32] Convencionou-se expressar a idade das crianças, na área de Aquisição, por meio de ponto e vírgula, separando número de anos, número de meses – e às vezes também número de dias.

[33] (514) OBS: você gosta de dançar, FER? / (515) MÃE: dançar? / (516) MÃE: você gosta de dançar? / (517) FER: não! / (518) Obs: nada, nada? /(519) OBS: nem um pouquinho? /(520) MÃE: qual é o /(525) MÃE: nem um pouquinho?/ (526) MÃE: qual é a é... a dança... a dança de... Angelina Bailerina? / (527) FER: não sei!/ (528) MÃE: não sabe? (tradução nossa.)

[34] Grosjean, 1994, p. 2 (tradução e grifo nossos). No original: "Researchers are now starting to view the bilingual not so much as the sum of two (or more) complete or incomplete monolinguals but rather as a specific and fully competent speaker-hearer who has developed a communicative competence that is equal, but different in nature, to that of the monolingual. This competence makes use of one language, of the other, or of the two together (in the form of mixed speech) depending on the situation, the topic, the interlocutor, etc. This in turn has led to a re-definition of the procedure used to evaluate the bilingual's competencies. Bilinguals are now being studied in terms of their total language repertoire, and the domains of use and the functions of the bilingual's various languages are being taken into account".

[35] Apud Laraia, 2006, p. 25.

[36] Shaul e Furbee, 1998.

[37] Megale, 2005.

[38] Miotello, 2005, p. 170.

[39] Bakhtin/Voloshinov, 1976, p. 3

[40] Bakhtin/Voloshinov, 1997

[41] Shaul e Furbee, 1998, p. 19.

[42] Megale, 2005, p. 93.

[43] 1989.

[44] 2005.

[45] 1988, p. 7.

[46] 1988.

[47] 2007.

[48] 1989.

[49] 2005.

[50] 2007.

[51] 2005.

[52] 2000, p. 251 e 254.

[53] Machado, 2005, p. 161.

[54] 1988, p. 284.
[55] 1976, p. 9.
[56] Bakhtin/Voloshinov, 1976, p. 6.
[57] (530) MÃE: como se chama aquele que ele to ... que ela toca?/ (531) MÃE: como se llama aquele que ela tututu com as mãos?/ (532) MÃE: assim assim que tem que faz assim!/ (533) MÃE: como é...como se chama?/ (536) MÃE: isso!/ (537) MÃE: mas como se diz isso em espanhol ... não sei!/ (540) MÃE: ah, Manolo me ensinou, mas esqueci!/ (541) MÃE: castañuelas? / (542) FER: sim! / (543) MÃE: ah!/ (544) MÃE: fala para: [//] conta a ... a... a Rafaela que tua profe, a Thábata, Thábata, é... sabe dançar muito bem! (...) / (779) MÃE: que ... que ... jogo é este?/ (780) OBS: acho que está dançando é! / (781) MÃE: ah, é uma dança!/ (782) MÃE: dança um pouco para vermos! / (784) MÃE: não? / (786) MÃE: eu sei falar uma coisa!/ (788) MÃE: eu sei falar fla men co ! / (789) MÃE: como se como se dança flamenco?/ (791) OBS: muito rápido!/ (792) OBS: é rápido? / (793) OBS: como se dança? / (794) FER: não sei!/ (796) MÃE: também não! (Tradução nossa.)
[58] Apud Fressato, 2009.
[59] 1994, p. 113.
[60] 2008, p. 47.
[61] Bakhtin/Voloshinov, 1997.
[62] (810) MÃE: como é a canção para recolher as coisas?/ (811) MÃE: na aula do Monolo! / (812) OBS: hum... tem una canção para recolher?/ (813) MÃE: tem uma canção/ (814) OBS: como é, FER? / (815) OBS: a recolhe:r [canta]/ (816) FER: a recolhe:r [canta]/ (817) FER: a recorre:r [canta]/ (818) FER: cada cada coisa em seu lugar! [canta] / (819) FER: a recorrer a recorrer [canta]/ (820) FER: agora a música de ir pro almoço?/ (821) MÃE: qual é a canção de ir pro almoço?/ (822) FER: come(r) come:(r) come(r) come:(r) é o melhor para poder crescer! [canta] / (823) FER: a recorre:r come(r) come:(r) come(r) come:(r) é o melhor para poder crescer! [canta] / (824) FER: a recorre:r a recorre:r é o melhor para poder crescer! [canta]/ (825) FER: a recorre:r a recorre:r é o melhor para poder crescer! [canta] / situação: FER termina de encaixar os pedaços de pista no chão e olha para MÃE / (826) MÃE: muito be:em!/ (827) MÃE: palmas [aplaude] / (827) OBS: muito bem! (Tradução nossa.)
[63] 2010, p. 101.
[64] Ochs, 1999.
[65] 1966, p. 162 (tradução nossa). No original: "Socialization sensitizes the child to various orderings of society as these are made substantive in the various roles he is expected to play. In a sense then socialization is a process form making people safe. The process acts selectively on the possibilities of man by creating through time a sense of the inevitability of a given social arrangement, and through limiting the areas of permitted change. The basic agencies of socialization in contemporary societies are the family, the peer group, school and work. It is through these agencies, and in particular through their relationship to each other, that the various orderings of society are made manifest".
[66] Bakhtin/Voloshinov, 1997.
[67] Bakhtin, 2000, p. 312.
[68] Apud Megale, 2005, p. 96.
[69] 1994, p. 94.
[70] Severo, 2008, p. 47.

Bibliografia

BAKHTIN, M. *A cultura popular na Idade Média e no Renascimento*: o contexto de François Rabelais. Trad. Yara Frateschi Vieira. São Paulo: Hucitec, 1987.

______. *Questões de literatura e estética*: a teoria do romance. Trad. A. F. Bernardini et al. São Paulo: Hucitec/ USP, 1988.

______. *Estética da criação verbal.* Trad. Maria Ermantina Galvão G. Pereira. 2 ed. São Paulo: Martins Fontes, 2000.

______. *Para uma filosofia do ato responsável.* Trad. Valdemir Miotello e Carlos Alberto Faraco. São Carlos: Pedro & João Editores, 2010.

BAKHTIN, M./VOLOSHINOV, V. N. *Marxismo e Filosofia da Linguagem.* Trad. Marina Yaguello. São Paulo: Hucitec, 1997. (1. ed. 1929)

______. *Discurso na vida e discurso na arte.* Trad. Cristóvão Tezza. Disponível em: <http://www.linguagensdesenhadas.com/imagens/03-textos/autores/Bakhtin_Discurso_na_vida.pdf>. Acesso em: jan. de 2007. (1. ed. 1926).

BERMAN, R. A. A step-by-step model of language learning. In: I. Levin (ed.). *Stage and structure*: Re-opening the debate. Norwood, NJ: Ablex, 1986, pp. 191-219.

BERNSTEIN, B. Aspects of Language and Learning in the Genesis of the Social Process. In: HYNES, D. *Language in culture and society.* New York: Harper, 1966.

BLOOMFIELD, L. *Language.* New York: Henry Holt and Co., 1933.

DEUCHAR, M.; QUAI, S. *Bilingual acquisition*: theoretical implications of a case study. Oxford: Oxford University Press, 2000.

FERNANDES, S. O jogo das representações gráficas. In: DEL RÉ, A. *Aquisição da linguagem*: uma abordagem psicolinguística. São Paulo: Contexto, 2006.

FRESSATO, S. B. Cultura popular: reflexões sobre um conceito complexo. In: NÚCLEO DE PRODUÇÃO E PESQUISAS DA RELAÇÃO IMAGEM-HISTÓRIA. O sagrado é profano na Bahia: imagens e representações da cultura popular. Bahia, 2009. (Oficina Cinema-História). Disponível em: <http://oolhodahistoria.org/culturapopular/artigos/culturapopular.pdf>. Acesso em: 8 ago. 2012.

GEERTZ, C. *A Interpretação das Culturas*. Rio de Janeiro: Guanabara, 1989.

GROSJEAN, F. *Bilingual*: life and reality. Harvard University Press, Harvard, 2010.

______. *Life with two languages*: an introduction to bilingualism. Cambridge, Mass: Harvard University Press, 1982.

______. Individual bilingualism. In: GROSJEAN, F. *The Encyclopedia of Language and Linguistics*. Oxford: Pergamon Press, 1994.

______. Processing mixed languages: issues, findings and models. In: GROOT, A. M. B; KROLL, J. F. (ed.). *Tutorial in bilingualism*: psycholinguistics perspectives. Mahwah: Lawrence Erlbaum Associates, 1997.

______. The bilingual's language modes. In: NICOL, J. (ed.). *One Mind, Two Languages*: Bilingual Language Processing. Oxford: Blackwell, 2001, pp. 1-22.

HARMERS, J.; BLANC, M. *Bilinguality and Bilingualism*. Cambridge: Cambridge University Press, 2000.

______. *The acquisition of two languages from birth*: a case study. Cambridge: Cambridge University Press, 1990.

______. Bilingual Language Acquisition. In: FLETCHER, P.; MACWHINNEY, B. *The Handbook of Child Language*. Malden, MA: Blackwell Publishing, 1995.

KLAUSEN, T.; SUBRITZKY, M. S.; HAYASHI, M. Initial production of inflections in bilingual children. In: MESSER, D. J.; Turner, G. J. (ed.). *Critical influences on child language acquisition and development*. New York: St. Martin's Press, 1993, pp. 65-92.

LANZA, E. *Language mixing in infant bilingualism*: a sociolinguistic perspective. Oxford: Clarendon Press, 1997.

LARAIA, R. *Cultura*: um conceito antropológico. Rio de Janeiro: Jorge Zahar Editor, 2006.

MACHADO, I. Gêneros Discursivos. In: BRAIT, B. (org.). *Bakhtin*: conceitos-chave. São Paulo: Contexto, 2005.

______. *O romance e a voz*: a prosaica dialógica de Mikhail Bakhtin. Rio de Janeiro: Imago, 1995.

MEGALE, A. H. Duas línguas, duas culturas? A construção da identidade cultural em indivíduos bilíngues. *Veredas on-line* – atemática. Juiz de Fora, v. 13, n. 1, 2009, pp. 90-102. Disponível em: <http://www.ufjf.br/revista-veredas/edicoes-anteriores/sumario/>. Acesso em: 10 ago. 2012.

MILLS, A. *The acquisition of gender*: a study of English and German. Berlin: Springer, 1986.

MIOTELLO, V. *Ideologia*. In: BRAIT, B. (org.). *Bakhtin*: conceitos-chave. São Paulo, Contexto, 2005, p. 169.

MCLAUGHIN, B. *Second language acquisition in childhood*. New Jersey, Somerset, 1978.

NICOLADIS, E.; GENESEE, F. *A longitudinal study of pragmatic differenciation in young bilingual children*. Language Learning, 1996.

OCHS, E.; SCHIEFFELIN, B. B. *Language Socialization across cultures*. Cambridge: CUP, 1999.

______. *The* Impact of language socialization on grammatical development. In: TUITE, K.; JOURDAN, C. *Language, Culture and Society*. Cambridge: CUP, 2006.

PAULA, L. de. *O SLA Funk de Fernanda Abreu*. Araraquara, 2007. Tese (Doutorado em Linguística e Língua Portuguesa) – Faculdade de Ciências e Letras, Universidade Estadual Paulista (Unesp). (Mimeo)

PETERSEN, J. Word-internal code-switching constraints in a bilingual child's grammar. *Linguistics*. v. 26, issue 3, 1988, pp. 479-94.

PONZIO, A. *Procurando uma palavra outra*. Trad. Grupo de Estudos de Gêneros do Discurso (GEGE). São Carlos: Pedro & João Editores, 2010.

ROMAINE, S. *Bilingualism*. 2. ed. Oxford: Blackwell, 1995.

SAUNDERS, G. *Bilingual children*: Guidance for the Family. Clevedon: Multilingual matters, 1988.

SEVERO, C. G. Sobre o sujeito na perspectiva (do Círculo) de Bakhtin. *Revista Eletrônica do Instituto de Humanidades*, v. VII, 2008, pp. 45-60.

SHAUL, D.; FURBEE, N. L. *Language and Culture*. Illinois: Prospect Heights, 1998.

SLOBIN, D. I. From "thought and language" to "thinking for speaking". In: Gumperz, J. J.; Levinson, S. (ed.). *Rethinking linguistic relativity*. Cambridge: CUP, 1995, pp. 70-96.

SOUZA, S. J. *Infância e Linguagem*: Bakhtin, Vygotsky e Benjamin. Campinas: Papirus, 1994.

WEINREICH, U. *Languages in contact*. La Haya: Mouton, 1953.

Aquisição da Linguagem: a singularidade, a recorrência, as generalizações

Alessandra Del Ré
Rosângela Nogarini Hilário
Andressa dos Santos Mogno

Interessar-se pela *Aquisição da Linguagem* é reconhecer, de um lado, a multiplicidade de pontos de vista que envolvem esse campo de estudo e, de outro, as fronteiras limítrofes que a separam da Linguística, da Psicologia Cognitiva, da Psicanálise, da Fonoaudiologia, da Sociologia, da Etnologia e da Educação.[1] Com efeito, apesar dos fundamentos epistemológicos diversos (teorias gerativista, construtivista, behaviorista ou interacionista), existem pontos comuns no campo da Aquisição da Linguagem: inicialmente, seu interesse pela fala da criança, isto é, por uma fala singular que apresenta suas próprias características, e, em seguida, a necessidade de se constituir um *corpus* (seleção dos sujeitos e escolha do material), que será descrito, analisado e interpretado.

A coexistência das abordagens qualitativas e quantitativas não é novidade no campo da Psicolinguística ou da Aquisição da Linguagem. Mas, se os estudos sobre a linguagem reconhecem a importância de certos trabalhos de natureza experimental, historicamente, eles sempre privilegiaram as pesquisas que preconizavam a singularidade dos dados. Há alguns anos, os programas computacionais que auxiliam o trabalho dos pesquisadores com análises automáticas e cálculos estatísticos ganharam notoriedade, trazendo repercussões para os estudos linguísticos em geral e, mais particularmente, para as pesquisas sobre a linguagem da criança.

Diante disso, embora se possa supor que a escolha por uma ou outra abordagem esteja diretamente relacionada à opção teórica e aos objetivos de cada pesquisador, alguns fatos levam-nos a acreditar que, na realidade, certo julgamento de valor também pode estar relacionado a essa escolha.[2] E, como desconhecemos a existência de trabalhos que abordem especificamente essas questões em nossa área, nos apoiaremos nas discussões propostas em áreas fronteiriças à Aquisição, a saber, a Psicologia e a Análise do Discurso.

Levando em conta a exigência de rigor científico tanto quanto a comparação constante que é feita entre, de um lado, as Ciências Humanas e, de outro, as Ciências Exatas, as Ciências Biológicas e as Neurociências – cujos parâmetros servem de modelo à área de Aquisição –, não é de se estranhar que haja, cada vez mais, por parte dos estudos nessa área, uma demanda por números, quantidades e dados estatísticos que validem os resultados obtidos.[3]

Diante dessas novas exigências, não basta acrescentar algarismos e gráficos para que os dados qualitativos pareçam mais verossímeis. Nesse ponto, a abordagem mista – que supostamente conciliaria dados quantitativos e qualitativos em uma só pesquisa – em Aquisição da Linguagem parece ser considerada mais como uma maneira de tornar a pesquisa mais "aceitável" junto à comunidade científica do que como um possibilidade de resposta às questões que o pesquisador se coloca. Parece-nos haver, portanto, uma supervalorização dos dados quantitativos e estatísticos,[4] uma busca por uma "realidade" estável, objetiva, controlável e generalizável, que se opõe à singularidade dos dados qualitativos, à busca por uma realidade dinâmica, ligada a uma observação subjetiva, "naturalista" e não controlável, na qual o pesquisador, estando muito próximo dos dados, orienta seu olhar em direção ao processo, à descoberta exploratória, descritiva e indutiva.[5] Hoje, essa última abordagem parece ter menor credibilidade, porém se trata de dados autênticos e ricos, que muitas vezes se revelam apenas em um estudo de caso.

As pesquisas em Aquisição da Linguagem colocam ao pesquisador o problema de escolher sua metodologia a partir da teoria adotada. Assim, cabe ao pesquisador, a partir de suas questões e de sua concepção teórica, saber de que maneira ele vai transformar a fala da criança em dados empíricos, como vai relacioná-los à teoria ou, ainda, que tipo de tratamento ele dará a essa fala no momento de coletar os dados e de analisá-los.[6] Logo, vê-se aparecer uma relação inevitável entre a escolha da abordagem (qualitativa e/ou quantitativa) e o fenômeno a ser estudado, entre o conceito teórico sobre o qual se fundamenta o estudo, a metodologia utilizada e a validade dos resultados no campo da Aquisição da Linguagem. Dessas relações, colocam-se várias questões sobre a possibilidade de generalizar (ou não) a partir do estudo do caso e o "lugar" da análise estatística (descritiva ou inferencial) nas pesquisas que têm como objeto de estudo fenômenos linguísticos e, mais especificamente, a produção e a compreensão oral das crianças durante seu período de aquisição da linguagem.

O que está em jogo, pois, é o que vai se considerar como a verdadeira complementaridade entre essas duas metodologias ou, ainda, como se deve conceber uma abordagem mista. É preciso complementar a abordagem quantitativa com uma abordagem qualitativa[7] ou fazer o contrário? Como essas duas abordagens podem ser combinadas no âmbito de uma mesma pesquisa em Aquisição da Linguagem? Quais são as possibilidades de generalização que elas apontam?

Nós postulamos, de um lado, que, dependendo das questões colocadas pelo pesquisador, é possível elaborar uma pesquisa que pressuponha a complementaridade das abordagens e, de outro, que há casos em que uma abordagem mista não é necessária; nesse caso, ou uma só abordagem será adotada, ou se poderá considerar a introdução do quantitativo no interior do qualitativo (voltaremos a isso mais adiante). Em oposição a uma ideia que parece aceita, segundo a qual a abordagem quantitativa oferece maior capacidade de generalização dos dados do que a abordagem qualitativa, defendemos que a abordagem qualitativa pode, assim como a quantitativa, levar a resultados igualmente válidos e permitir um tipo de generalização.

A fim de responder às questões anteriormente levantadas e verificar nossa hipótese, dividimos este capítulo em duas partes.

Na primeira parte, expomos nosso quadro teórico, que privilegia uma abordagem qualitativa e dialógica e, em seguida, discutimos a possibilidade de se introduzir, nessa abordagem, uma outra quantitativa, conciliando esse dois pontos de vista. Levantamos as vantagens e os limites de se utilizarem programas de computação na análise de dados linguageiros de crianças, tomando como exemplo o programa CLAN (CHAT),[8] que utilizamos no tratamento dos dados de uma criança brasileira (ANA), entre 1 ano e 11 meses (1;11) e 2 anos e 7 meses (2;7). Propomos, a partir disso, uma possível articulação entre as abordagens quantitativa e qualitativa, expondo uma pesquisa baseada nas produções orais dessa criança, gravada em seu domicílio, em interação natural[9] com seu meio. Interessamo-nos particularmente pela aquisição e pelo emprego do morfema de plural durante esse período.

Na segunda parte, voltamos às contribuições e limites da metodologia que adotamos, abrindo uma discussão sobre a possibilidade de uma efetiva conciliação entre uma abordagem experimental, derivada das ciências "duras", e uma outra, qualitativa, oriunda das Ciências Humanas, a fim de mostrar que as duas são necessárias e podem mesmo ser complementares, desde que o *corpus* constituído seja adequado ao propósito e que ambas as abordagens sejam coerentes com os objetivos propostos pelo pesquisador.

Qualitativo/quantitativo e possibilidades de generalização em Aquisição da Linguagem

A oposição qualitativo/quantitativo e a generalização

Parece haver uma crença, baseada no senso comum, que concebe os dados quantitativos como "mais válidos" que os dados qualitativos, pois utilizariam como amostra grandes populações, permitindo ao pesquisador proceder a generalizações. De fato, essa crença fundamenta-se na *Classifying Science* – adotada pelas ciências "duras" –, segundo a qual vários espécimes de uma mesma categoria são necessários para se alcançar um conhecimento confiável dessa categoria, considerando que todos os membros de uma comunidade tenham as mesmas características. Consequentemente, amostragens de população são necessárias e um caso isolado não permitiria a generalização.

Adotando esse pressuposto, a Psicologia Infantil pôde comparar, por exemplo, crianças de idades diferentes, como se pertencessem a grupos homogêneos, e as tratou como um objeto social classificável, cujo "encaixar em uma categoria" explicava o fenômeno particular que estava na base de tal "encaixamento". Da mesma forma, a Psicologia Educacional e a Pedagogia Experimental passaram a tratar crianças como espécimes que formariam grupos similares, afastando seu olhar de singularidades que poderiam ser relevantes. Assim, por meio da experiência de outras disciplinas, como a Psicologia, é possível compreender como essa maneira de tratar os dados impôs-se e foi adotada pelas demais áreas das Ciências Humanas, particularmente, por uma área fronteiriça: a Psicolinguística. Esse pensamento parece ter-se estendido até nossos dias[10] e se fixado no senso comum.

Mas, se considerarmos, como o psicólogo Gesell,[11] que "duas crianças não crescem exatamente da mesma forma. Cada criança tem seu tempo e uma maneira de crescer que são características individuais", e, analogamente, projetarmos essa ideia para o campo da Aquisição, poderemos conceber que, em termos de processo de aquisição da linguagem, duas crianças não entram necessariamente da mesma maneira na língua(gem).

Desse modo, propomos lançar um olhar sobre o que diferencia os membros de um mesmo grupo. Nesse sentido, a generalização poderia ser feita a partir dos casos individuais de crianças. Se as populações são classes heterogêneas, seria talvez oportuno estender o conceito de amostragem e percebê-lo também em termos de diferenças. Nesse caso, uma teoria que funcionasse também em função das diferenças poderia ser igualmente válida.

O que a ciência contemporânea necessita é de clareza para construir métodos apropriados mediante objetivos específicos de pesquisa, tendo em vista que cada método pressupõe bases epistemológicas diferentes.[12] Consequentemente, antes de optar por uma das duas abordagens – ou pela complementaridade entre elas – o pesquisador deveria responder a três perguntas que nos parecem fundamentais:

1) Uma questão ontológica: Qual é a natureza do fenômeno?
2) Uma questão teleológica: Qual é a finalidade da pesquisa?
3) Uma questão metodológica: Como alcançar os objetivos?

A questão ontológica diz respeito ao modo segundo o qual o fenômeno estudado será observado. No caso de o estudo se orientar na direção de algo que se repete (aquilo que os indivíduos têm de típico e comum), a partir do controle das variáveis, o pesquisador pode chegar, graças à maneira pela qual ele olha o mundo, a leis gerais aplicáveis a partir do estudo de um grupo/amostragem (dados quantitativos), em uma perspectiva nomotética. De outro lado, caso o objetivo seja a análise do que é único e singular para cada fenômeno, procurando propor novas teorias, a constituição de um *corpus* deve ser igualmente singular, investigando em profundidade casos individuais, ressaltando a importância do tema, dos casos, e não da representatividade (perspectiva ideográfica).

Para esse último tipo, convém notar que o pesquisador se coloca o desafio de vencer certas dificuldades: por exemplo, a escolha do caso que será pertinente estudar – e a justificativa dessa escolha –, a inclusão e o recorte do contexto, o fato de que as hipóteses e as amostragens podem ser redefinidas e elaboradas durante a pesquisa, e finalmente a questão da implicação do pesquisador. Apesar dessas dificuldades e da natureza do olhar que é atribuído a esse tipo de estudo, contrariamente ao que se poderia imaginar, é possível proceder a generalizações a partir desse ponto de vista, como veremos na sequência.

No que se relaciona à questão teleológica, o pesquisador deveria ter uma ideia clara da finalidade de seu estudo: se o objetivo é compreender a gênese de um dado fenômeno, ou caracterizar os processos (ou as partes) que compõem esse fenômeno, ou, ainda, observar a evolução desse fenômeno ao longo do tempo etc. Assim, o pesquisador define os caminhos a serem seguidos para atingir seus objetivos.

Finalmente, quanto à última questão (metodológica), reflete-se, a partir do ponto de vista teórico eleito pelo pesquisador, sobre qual o método mais adequado para conseguir atingir suas metas. São decididos, aqui, os detalhes dos procedimentos adotados para a coleta dos dados.

É bom lembrar que os dados não existem *a priori*; o pesquisador tem uma intuição informada sobre a maneira de observar o fenômeno – que se identifica com a reflexão teórica que trazemos – e é esse processo que faz surgir os dados. O *corpus*, que é um conjunto de dados sobre o qual incidirá o tratamento analítico (pessoas/grupos, lugar/evento, em que tipo de situações e quantas serão necessárias), é, na verdade, um produto do método (reflexões teórica e metodológica).

Variabilidade dos dados e generalização

São as respostas do pesquisador a essas três questões fundamentais que o levarão a refletir sobre uma generalização possível de seus dados e sobre a maneira de tratar a diversidade e a variabilidade. A partir dessa reflexão, ele poderá se perguntar o que será mais pertinente para seu estudo:

a) a busca da homogeneidade, pelo que há de geral na população (o recorte preserva a estrutura do universo de referência), isto é, um estudo quantitativo, ou
b) a busca da heterogeneidade, a fim de se produzirem comparações, isto é, um estudo qualitativo.

Qualquer que seja a decisão do pesquisador, essas duas opções levarão a diferentes tipos de generalização. A primeira conduz à *generalização estatística,* cuja ênfase está na busca das regularidades. Assim, a amostragem considerada será aquela dos casos "iguais", preservando-se a "estrutura" do universo de referência, a similaridade entre a amostragem e a população, e assegurando sua representatividade.

A escolha da heterogeneidade conduz, por sua vez, à *generalização analítica,* que se constrói à medida que novos casos são estudados e revistos. Quanto mais heterogêneo é o fenômeno, mais complexo ele é. Nesse sentido, trata-se de examinar a aplicabilidade do modelo a outros contextos: um modelo é inicialmente criado para o estudo de um caso, depois são propostos ajustes para o caso seguinte. Quanto menos ajustes existirem para cada novo e/ou diferente caso, mais o modelo reafirma sua força. Não existe um número mínimo de casos: um só caso seria suficiente para estudar a singularidade, já que ele nos permite refletir. Entretanto, para se testar o modelo, quanto maior o número de casos diferentes, melhor.

Desse ponto de vista, a variabilidade, isto é, os casos que seriam excluídos pelo modelo *nomotético*, não causa problema. Ao contrário, há um modelo sistêmico que parte do pressuposto de que não é possível isolar os componentes do todo. O que se tenta generalizar não são afirmações a partir do igual, mas a partir de casos cada vez mais distintos.

Ainda no que se refere às pesquisas qualitativas, Günther,[13] tanto quanto Sato et al.[14] e Valsiner,[15] propõe generalizar os resultados (generalização argumentativa) a partir dessa abordagem. O pesquisador que sustenta suas pesquisas por meio de estudos de casos no lugar de uma amostragem representativa é levado a argumentar explicitamente a favor das generalizações possíveis para circunstâncias específicas; ele constrói suas hipóteses e suas generalizações a partir de elementos individuais (método indutivo).

Face a essas questões que dizem respeito à generalização, e apesar das diferenças de ponto de vista que podem levar o pesquisador a optar por uma ou outra abordagem, é possível, em certos casos, pensar em uma triangulação metodológica,[16] que implicaria a combinação dos métodos quantitativos e qualitativos para se estudar um determinado problema de investigação. Contudo, essa complementaridade só funciona nos casos em que o fenômeno em questão é quantificável – e certamente isso depende da natureza do fenômeno. Em outras palavras, não se trata aqui de propor a complementaridade para validar um trabalho qualitativo por meio de dados quantitativos: são as questões que o pesquisador se coloca, a natureza dessas questões, que o conduzirão eventualmente a uma triangulação metodológica, procurando respostas no quadro das duas abordagens. Se o que se deseja é observar o processo de aquisição da linguagem durante um determinado tempo, um ou mais anos, então o método longitudinal e qualitativo poderá apresentar melhores respostas às questões de pesquisa. Se o interesse recair sobre o resultado baseado em modelos de similaridade, então a pesquisa experimental e quantitativa poderá ser mais adequada.

Como enfatizou Brunet,[17] embora um *corpus* seja sempre artificial, tendo em vista que a natureza não o produz espontaneamente e que sua criação é sempre orientada pela teoria e pela metodologia que sustentam o estudo, os pesquisadores na área de Aquisição têm cada vez mais se dedicado à coleta de dados naturalísticos, especialmente quando a pesquisa pretende apreender o "percurso" da aquisição ou levar em consideração fatores discursivos e interacionais a fim de melhor compreender como se dá a entrada da criança na língua(gem). Para a análise desse tipo de dado há diversos fatores a serem levados em consideração, diferentemente de um estudo dirigido, no qual se prioriza o controle de certas variáveis.

Qualquer que seja a abordagem escolhida, será possível chegar a um tipo de generalização, como proposto anteriormente. No entanto, outras questões se colocam em relação aos estudos quantitativos: seus dados são sempre generalizáveis? Na realidade, o nível de generalização dependerá do processo de amostragem. Na amostragem aleatória (probabilística) é possível estender os resultados e considerar que a amostra pode suportar um alto nível de generalização. Mas, no caso de uma amostragem não aleatória (não probabilística), o nível de generalização diminui consideravelmente. É bom lembrar, igualmente, que erros são, contudo, possíveis nos estudos que utilizam a estatística analítica, mesmo que certas técnicas sejam utilizadas para evitá-los. Assim, para cada estudo, é importante que o pesquisador pondere o nível de generalização requisitado por sua área.

No que se refere ao trabalho que propomos neste livro para as pesquisas em Aquisição da Linguagem e tendo em vista a teoria, que serve de base a nossos estudos, construída a partir de Bakhtin[18] e Voloshinov,[19] fomos levados a optar, inicialmente, por uma abordagem qualitativa, como propõe Bruner.[20] De fato, nosso objetivo é descrever inicialmente o processo de aquisição, perguntando-nos, por exemplo, quando a criança começa a utilizar esta ou aquela forma linguística, em que contexto o faz e qual é o papel da interação nesse processo.[21]

A título de exemplificação das reflexões feitas, trazemos no item a seguir dados sobre a aquisição do plural por uma criança pequena adquirindo o português brasileiro (PB).[22] Esse estudo está ancorado no referencial teórico que nos serve de ponto de partida, a saber, os escritos bakhtinianos e a proposta de sua relação com os estudos desenvolvidos por Bruner e Vygotsky; esses autores *indicam-nos um caminho a seguir no que concerne à escolha de nossa própria metodologia*. Para eles, a produção linguística está intrinsecamente ligada a seu caráter dialógico, e a interação (entre sujeitos e discursos) tem um papel muito importante nesse processo. Em vista disso, a menor unidade de análise é o enunciado (tal como entendido por Bakhtin[23]), isto é, a produção verbal inserida em um contexto de enunciação imediato e mais amplo.

A inserção do quantitativo e a coexistência do singular e da recorrência em um estudo de abordagem qualitativa

Nos domínios da Aquisição da Linguagem e da Psicolinguística, uma vez realizada a pesquisa de campo e gerados os dados, o próximo passo é a transcrição. Atualmente, procura-se utilizar ferramentas eletrônicas como, por exemplo, o programa CLAN, que foi desenvolvido por MacWhinney e sua equipe, e que está disponível na plataforma CHILDES[24,25]. Além de oferecer um manual para a transcrição dos dados (CHAT) – aí incluída a transcrição fonética –, o CLAN permite igualmente alinhar o som e/ou o vídeo à transcrição. Esse programa coloca também à disposição do pesquisador diferentes instrumentos para uma análise "automática" dos enunciados, das palavras e dos morfemas, e isso a partir de uma série de comandos que podem ser criados. Apesar das críticas feitas às quantificações, de um modo geral, os instrumentos fornecidos pelo sistema CHILDES, que são dedicados ao léxico e à morfossintaxe,[26] favorecem uma análise fina dos dados, permitindo ao pesquisador comparar produções linguísticas de diferentes crianças e verificar se elas são mais ou menos comuns. Além disso, esse olhar atento aos detalhes das produções infantis pode apontar evidências no caso de um eventual atraso de linguagem, levando a um diagnóstico ao mesmo tempo precoce e preciso e, em seguida, a um encaminhamento a profissionais especializados.

Nesse sentido, esse tipo de instrumento computacional responde, em geral, à solicitação dos pesquisadores em Ciências Humanas que desejam validar seus dados. Os resultados mostram que esses instrumentos são bastante confiáveis para a realização de pesquisas quantitativas e suscitam certo número de reflexões quanto a seu papel nos estudos qualitativos.

Mais precisamente, no que concerne às pesquisas desenvolvidas pelo grupo GEALin/NALingua, todas essencialmente qualitativas, a opção pelo CLAN/CHAT como método de transcrição, além de possibilitar que o *corpus* longitudinal recolhido e transcrito nessas normas seja mais facilmente compartilhado com outros grupos de pesquisa, como o COLAJE e o DIAREF, na França,[27] as ferramentas de busca oferecidas pelo software podem reduzir consideravelmente o tempo gasto em análises mais específicas, como frequência lexical ou emprego de certos elementos lexicais ou morfológicos, como exemplificado nos gráficos a seguir.

No modelo de pesquisa que desenvolvemos, o olhar do pesquisador não se orienta para o que poderia ser considerado como uma identificação/aproximação ou distanciamento do discurso da criança em relação à produção do adulto – o que poderia ser em si uma questão pertinente se quiséssemos responder a uma questão dessa natureza –, mas para o que é singular e que pode ser considerado como uma produção localizada especificamente em um dado momento da aquisição. É o caso da pesquisa que trazemos para exemplificar nossas reflexões, sobre a aquisição do plural em PB por uma criança.[28]

De fato, esse olhar, fixado em um quadro teórico específico (trabalhos de Bakhtin e de seu Círculo, assim como os de Bruner e de Vygotsky), leva em conta reflexões sobre a formação sócio-histórica da linguagem, sobre a noção de sujeito que constrói sua identidade e sua subjetividade na relação com o outro (exotopia) e sobre os gêneros do discurso.

As questões que norteiam nosso trabalho sobre a aquisição do plural nominal são: em que momento a criança começa a utilizar o morfema plural nominal? Esse emprego se faz exclusivamente de maneira convencional? Quais são os contextos linguísticos/discursivos e as dimensões situacionais que levam a criança a utilizar o plural? O discurso da criança identifica-se com o discurso de seu interlocutor adulto?

A questão teleológica estando resolvida, trata-se então de escolher o método. Um estudo de natureza gerativista foi proposto por Ferrari-Neto[29] e Castro e Ferrari-Neto[30] sobre a aquisição do plural no PB e uma comparação com o português de Portugal.

Nesse caso, os pesquisadores escolheram o método experimental para analisar a compreensão do morfema do plural – e não sua produção. Segundo esses autores, os resultados parecem mostrar que as crianças são sensíveis à expressão gramatical do número em PB, tendo em vista que se mostram capazes de diferenciar as condições gramaticais *padrão* (determinante e nome no plural – Dp+Np) e *não padrão* (determinante no plural e nome no singular – Dp+Ns) e a condição *não gramatical* (determinante no singular e nome no plural – Ds+Np). No entanto, em nosso *corpus* de pesquisa, a análise da produção espontânea da criança (i.e., não lhe foi solicitada a execução de nenhuma tarefa) mostra que a condição nomeada pelos autores como *não gramatical* é a mais utilizada pela criança brasileira. Podemos observar isso nos dois exemplos a seguir, tirados de um de nossos *corpora*:

Exemplo 1

Situação: Mãe e criança (2 anos e 2 meses) brincam de enumerar as partes de um coelhinho de pelúcia

MÃE: que lin:da [pausa] *quantas orelhinhas* ele tem?
ANA: tem do:is [pausa] t(r)rê:s [pausa] quatro. [aponta para cada uma das orelhas do coelhinho enquanto conta]
MÃE: nã:o [pausa] conta uma...
ANA: uma... [aponta para uma das orelhas do coelho]
MÃE: duas...
ANA: duas... [aponta para a outra orelha do coelho]
MÃE: duas orelhas.

ANA: *dua(s) orelhas.* [mostra dois dedos]
ANA: e a mão mãe?
MÃE: quantas mãos?
ANA: dois... [aponta para uma das mãos do coelhinho]
MÃE: uma...
ANA: uma... [aponta para uma das mãos do coelho]
MÃE: du duas. [ANA aponta para a outra mão do coelho]
ANA: duas.
MÃE: duas...
ANA: e...
ANA: e o pé? [segura o coelhinho pelos pés]
MÃE: um...
ANA: um... [aponta para um dos pés do coelhinho]
MÃE: dois.
ANA: dois. [aponta para o outro pé do coelhinho]
MÃE: dois [pausa] *dois pés.*
ANA: *doi(s) pés.* [a criança suprime a fricativa da palavra "dois"]
MÃE: e duas [pausa] mãos.
ANA: *e o olhos*? [aponta para os olhos do coelhinho]
MÃE: olhos, olhos [pausa] um...
ANA: ó... [aponta]
IRM: dois.
MÃE: dois.
MÃE: dois olhos.

Exemplo 2

Situação: Mãe e criança (2 anos e 3meses) estão na sala da casa, brincando de recortar e colar figuras.

ANA: agora vo(u) corta(r) *a bolsas*! [a criança suprime o morfema de plural do determinante]
ANA: o(u)tra bolsa.
MÃE: eu acho que acabo(u) bolsa...
ANA: só tem ro(u)pa.
MÃE: tem bota ó.
ANA: [produção não interpretável]
ANA: cadê a o(u)tra bolsa?
MÃE: (a)cabou as bolsas [pausa] corta a bota preta...
ANA: preta.

Nossos objetivos levaram-nos a escolher dados longitudinais e naturalistas, pois segundo nossa abordagem teórica a observação deve recair sobre a produção da criança em contextos reais de enunciação, bem como sobre a inevitável relação entre seu discurso e o de seu interlocutor adulto (nesses exemplos, a mãe). Trata-se, portanto, inicialmente, de um método qualitativo. No entanto, a escolha de um *corpus* longitudinal e registrado em situações cotidianas não nos impediu de mostrar o que era regular e recorrente no caso da produção do plural pela criança – o quantitativo no interior do qualitativo.

No que concerne à utilização do programa CLAN, ele nos permitiu extrair e contar no *corpus* todos os enunciados produzidos pela criança que compreendem itens lexicais pluralizados, com um uso convencional ou não do morfema plural, conforme mostra o gráfico 1, a seguir.

Gráfico 1. Número de ocorrências de enunciados contendo elementos pluralizados – ANA. (1;11.03 e 2;7.27)[31]

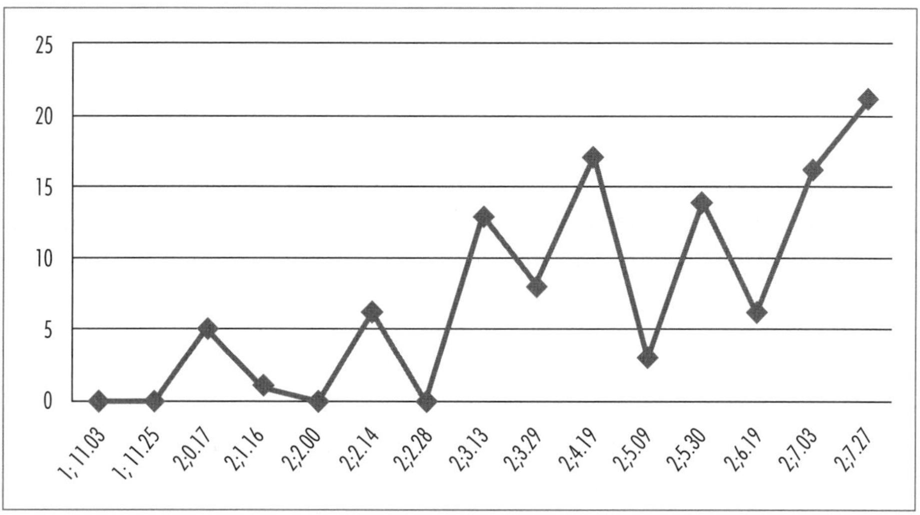

Assim, foi observada a utilização sistemática de uma marcação de plural no sintagma nominal (Ds+Np) que é incomum em PB.

Gráfico 2. Sintagmas nominais plurais compostos por D+N – ANA. (1;11.03 e 2;7.27)

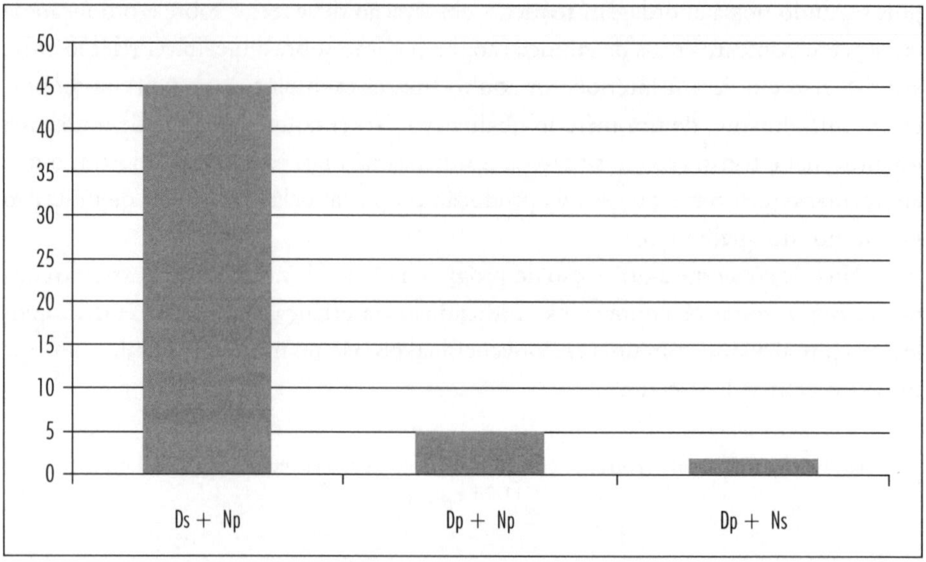

Não se trata, entretanto, de enumerar somente as possibilidades de produção da marca morfológica do plural, mas, como dissemos anteriormente, de observar em quais contextos elas se produzem, confrontando a análise morfológica com a análise fonológica (tendo em vista que a marca morfológica do plural em PB se faz com uma fricativa [s] ou [z] no meio e/ou no fim dos sintagmas nominais). Assim, um fenômeno que, à primeira vista, parece ser motivado pela dificuldade da criança de produzir a fricativa no interior do sintagma – o que poderia ser também o caso com a supressão da fricativa em "dua(s) orelhas" e "doi(s) pés" (os dois pés) – toma uma dimensão morfossintática com enunciados do tipo "o meninos tam(b)éns correros"[32] – uma espécie de hipergeneralização da utilização do morfema plural, segundo a qual elementos que não deveriam receber o {-s} (o advérbio "também" e a forma verbal "correram") são igualmente pluralizados, embora o determinante permaneça no singular.

São esses enunciados singulares que incitam o pesquisador a interrogar-se sobre as outras marcas: nesse caso, a criança teria apenas suprimido a fricativa em "doi(s) pés" ou considerado o /s/ como marca do plural, como em "o(s) meninos", "a bolsas" e "o olhos"? Essas observações que foram feitas a partir de um estudo de caso orientam as análises de outro *corpus* longitudinal monolíngue (PB), de um *corpus* bilíngue (PB/francês) e de um *corpus* monolíngue francês.[33] O estudo qualitativo pode, portanto, tomar uma dimensão quantitativa, sem perder de vista a – rica – singularidade dos dados.

Outro recurso interessante do programa CLAN é a contagem automática do MLU (*Mean Length of Utterance*), em português EME (Extensão Média dos Enunciados). Essa medida foi proposta por Brown[34] para promover uma normalização na avaliação da produção linguística da criança. A partir do *corpus* longitudinal de três crianças americanas, o autor pôde identificar a ordem de aquisição de 14 morfemas em inglês. Ele propôs então que a complexidade dos enunciados levasse em conta não somente o número de palavras, mas também o número de marcadores gramaticais. Uma proposta que se justifica se considerarmos, por exemplo, os dois enunciados seguintes: *Daddy eat red apple* e *Daddy eats apples*. O segundo enunciado, embora mais curto que o primeiro, contém dois marcadores gramaticais a mais: a terceira pessoa do singular para *eats* e o plural para *apples*.[35] Assim, a EME permitiria comparar a produção das crianças não mais a partir da idade, mas do nível de desenvolvimento linguístico. Sabe-se, com efeito, que existe muita variabilidade na aquisição da linguagem e a EME poderia servir como referência para eventuais atrasos de linguagem.[36]

Considerando os limites deste capítulo, trazemos à discussão exemplos tirados da produção linguageira de uma só criança, ANA. Em pesquisa posterior,[37] entretanto, cuja observação recai sobre as produções de três outras crianças (uma monolíngue brasileira, uma monolíngue francesa e uma bilíngue franco-brasileira), optamos por colocá-las em paralelo tendo como parâmetro não a EME por morfemas (EME-m), mas por palavras (EME-p). Isso porque há uma diferença importante entre o PB e o francês quando se trata da produção do plural: em PB, como já dissemos, a marca do plural *no oral* pode ser realizada em todos os elementos do sintagma nominal ou apenas em um. Em francês, a marca do plural recai somente sobre o determinante (*le vs. les*), pois a marca "s" não é pronunciada no oral (*les chiens*), com exceção do caso dos plurais irregulares (*un cheval vs. des chevaux*). No entanto, a transcrição do *corpus* em francês é feita de maneira tradicional (segundo a convenção escrita), isto é, a marca do plural aparece no nome, enquanto em PB, se não há produção no oral, o morfema pode não aparecer na transcrição. Assim, encontramos diferenças entre a medida de morfemas em enunciados como "le*s* enfant*s* jouent" (o {s} em *enfants* não é produzido no oral, mas é transcrito na forma ortográfica), "a*s* criança*s* brincam" (marcação *padrão* em PB) e "a*s* criança brincam" ou "a criança*s* brincam" (marcação *não padrão* em PB – o morfema é produzido com um só elemento do sintagma nominal). Por esse motivo, na pesquisa envolvendo duas crianças monolíngues (brasileira e francesa) e uma bilíngue (franco-brasileira), o cálculo da média de palavras por enunciados – não o número de morfemas por enunciados – nos pareceu mais adequado como parâmetro para a comparação entre as duas línguas (PB e francês). De acordo com nossas análises, o EME-p não apontou uma linearidade na aquisição do plural nominal nos três sujeitos da pesquisa. Sendo assim, o aumento na média de palavras por enunciado não parece ser determinante para o uso progressivo de sintagmas nominais plurais. Em contrapartida, elementos discursivos, como a *situação* (atividade desenvolvida pelos interlocutores), a *sequência discursiva* e o *tipo de discurso* (ou tipo de enunciado), parecem ser fatores preponderantes tanto para a produção do plural quanto para o cálculo da própria

EME-p. Em atividades como a leitura compartilhada de uma história, por exemplo, que envolve a suspensão dos enunciados pela mãe para que sejam completados pela criança, a extensão média dos enunciados da criança é menor. Uma atividade de jogo, entretanto, envolveria tanto a produção de enunciados descritivos quanto argumentativos, resultando em enunciados de maior extensão.[38]

Para refletir

Independentemente do projeto de pesquisa e dos esforços que possam ser feitos para se levar em conta o maior número de aspectos possíveis de um dado fenômeno, somente alguns serão de fato estudados, outros serão inevitavelmente excluídos. Em outras palavras, não é apropriado pensar que existe uma única maneira de conduzir uma pesquisa ou que existe um método que seria o melhor: o bom método é aquele que responde às questões levantadas pelo pesquisador e o importante é centrar-se no fato a ser estudado.[39]

Como uma ou outra abordagem apresenta vantagens e limites, é a adequação à questão colocada pela pesquisa que ditará necessariamente a escolha. Qualquer que seja o trabalho desenvolvido na área de Aquisição, ao optar pelo método qualitativo, terá como ponto forte, por se basear na observação, o foco nas interações sociais; ao optar pelo quantitativo, pelo experimental, visto que lida com dados por amostragem, pode garantir, a princípio, maiores possibilidades de representatividade e generalização.

Na verdade, os dois tipos de análises podem enriquecer-se mutuamente. De fato, a análise qualitativa tem a vantagem de permitir em seu próprio escopo um trabalho de quantificação (ou uma análise estatística descritiva) a fim de esclarecer a hipótese inicial, enquanto a abordagem quantitativa se enriquece com a profundidade das análises qualitativas. O pesquisador que associasse esses dois tipos de pesquisa teria em mãos generalizações mais convincentes, pois levaria em conta tanto a recorrência quanto a singularidade. É o que tentamos demonstrar de maneira ilustrativa com o estudo sobre o morfema do plural na criança brasileira.

Assim, para retomar as questões colocadas neste capítulo, pode-se dizer que:

a) Um trabalho de pesquisa que adota uma abordagem mista poderia propor questões que exigem verdadeiramente os dois tipos de resultados (qualitativo/quantitativo), sem procurar validar uma abordagem a partir da outra. No caso da pesquisa apresentada sobre a aquisição do plural, ela é essencialmente qualitativa e a utilização do instrumento informático permite que se dê mais visibilidade aos resultados. O quantitativo insere-se, pois, na abordagem qualitativa. Se fossem colocadas outras questões a partir desses dados – por exemplo, o fenômeno pode ser observado em uma amostragem de 30 crianças? –, poder-se-ia recorrer a uma dupla abordagem (quantitativa e qualitativa), atribuindo-se a cada uma delas a mesma importância. Assim, cada abordagem não necessita obrigatoriamente ser complementada; salvo, ainda uma vez, se se tratar de responder a questões de pesquisa muito específicas.

b) Finalmente, mesmo que essas duas posições possam ser potencialmente complementares no âmbito de algumas pesquisas, é preciso levar em conta o fato de elas poderem ser autossuficientes, permitindo atingir resultados válidos e pertinentes.[40] No que se refere aos dados qualitativos, não há necessidade de aplicar-lhes uma análise estatística, visto que eles podem responder a nossa pergunta de pesquisa e, ao mesmo tempo, permitir um tipo de generalização a partir de um *corpus* composto de populações distintas (em nosso estudo, que se encontra parcialmente relatado aqui, a comparação de uma criança francesa monolíngue, de uma criança brasileira monolíngue e de uma criança franco-brasileira bilíngue).

Diante das reflexões aqui trazidas e dos impasses que o pesquisador da área de Aquisição pode enfrentar, parece-nos primordial ter em mente que, independentemente da abordagem adotada, é preciso ter objetivos de estudo bem claros, saber a que resultados se pretende chegar e fortalecer as posições metodológicas, munindo-se de argumentos que justifiquem e sustentem as escolhas feitas.[41]

Notas

1 Uma versão anterior deste capítulo foi apresentada em Del Ré e Hilário (2012). A presente versão foi traduzida por Guacira Marcondes Machado Leite, revista e modificada.

2 A fim de atestar a importância de uma discussão a respeito desse suposto julgamento de valor, é importante que se diga, em primeiro lugar, que este capítulo é resultado de reflexões empreendidas por ocasião de um evento dedicado a essa temática, em 2012, na cidade de Amiens (França), sob o título "Complémentarité des approches quantitatives et qualitatives dans l'analyse du discours?". Em seguida, acrescentamos duas experiências pessoais: a recusa de um trabalho que havia sido submetido à avaliação para apresentação em um congresso internacional, assim como a de um artigo científico no exterior, com a única justificativa de que se tratava de um estudo qualitativo.

3 A análise assistida por computador permite tanto fornecer dados objetivos e quantificados quanto propor ao pesquisador caminhos de reflexões, fazendo sobressair os elementos que ele não buscava necessariamente (Mayaffre, 2002). Mas a utilização desses programas não dispensa o pesquisador dos pressupostos epistemológicos de sua disciplina e de qualquer consideração teórico-metodológica.

4 Günther, 2006; Valsiner 2005, 2006.

5 Mesmo se os dados qualitativos não permitirem a indução, em sentido exato.

6 Del Ré, no prelo.

7 Mazière e Guilhaumou, 2010.

8 MacWhinney e Snow, 1990.

9 Sobre o natural/naturalístico, consultar o capítulo "Aquisição da linguagem e estudos bakhtinianos do discurso".

10 Valsiner, 2005, 2006.

11 1940, p. 7.

12 Sato et al. 2007, p. 91.

13 2006, p. 201.

14 2007.

15 2007.

[16] Duarte, 2009.
[17] 2007.
[18] 2003.
[19] 1973, 1976.
[20] 1984, 2004.
[21] Vygotsky, 1986.
[22] Hilário, 2012.
[23] 2003.
[24] Disponível em: <http://childes.psy.cmu.edu>. Acesso em: 14 jun. 2012.
[25] MacWhinney e Snow, 1990.
[26] Parisse e Le Normand, 1998, 2000.
[27] Para mais informações, consultar, respectivamente, os sites <http://colaje.scicog.fr/> e <http://www.univ-paris3.fr/anr-diaref-37421.kjsp>. Acessos em: 25 out. 2013.
[28] Hilário, 2012.
[29] 2003.
[30] 2007.
[31] Convencionou-se expressar a idade das crianças, na área de Aquisição, por meio de ponto e vírgula, separando número de anos, número de meses – e às vezes também número de dias.
[32] Enunciado produzido por ANA (2 anos, 7 meses e 03 dias).
[33] Hilário, 2013.
[34] 1973.
[35] Karmiloff e Karmiloff-Smith, 2003, p. 115.
[36] Essa proposta, lançada nos anos 1970, foi inicialmente bem recebida (ver as referências citadas por Parker e Brorson, 2005) e, posteriormente, criticada (Meline e Meline, 1981; Klee e Fitzgerald, 1985 entre outros). Hoje ela é novamente adotada na Europa e nos Estados Unidos, sendo inclusive considerada pré-requisito para publicação em revistas internacionais.
[37] Hilário, 2013.
[38] Idem.
[39] Günther, 2006.
[40] Valsiner, 2000.
[41] Fazemos questão de agradecer os professores doutores Frédéric François e Christelle Dodane pelas reflexões às quais seus preciosos conselhos nos conduziram e, sobretudo, pelo olhar crítico que lançaram sobre este texto. Agradecemos igualmente os grupos NALingua (CNPq), GEALin/Unesp, COLAJE e DIAREF pelas discussões e por suas colaborações.

Bibliografia

Bakhtin. M. *Estética da criação verbal.* Trad. Maria Ermantina Galvão G. Pereira. São Paulo: Martins Fontes, 2003.

Bruner, J. Contexts and formats. In: Moscato, M.; Piraut-Le Bonniec, G. (ed.). *Le langage*: construction et actualisation. Rouen: Publications de l'Université de Rouen,1984, pp. 69-79. Disponível em: <http://books.google.com.br/books?hl=pt-BR&lr=&id=8WNNoDaZ5IUC&oi=fnd&pg=PA69&dq=contexts+and+formats&ots=lGZifg189bMAZ&sig=Nrrroox7P5ycJkxiOjdCSIc7PtU#v=onepage&q=contexts%20and%20formats&f=false>. Acesso em: 13 maio 2013.

______. *Comment les enfants apprennent à parler*. Paris: Retz, 2004.

Brunet, É. Le corpus comme une boule. In: Rastier, F.; Ballabriga, M. (ed.). *Corpus en lettres et sciences sociales. Des documents numériques à l'interprétation*. Toulouse: PUM, 2007.

Brown, R. *A first language*: the early stages. Cambridge: Harvard University Press, 1973.

Castro, A.; Ferrari-Neto, J. Um estudo contrastivo do PE e do PB com relação à identificação da informação de número no DP. *Letras de Hoje*. Porto Alegre, v. 42-1, 2007, pp. 65-76.

Del Ré, A. Pluralismo teórico-metodológico em Aquisição da Linguagem: o lugar do sujeito e da linguagem nas pesquisas. In: Gonçalves, A.; Góis, M. L. (org.). *Os métodos e os dados nas ciências da linguagem*. São Paulo: Mercado de Letras, no prelo.

Del Ré, A.; Hilário, R. N. *Questions théoriques et méthodologiques à propos de l'analyse du discours chez les jeunes enfants*: des données qualitatives ou quantitatives?. Comunicação apresentada no Colloque international et pluridisciplinaire: Complémentarité des approches quantitatives et qualitatives dans l'analyse des discours? 2012, Amiens. Disponível em: <http://www.u-picardie.fr/curapp/IMG/pdf/Pre-programme_2.pdf>. Acesso em: 12 jul. 2013.

Duarte, T. A possibilidade da investigação a 3: reflexões sobre triangulação (metodológica). *cies e-Working paper*, Lisboa, n. 60, 2009. Disponível em: <http://www.cies.iscte.pt/destaques/documents/CIES-WP60_Duarte_003.pdf>. Acesso em: 15 maio 2012.

Ferrari-Neto, J. *Reconhecimento do número gramatical e processamento da concordância de número no sintagma determinante na aquisição do português brasileiro*. Rio de Janeiro, 2003. Dissertação (Mestrado em Letras) – Centro de Teologia e Ciências Humanas, puc-Rio.

Gesell, A. *The first five years of life*: a guide to the study of the preschool child. London: Methuen, 1940.

Günter, H. Pesquisa qualitativa *versus* pesquisa quantitativa: Esta é a questão? *Psicologia: teoria e pesquisa*, Brasília, v. 22, n. 2, maio-ago., 2006, pp. 201-10. Disponível em: <http://www.scielo.br/scielo.php?pid=S0102-37722006000200010&script=sci_arttext>. Acesso em: 28 set. 2013.

Hilário, R. N. A marcação de plural na fala da criança pequena. In: Del Ré, A.; Romero, M. (org.). *Na língua do outro*: estudos interdisciplinares em aquisição de linguagens. São Paulo: Cortez, 2012, pp. 33-54.

______. *Marcas de singularidade na produção oral da criança pequena*: um olhar sobre a aquisição do plural nominal. Araraquara, 2013. Tese (Doutorado em Linguística e Língua Portuguesa) – Faculdade de Ciências e Letras, Universidade Estadual Paulista (Unesp). (Mimeo).

Karmiloff, K.; Karmiloff-Smith, A. *Comment les enfants entrent dans le langage*. Paris: Retz, 2003.

Klee, T.; Fitzgerald, M. D. The relation between grammatical development and mean length of utterance in morphemes. *Journal of Child Language*, 12, 1985, pp. 251-69.

Macwhinney, B.; Snow, C. The child language data exchange system: an update. *Journal of child language*. Cambridge, v. 17, 1990, pp. 457-72.

Mayaffre, D. L'Herméneutique numérique. *L'Astrolabe*, 2002. Disponível em: <http://www.uottawa.ca/academic/arts/astrolabe/articles/art0031.htm/Hermeneutique.htm>. Acesso em: 28 set. 2013.

Mazière, F.; Guilhaumou, J. Ainsi nous qui sommes dans le Mississipi. In: Paveau, M.-A. (ed.). *Semen*: La théorie du discours. Fragments d'histoire et de critique, 29, 2010, pp. 69-88.

Meline T. J.; Meline, N. C. Normal variation and prediction of mean length of utterance from chronological age. *Perceptual and Motor Skills*, 53, 1981, pp. 376-8.

Parisse, C.; Le Normand, M. T. Traitement automatique de la morphosyntaxe chez le petit enfant. *Glossa*, 61, 1998, pp. 22-9.

______. Automatic disambiguation of morphosyntax in spoken language corpora. *Behavior Research Methods, Instruments, & Computers*, 32, 2000, pp. 468-81.

Parker, M. D.; Brorson, K. A comparative study between mean length of utterance in morphemes (MLUm) and mean length of utterance in words (MLUw). *First Language*, 25, 2005, pp. 365-76.

Sato et al. Sampling Reconsidered: Ideographic Science and the Analysis of Personal Life Trajectories. In: Valsiner, J.; Rosa, A. (ed.). *The Cambridge Handbook of Sociocultural Psychology*. Cambridge: Cambridge University Press, 2007.

Valsiner, J. *Culture and human development*: An introduction. London: Sage, 2000.

______. Scaffolding within the structure of dialogic self: Hierarchical dynamics of semiotic mediation. *New ideas in Psychology*, 23, 2005, pp. 197-206.

______. Developmental epistemology and implications for methodology. In: W. Damon, W.; Lerner, L. M. (orgs.) *Handbook of child psychology. Theoretical models of human development*. Haboken, New Jersey: John Wiley & Sons, 2006, pp. 166-209.

______. Dangerous curves in knowledge construction within psychology: Fragmentation of methodology. *Theory Psychology*, 16, 2006, pp. 597-612.

______. Developmental epistemology and implications for methodology. In: Damon, W. E Lerner, L. M. (org.). *Handbook of child psychology. Theoretical models of human development*. Haboken, New Jersey: John Wiley & Sons, 2006, pp. 166-209.

______. Approaches to culture: semiotic bases for Cultural Psychology. In: ______. *Culture in minds and societies*: foundations of Cultural Psychology. New Delhi: Sage, 2007, pp. 19-74.

Voloshinov, V. N. *Marxism and the philosophy of language*. Trans. Ladislav Matejka and I. R. Titunik. Cambridge/Massachusetts; London/England: Harvard University Press, 1973.

______. Discourse in life and discourse in art (Concerning sociological poetics). Trans. I. R. Titunik. In: *Freudianism*: a marxist critique. Ed. I. R. Titunik and Neal H. Bruss. New York: Academic, 1976. Rev. Ed. Indianapolis: Indiana up, 1976, pp. 93-116.

Vygotsky, L. S. *Thought and Language*. Trans. Alex Kozulin. Cambridge (Massachusetts): The M.I.T. Press, 1986.

Saussure, Círculo de Bakhtin e Aquisição da Linguagem

Márcia Romero
Vanessa Santana Lima
Rosângela Nogarini Hilário

Propor uma discussão que abarque o pensamento de Saussure e do Círculo de Bakhtin poderia nos fazer cogitar que se trata, talvez, da instauração de um embate epistemológico, fundamentado, essencialmente, na contraposição de ideias ou, na mais radical das hipóteses, na tentativa de sobrepor um pensamento ao outro. Ao contrário do que possa parecer, nossa proposta, neste capítulo, é bem outra: apontar de que maneira as concepções de língua e signo linguístico desses dois pensadores podem ser vistas como convergentes e, ainda, ressaltar que, embora a dicotomia língua/fala tenda a ser vista como um entrave para que uma aproximação se verifique, o pensamento bakhtiniano não só não exclui uma *ordem interna da língua* como traz à tona uma *ordem do discurso*, que, inserido na condição de produto social, é, portanto, passível de ser estudado.

Que tal embate seja cogitado, não ocorre, evidentemente, sem motivo, já que são clássicas as críticas presentes em *Marxismo e Filosofia da Linguagem*[1] em relação às concepções de língua e linguagem atribuídas à "Escola de Genebra", inseridas na corrente de pensamento por eles denominada "objetivismo abstrato" e que tinha em Ferdinand de Saussure a sua "mais brilhante expressão".[2] Nessa obra, o capítulo intitulado "Língua, fala e enunciação" é dedicado à exposição detalhada dos pontos em que se observam discordâncias acerca dos princípios que fundamentam os estudos dos "objetivistas abstratos" no que tange à língua, à linguagem, a suas características e funções.

Para o autor, o grande entrave da teoria saussuriana repousa na tríplice distinção entre linguagem, língua (como sistema de formas arbitrárias) e ato da enunciação (como algo individual, i.e., uma fala monológica), o que o conduz, de saída, ao seguinte questionamento: "Em que medida um sistema de normas imutáveis [...] conforma-se à realidade?"[3] A partir dessa pergunta norteadora, o autor pontua o que considera as principais fragilidades dos estudos desenvolvidos pelo "objetivismo abstrato" acerca da língua e da linguagem, o que lhe permite, em contrapartida, delimitar e dar forma ao próprio conceito de linguagem formalizado pelo Círculo.[4]

Suas críticas recaem, mais especificamente, sobre o que é por ele compreendido como uma "teoria das formas linguísticas", para a qual o fator normativo e estável prevalece sobre o caráter mutável, assim como o abstrato, sobre o concreto, favorecendo uma visão monológica do processo enunciativo. Além disso, Bakhtin/Voloshinov entende que a concepção de língua como herança social favorece uma "representação da linguagem como produto acabado" por conceber o elemento linguístico como algo estático e isolado em detrimento da dinamicidade da fala, o que faz com que seja valorizada a "univocidade da palavra mais do que a polissemia e plurivalência vivas".[5]

A obra *Marxismo e Filosofia da Linguagem* traz, portanto, um olhar sociológico acerca da língua e da linguagem, valorizando o caráter social da língua, bem como do enunciado, cuja existência se fundamenta na necessidade de comunicação. Estabelece relações entre linguagem e sociedade, a fim de dar a ver a face ideológica do signo linguístico (a palavra). As reflexões nela apresentadas trouxeram uma nova perspectiva para o estudo do enunciado, juntamente com textos igualmente importantes para o todo da obra de Bakhtin e do Círculo no que tange ao domínio da Filosofia da Linguagem e dos estudos linguísticos, como o ensaio "Os gêneros do discurso"[6] e o artigo "Discurso na vida e discurso na arte".[7]

O que nos importa na continuação do capítulo é mostrar que, embora as noções saussurianas de língua e linguagem tenham sido – e continuem a ser – amplamente discutidas, acreditamos que parte dessas discussões, ao se fundamentarem na própria leitura que o Círculo faz do *Curso de Linguística Geral* (CLG), obra póstuma publicada em 1916, não leva em consideração a complexidade do conceito de *língua* para Saussure – uma língua que está longe de ser concebida como estável e imutável. Nos anos que antecederam 1929, época de publicação de *Marxismo e Filosofia da Linguagem* (MFL), podia-se até esperar que tal leitura fosse realizada, sobretudo se considerarmos o pouco tempo que separa a publicação do CLG da publicação de MFL e, mais ainda, a corrente racionalista à qual se vê associado o chamado "objetivismo abstrato" e, consequentemente, o pensamento saussuriano. Sendo assim, pensamos ser possível, a partir de um reposicionamento da concepção de *signo linguístico* para Saussure, entender a língua em sua dinamicidade constitutiva, o que aproximaria, em certo ponto, as reflexões de Saussure e do Círculo de Bakhtin.

As concepções de linguagem, língua e signo em Saussure e Bakhtin

Para compreender de que maneira o pensamento de Saussure e de Bakhtin e o Círculo podem convergir, é preciso considerar o objeto de estudo eleito por cada um desses autores. Bakhtin/Voloshinov desenvolve sua concepção de língua e linguagem submerso em um contexto histórico e cultural em que ideias políticas e filosóficas se voltaram para questões sociais. Saussure, por outro lado, ministra seus cursos de Linguística Geral em meio à efervescência do positivismo e acaba por desenvolver uma visão mais objetiva e abstrata da língua. Sendo assim, é possível notar grande disparidade no modo de apreender e conceituar o que vem a ser a própria língua, conceito que será abordado, na sequência, a partir da concepção de linguagem, considerada o ponto-chave para os desdobramentos que envolvem a língua em si.

Para Saussure, a linguagem é demasiadamente complexa para ser tomada como objeto de estudo, e isso por se tratar de algo multiforme, constituído por elementos vários que impedem a apreensão de seu funcionamento de maneira integral. Sendo assim, tomá-la como objeto pode representar um desafio quase intransponível, uma vez que não é possível concebê-la enquanto unidade homogênea em função da abrangência de seus domínios, de natureza física, fisiológica e psíquica, e do próprio fato de apresentar "um lado individual e um lado social", que, indissociáveis, não podem ser concebidos um sem o outro.[8]

Por não pertencer a uma única categoria dos fatos humanos, a linguagem acaba por não admitir nenhum tipo de classificação. Consequentemente, tomá-la como ponto de partida para os estudos linguísticos pode acarretar em análises e concepções que extrapolam a alçada dos estudos linguísticos. Nas palavras do autor:

> [quem] se coloca diante do objeto complexo que é a linguagem, para fazer seu estudo, abordará necessariamente esse objeto por tal ou tal lado, que jamais será toda a linguagem, supondo-se que seja muito bem escolhido, e que, se não for tão bem escolhido, pode nem ser de ordem linguística ou representar, depois, uma confusão inadmissível.[9]

É importante ressaltar que Saussure procura estabelecer uma distinção efetiva entre língua e linguagem, chegando à conclusão de que a linguagem é, antes de tudo, um fenômeno humano, o "exercício de uma faculdade que existe no homem".[10] Tratar-se-ia, portanto, de uma capacidade natural do ser humano que é, "ao mesmo tempo, a aplicação e o gerador contínuo da língua [...] a reprodução e a produção".[11]

Para o Círculo, de outra parte, a distinção entre língua e linguagem não é evidente. Nessa perspectiva, a linguagem é um elemento cuja existência está intimamente atrelada ao enunciado. De acordo com Brait,[12] o Círculo aborda o conceito de linguagem enquanto *enunciação* e *interação*. Por isso, a análise desse fenômeno partindo da proposição saussuriana não se mostra adequada, pois conceber a linguagem como um conjunto complexo formado por três esferas distintas – física, fisiológica e psicológica – não permite englobá-la em "um conjunto de regras internas que lhe atribuiria vida e faria dele justamente um fato linguístico".[13] Inseri-la na esfera única da relação social seria, para o Círculo, a única maneira de observar o fenômeno da linguagem, e isso por tornar possível "situar os sujeitos – emissor e receptor do som –, bem como o próprio som, no meio social".[14]

Evidencia-se, assim, o fato de que a perspectiva saussuriana está voltada para o que comporta os fenômenos intralinguísticos, enquanto Bakhtin e o Círculo empreendem seus esforços em questões que extrapolam o estritamente linguístico. Porém, ao contrário do que possa parecer em um primeiro momento, chegar a essa conclusão não significa que compartilhamos do pensamento tão amplamente difundido, para o qual Saussure exclui o sujeito da atividade de linguagem, detendo-se no estudo de uma língua puramente abstrata e distante de sua realidade viva, enquanto Bakhtin seria o teórico da linguagem que mais adequadamente conseguiu descrever as características da língua ao articulá-la aos processos sociais e ao sujeito.

A língua é dialógica; e o signo, ideológico

Como ressaltamos, a argumentação de Bakhtin e do Círculo é orientada por seu interesse "pela natureza social dos fatos linguísticos, o que significa entender a enunciação indissoluvelmente ligada às condições de comunicação, que, por sua vez, estão sempre relacionadas às estruturas sociais".[15]

Desse modo, as concepções de língua e linguagem estão intimamente relacionadas às questões sociais, estando também inseridas em uma leitura de sociedade feita pelo viés da teoria marxista, que fervilhava na época. As reflexões propostas nos escritos do Círculo contribuíram para a inserção do enunciado como objeto das Ciências Humanas, já que estudá-lo seria, antes de tudo, estudar o homem em sua interação com a sociedade.

O objeto de estudo do Círculo de Bakhtin não é nem propriamente a língua, nem a linguagem. Em suas próprias palavras, "os problemas da significação da palavra e da origem da linguagem fogem do quadro de nossa pesquisa".[16] Seu objeto de estudo é mais precisamente o enunciado, compreendido como elemento de significação construído no seio da sociedade e, por isso, submetido ao contexto histórico, social e cultural em que é produzido. Em outras palavras, o enunciado é o produto da criação ideológica, sendo também dialógico em sua essência e caracterizado como um tecido de muitas vozes, e isso pelo fato de sua construção ocorrer por meio do "diálogo entre os interlocutores e pelo diálogo com outros textos".[17] Logo, a palavra é também enunciado, visto que toda palavra é ideológica.

Bakhtin e o Círculo desenvolvem, dessa maneira, uma concepção dialógica de linguagem, para a qual a língua é ideologicamente complexa, tornando-se palco de choques ideológicos e contradições. Como consequência, o signo está constitutivamente impregnado de valores ideológicos contraditórios.[18]

Para Flores e Teixeira,[19] a principal proposta de Bakhtin é "ver a língua imersa na realidade enunciativa concreta, servindo aos propósitos comunicacionais do locutor";[20] por isso, opta pelo o conceito de palavra em detrimento do de signo linguístico, já que, para o Círculo, "a palavra está sempre carregada de um conteúdo ou de um sentido ideológico ou vivencial".[21]

A investigação empreendida por Bakhtin e o Círculo volta-se para as realidades concretas da língua, observando o que faz do enunciado um produto social. Veremos, ainda neste capítulo, um belo exemplo envolvendo uma criança bilíngue de 2 anos e 6 meses que ilustra bem tal empreitada.

Sendo assim, a inferência a uma estrutura social refletida nas formas de citação da palavra alheia[22] é o objeto de análise na terceira parte de *Marxismo e Filosofia da Linguagem*, enquanto a relativa estabilidade dos enunciados[23] e a relação destes com as esferas de atividade humana encontram-se no cerne das reflexões de Bakhtin em "Os gêneros do discurso", por exemplo. A situação de enunciação está estreitamente relacionada com o contexto extralinguístico, seja ele imediato ou social e historicamente construído. Nessa perspectiva, uma forma linguística importa para o locutor "somente enquanto signo sempre variável e flexível"[24] e, por isso, em seu entendimento, "o centro de gravidade da língua não reside na conformidade à norma da forma utilizada, mas na nova significação que essa forma adquire no contexto".[25]

Como podemos notar, Bakhtin e o Círculo propõem uma Filosofia da Linguagem pautada em questões pragmáticas. Nessa perspectiva, "não é a atividade mental que organiza a expressão, mas, ao contrário, é a expressão que organiza a atividade mental, que a modela e determina sua orientação".[26] Daí o fato de uma língua tratada de forma mais abstrata, concebida como um conjunto de formas significantes, cujo sentido e cuja função são orientados por regras internas do próprio sistema, lhes parecer inconcebível. Em outros termos, os sentidos da palavra não são produto de uma organização interna do sistema da língua, mas fruto de uma complexa interação entre os aspectos formais das unidades linguísticas e os elementos extraverbais. Afinal, "na prática viva da língua, a consciência linguística do locutor e do receptor nada tem a ver com um sistema abstrato de formas normativas, mas apenas com a linguagem no sentido de conjunto dos contextos possíveis de uso de cada forma particular".[27]

Como, para o Círculo de Bakhtin, a "língua, no seu uso prático, é inseparável de seu conteúdo ideológico ou relativo à vida",[28] o sentido das palavras é inteiramente determinado pelo seu contexto de enunciação, o que faz com que existam "tantas significações possíveis quanto contextos possíveis"[29] sem que, por isso, a palavra deixe de "ser una".[30] Há, por fim, na palavra, "uma unicidade inerente a todas as suas significações"[31] que está para além da unicidade assegurada por sua composição fonética.

Desse modo, podemos dizer que os autores do Círculo não estão preocupados em descrever ou compreender os mecanismos internos que regem a língua e suas unidades, ou quais os fatores que estão na base do sistema linguístico que permitem a variação linguística, que fundamentam tanto as produções linguísticas escritas e tidas como padrão quanto as cotidianas dos mais diversos grupos sociais. Contudo, quando enxergam, na língua, algo que é ao mesmo tempo múltiplo e uno, deixam entrever uma aparente preocupação com questões que tocam a sua face interna.

Tal preocupação ganha ainda mais força no momento em que Bakhtin/Voloshinov insere em sua abordagem os conceitos de *tema* e *significação*, marcando uma distinção conceitual entre eles.

Para o autor, o *tema* está relacionado às condições de enunciação concreta do elemento linguístico, i.e., seu sentido é local e diz respeito à situação concreta em que se realiza. Já a *significação* diz respeito ao que está no interior da unidade compreendida enquanto elemento que compõe um sistema linguístico. É definida como uma característica da unidade linguística, que "não quer dizer nada em si mesma, ela é apenas um potencial, uma possibilidade de significar no interior de um *tema* concreto".[32]

Trazemos aqui um exemplo da fala de uma criança bilíngue (MAR, 2 anos e 6 meses)[33] em interação com sua mãe. Trata-se de um trecho do *corpus* em que o sentido da palavra "brasileira" está em jogo.

Situação: MAR e o observador estão na sala da casa. A criança está de meia-calça, tentando plantar bananeira e colocando os pés na parede, quando chama a mãe para vê-la.

MAR: mamãe, olha! [vai até a porta]
MÃE: o quê?
MAR: olha!
MÃE: o quê, Marina?
MÃE: o que você tá fazendo, Marina?
MAR: [ininteligível]
MÃE: (vo)cê não vai cair não?
MAR: não.
MÃE: é melhor tirar a meia [pausa] porque você não desliza.
MAR: ah tá. vo(u) tira(r) a meia [pausa] vou tira(r) (a) meia. [levanta e começa a tirar a saia]
MÃE: só a meia!
MAR: só a meia. [pausa] vo(u) tira(r) esse [continua tirando a saia].
MÃE: ã?
MAR: vo(u) tira(r) esse. [aponta para a blusa]
MAR: [ininteligível]

MÃE: (vo)cê vai tira(r) a saia?
MAR: é.
MÃE: e vai aparece(r) a bundinha?
MAR: é.
MÃE: num pode não [pausa] levanta a calcinha. [MAR tira a saia e a meia e olha para a calcinha]
MAR: bundinha.
MÃE: verdadeira brasileira. [sussurra]
OBS: [risos]
OBS: meio corpo. [o observador filma a criança apenas da cintura para cima]
OBS: [risos]
[a criança corre com a saia na mão em direção à mãe]

Como dissemos, MAR, que nasceu e mora na França, é uma criança bilíngue: seu pai é francês e sua mãe é brasileira. Ela está adquirindo ambas as línguas, já que o pai só se comunica com MAR em francês e a mãe só fala com a criança em português. Fica evidente, entretanto, que, nesse trecho, a palavra "brasileira" não é usada para identificar a nacionalidade da criança; logo, não pode ser substituída pela palavra "francesa" sem que haja prejuízos no sentido construído pelo enunciado. Assim, "brasileira" traz consigo um sentido construído social e historicamente em torno da mulher brasileira, sentido este explicitado na relação direta do enunciado "verdadeira brasileira" com o anterior ("vai aparecer a bundinha"). Trata-se, portanto, aqui, de um valor ideológico no qual a palavra "brasileira" está embebida, o que significa que, ao dizer "verdadeira brasileira", abre-se para um leque de propriedades que caracterizariam essa mulher: verdadeira brasileira é aquela que se identifica por um conjunto de qualidades, dentre as quais o jeito maroto, a sensualidade, o sentir-se bem com o próprio corpo etc. Ao adentrar nesse mundo de sentidos, o que se coloca em jogo para a criança são justamente tais valores ideológicos que a palavra inescapavelmente carrega.

Desse modo, diríamos que o tema corresponde ao que há de externo nas propriedades significantes da palavra, sendo sua materialização observada nas situações concretas de enunciação. No exemplo anterior, o ser brasileira tal como se apresenta só se mostra dessa maneira porque inserido nessa interação precisa. Já a significação, pertencente ao que há de mais abstrato, é o que se encontra no interior do signo linguístico, o que lhe permite a multiplicidade de sentidos, o que só o termo "brasileira", inserido na combinação "verdadeira brasileira", dá a ver, uma vez que não haveria outro termo, nesse sintagma, capaz de evocar as representações construídas na referida interação. Exatamente por isso, essas duas características implicam-se mutuamente e são, por essa razão, indissociáveis. Nas palavras de Bakhtin/Voloshinov:[34]

> Não há tema sem significação, e vice-versa. Além disso, é impossível designar a significação de uma palavra isolada (por exemplo, no processo de ensinar uma língua estrangeira) sem fazer dela o elemento de um tema, isto é, sem construir uma enunciação, um exemplo. Por outro lado, o tema deve apoiar-se sobre uma certa estabilidade da significação; caso contrário, ele perderia seu elo com que precede e o que segue, ou seja, ele perderia, em suma, o seu sentido.

Em suma, em relação aos conceitos de *tema* e *significação*, quando se reconhece, conscientemente ou não, a importância da face mais "estável" do signo linguístico (e cujo entendimento é imprescindível para apreender a concepção saussuriana de língua enquanto sistema de signos), a Filosofia da Linguagem defendida pelo Círculo volta-se para a reflexão sobre o caráter reiterável, "idêntico", do fenômeno linguístico. Essa reflexão, no entanto, se encaminhada para "a investigação da palavra dicionarizada"[35] tal como, aparentemente, sustenta o autor ao tratar da significação no sistema da língua, encenaria um embate por poder ser conduzida à concepção de língua pronta e acabada por ele tão criticada. Voltaremos a esse ponto, essencial, mais adiante, apontando uma possível saída para o entendimento do caráter estável e reiterável do fenômeno linguístico, mais condizente com o funcionamento da linguagem e, consequentemente, com o que ocorre no campo da Aquisição.

A língua é um sistema de valores e a natureza do signo é significar

Vale dizer, antes, que, de acordo com Normand,[36] Saussure insiste em se ater à face interna da língua por não considerar que fatores externos sejam capazes de esclarecer suas especificidades, pois, ainda que a língua partilhe do caráter social com outras instituições, o que deve interessar "propriamente ao linguista é que ela seja um sistema de signos, uma ordem interna".[37] Desse modo, ainda segundo a autora:

> [...] a escolha de partir do sistema é recusar ou, em todo caso, evitar partir da comunicação. O sistema é apenas um dos elementos do esquema de comunicação no qual muitos outros parâmetros intervêm: o locutor, com suas intenções e seus atos (e não somente o saber linguístico); o interlocutor, com suas reações ao locutor e à mensagem; o canal, com suas particularidades físicas (oral, escrita, direta ou mediada por um instrumento...); o contexto linguístico e extralinguístico.[38]

Para Saussure, a língua é também uma instituição, ou seja, uma criação fundada a partir dos costumes e práticas de uma dada sociedade, caracterizando-se como um dos elementos que compõem a estrutura social humana. Uma de suas funções é, justamente, a de atender às necessidades comunicativas da coletividade, cujo funcionamento é determinado por leis internas, que podem ser observadas, analisadas e descritas, assim como ocorre com outras instituições sociais.

Encontramos, no CLG, a exposição acerca do que se define como *Linguística Interna* e *Linguística Externa*, sendo esses dois modos de investigação da língua passíveis de desenvolvimento. O primeiro diz respeito aos elementos que concernem à organização e aos modos de funcionamento intralinguísticos, ou seja, "tudo quanto concerne ao sistema e às [suas] regras".[39] O segundo aborda os fatos da língua que competem à esfera extralinguística, justificando o desenvolvimento de uma Linguística Externa, que poderia se ocupar da investigação acerca de "todas as relações possíveis que podem existir entre a história de uma língua e de uma raça ou civilização. Essas duas histórias se associam e mantêm relações recíprocas".[40]

Essa "divisão" entre fenômenos que comportam o que é interno e o que é externo à língua rendeu, e ainda rende, duras críticas ao projeto saussuriano de estudo da língua. Isso se deve essencialmente ao fato de essa divisão ser associada à dicotomia língua/fala, levando grande parte dos estudiosos a fazer uma leitura questionável dos princípios trazidos por Saussure, acusando-o de desconsiderar a dimensão social da língua e, principalmente, as interações linguísticas entre os locutores. Porém, assim como Normand, acreditamos que tais críticas deveriam, no mínimo, ser repensadas, pois:

> [essas] críticas dirigidas à oposição língua/fala não distinguem as duas esferas: a da sintaxe, com o papel ativo de um sujeito que escolhe, combina suas frases, sujeito que Saussure visivelmente não ignorou, e a interlocução, que chamamos globalmente de discurso, no qual as frases só tomam todo o seu sentido na relação com o contexto global e com as circunstâncias de sua enunciação, programa tardio, mais impreciso e mais ambicioso, que seu positivismo teria rejeitado.[41]

Com isso, a leitura que habitualmente se faz da dicotomia saussuriana língua/fala, em que Saussure propõe a realização de um estudo que se volta unicamente para a língua e desconsidera a enunciação e o sujeito, é desconstruída, pois nos parece evidente que, se "a língua não é a fala, ela é o que permite falar, isto é, o que permite dar conta dessa observação corrente: há locutores, chamados assim porque falam e se compreendem".[42]

Essa inter-relação entre *língua* e *fala* é o que permitiria explicar o caráter reiterável do fenômeno linguístico sem, para tanto, reduzi-lo à investigação da palavra dicionarizada.

Para que se entenda essa inter-relação, é necessário retomar o conceito de relação sintagmática, que, ao que parece, para Saussure, pertence *à língua* e *à fala*: à língua, por ser uma das ordens de valores próprias ao sistema, ao lado da relação associativa; à fala, por ser entendida como relações que "[...] no discurso, os termos estabelecem entre si, em virtude de seu encadeamento [...]".[43] Esse duplo pertencimento aparece de modo mais explícito na passagem em que Saussure reconhece que, "no domínio do sintagma, não há limite categórico entre o fato de língua, testemunho de uso coletivo, e o fato de fala, que depende da liberdade individual".[44]

Como dar conta de que a língua não é fala – afinal, há especificidades próprias aos domínios, a materialização do sintagma passando por uma inserção espaçotemporal relacionada ao domínio discursivo –, mas é também fala, no sentido em que o sintagma é elemento constitutivo de uma das ordens da língua?

Para refletir sobre essa imbricação que integra os domínios sem fazê-los, no entanto, perder as suas especificidades – e entender, na leitura que fazemos do Círculo, o porquê de não haver "tema sem significação, e vice-versa"[45] –, somos conduzidos a retomar o conceito de signo linguístico, em particular, a recusa, por parte de Saussure, em admitir significações que fechem o signo em qualquer "conteúdo" que seja.

Para tanto, apoiamo-nos em Romero e Del Ré,[46] que mostram de que maneira Saussure, em inúmeras passagens dos *Escritos de Linguística Geral*,[47] refuta associar a identidade semântica do signo a traços de conteúdos – associação, diga-se, que estaria na origem de restrições significativas (na origem de "uma língua pronta e acabada") não condizentes com o pensamento saussuriano.

Essa refutação aparece, por exemplo, quando Saussure, ao refletir sobre o "sentido das palavras", sustenta não haver diferença entre "o sentido próprio e o sentido figurado das palavras (ou: as palavras não têm mais sentido figurado do que sentido próprio)"[48] ou, então, quando afirma que "nenhum signo é, portanto, limitado no total de ideias positivas que ele é, no mesmo momento, chamado a concentrar em si mesmo; [...] é, portanto, inútil procurar qual é o total de significações de uma palavra",[49] afirmações que impossibilitam conferir à palavra a existência de um traço de conteúdo, por menor que seja.

Ainda na explicação de Romero e Del Ré, essas colocações, que resultam, em Saussure, na afirmação de que "não há absolutamente nada que possa precisar seu sentido [o sentido de uma palavra], a não ser por via negativa",[50] conduzem obrigatoriamente a refletir sobre o que seria essa negatividade pelo viés de um conjunto de argumentos que ora recuperamos:

> [...] essa lógica do negativo não poderia conduzir a encerrar na identidade do signo qualquer traço de conteúdo, visto que isso o reduziria à presença de uma significação absoluta já refutada; 2º) a cada vez que surgem explicações sobre o princípio da negatividade, essas explicações tomam por fundamento o signo contextualizado, como observamos na seguinte passagem, selecio-

nada entre tantas outras: "Retomando a palavra 'lua', pode-se dizer que 'a lua aparece, a lua cresce, a lua decresce, a lua se renova, semearemos na lua nova, passarão muitas luas antes que tal coisa aconteça'... e, insensivelmente, vemos que [...] tudo o que pomos em 'lua' é absolutamente negativo, vindo apenas da ausência de um outro termo [...]" [Saussure, 2004: 68-9]. Essas contextualizações, por sua vez, poderiam apontar para o fato de que é apenas na relação do signo com seu contexto de inserção que se constroem relações de paráfrases e, mais ainda, que é o signo em um dado contexto que evoca um sentido estabelecido por oposição ao que dele se aproxima naquele contexto; 3º) vale destacar uma importante passagem do CLG em que se sustentam a existência de relações de solidariedade recíproca entre as unidades da língua e a importância da inserção de uma dada unidade em uma "unidade superior" para lhe conferir o próprio estatuto de unidade.

A primeira coisa que nos chama a atenção nessa organização são as suas solidariedades sintagmáticas: quase todas as unidades da língua dependem seja do que as rodeia na cadeia falada, seja das partes sucessivas de que elas próprias se compõem. A formação de palavras é quanto basta para demonstrá-lo. Uma unidade como desejoso se decompõe em duas subunidades (desej-oso), mas não se trata de duas partes independentes, simplesmente juntadas uma à outra (desej + oso). *Trata-se de um produto, uma combinação de dois elementos solidários, que só têm valor pela sua ação recíproca numa unidade superior (desej x oso). O sufixo, considerado isoladamente, é inexistente;* [...] O todo vale pelas suas partes, as partes valem também em virtude de seu lugar no todo, e eis por que a relação sintagmática da parte com o todo é tão importante quanto a das partes em si. (CLG, p. 148, grifos nossos)[51]

Esse conjunto de argumentos, sustentados por outras duas afirmações de Saussure – "o sentido pode variar numa medida infinita sem que o sentimento de unidade do signo seja, nem mesmo vagamente, atingido por variações";[52] "existem, na língua, significações não separáveis dos signos, visto que estes não mereceriam mais seu nome sem a significação"[53] –, levam as autoras a afirmar que, se por um lado há uma identidade semântica para o signo, já que não haveria signo se assim não fosse, por outro, essa identidade que confere unidade ao signo não tem como remeter a traços de conteúdo, o que, se assim fosse, levaria à inexistência do próprio conceito de signo tal como postulado por Saussure.

A conclusão à qual se chega é a de que a identidade semântica do signo "se materializa pelo conjunto de relações estabelecidas entre o signo e seus contextos de inserção. Sua identidade deve ser buscada em seus empregos [...]",[54] o que explicaria a colocação feita por Normand, para quem "a língua, em Saussure, comportaria [...]

os esquemas de operações",[55] ou, nas palavras de Culioli, "as formas de formas",[56] no sentido de que nela se encontram esquemas que orientam a materialidade das produções verbais.

O que, aqui, apresenta-se como *esquema* não foi objeto de estudo de Saussure,[57] mas o simples fato de ser possível evocá-lo mostra que não há língua pronta e acabada para esse autor, posto que não há signo identificado por traços de conteúdo. Como bem disse Culioli,[58] "Saussure fala claramente de uma atividade inconsciente do espírito, [o que significa que] a expressão de tesouro mental foi infelizmente compreendida em um sentido muito 'inerte' ".[59] Há, portanto, uma "dinâmica do estático. [...] A ilusão de um 'tesouro mental' imóvel – a ilusão de uma simples estocagem, de uma nomenclatura – vem apenas do fato de que não temos nenhuma consciência da atividade mental em questão".[60]

Por fim, para Romero e Del Ré, isso explicaria, nos *Escritos*, a retomada de signo por *Kénôme* – de *kénos*, vazio – que marca, ao mesmo tempo, um sentido oposto ao de "signo pleno, dotado de sentido", que comumente lhe é atribuído, e sua natureza relacional e abstrata.

Em suma, todos os signos funcionariam, como bem observa Barbizan,[61] de modo semelhante a um signo vazio,[62] que só se tornariam plenos quando um locutor os assumisse. Considerando, ainda, que esse vazio assim é concebido não porque não apresente identidade semântica, mas pela própria natureza relacional e abstrata dessa identidade, poderíamos pensar que a possibilidade de emprego da língua estaria, sim, prevista na língua – hipótese igualmente levantada por Barbizan e enunciada, no nosso entender, pela afirmação de Normand anteriormente mencionada, para quem a língua, em Saussure, comportaria os esquemas de operações.

Isso, talvez, resolvesse o aparente paradoxo do sintagma como o que pertence, simultaneamente, à língua e à fala. O sintagma pertence à fala porque as relações entre os termos se efetivam no discurso; ele pertence à língua, não porque esta conteria frases constituídas, mas porque, na identidade semântica do signo – em seu significado –, estariam inscritas as relações que orientariam o seu contextualizar.

Compreende-se, assim, o porquê de a língua saussuriana não poder ser "senão um sistema de valores puros",[63] colocação que aponta, *grosso modo*, para o fato de seus elementos possuírem uma série de características internas definidas de maneira sistemática e relacional, que obedeceriam à coesão interna do próprio sistema linguístico. Sendo assim, "falar de valor (no lugar de palavra ou unidade) leva a abordar da mesma forma léxico e gramática",[64] pois ambos são regidos por mecanismos que se apresentam como valores.

A língua analisada enquanto sistema de valores tem, em sua base, o princípio de que as unidades linguísticas possuem um mecanismo que torna impossível apreendê-las fora do sistema específico. Consequentemente, não há como pensar em forma e sentido fora do jogo relacional que as rege, pois é nele que está a realidade de seu funcionamento; como bem diz Normand,[65] "elas só possuem existência para um locutor nas relações recíprocas que mantêm e que lhes dão sentido".[66]

Em suma, o projeto saussuriano, em essência, viabiliza a observação e a compreensão do que configura a base para produções linguísticas, que são, por sua vez, o meio de comunicação elementar entre os indivíduos de uma mesma comunidade linguística. Com isso, entendemos que Saussure reconhece a influência das instituições sociais e das ideologias que circundam o sistema linguístico, assim como a forma pela qual estas se refletem nas unidades linguísticas. Desse modo, não ignora a produção linguística, muito menos o discurso propriamente dito: apenas tem seu foco voltado para os elementos que permitem essa produção, o que move e fundamenta a enunciação, e não para os efeitos que essas produções linguísticas possam exercer no espírito dos interlocutores.

Considerações finais

Cabe aqui retomar, em poucas palavras, o objetivo principal deste capítulo: apontar de que maneira as concepções de língua e signo linguístico, em Saussure e Bakhtin (e o Círculo), podem ser vistas como convergentes e em que medida tal convergência se verifica.

Como nos foi possível observar, Saussure não desconsidera nem exclui o sujeito das questões sociais para compor sua concepção de língua e signo; apenas não o aborda de modo específico. Do mesmo modo, Bakhtin e o Círculo reconhecem que a língua possui características internas, mas não as têm como foco de interesse, empenhando-se em compreender a língua como instrumento de comunicação e em analisá-la em sua dimensão estritamente social e interacional.

Ao enfatizar a necessidade de estabelecer relações inalienáveis com o extralinguístico, Bakhtin e o Círculo elaboram uma concepção de língua que seria do domínio da Linguística Externa. A raiz de seus questionamentos faz emergir as disparidades entre seus pensamentos e o de Saussure, ao mesmo tempo em que evidencia não se tratar apenas de formas diferentes de se olhar para o mesmo objeto, o que daria margem à discussão sobre qual teoria é mais adequada aos estudos da linguagem. De modo mais complexo, ambos elaboram seus conceitos e teorias partindo de objetos distintos: Saussure interessa-se pela Linguística Interna, que tem por objeto a língua entendida como sistema e elemento constituinte do pensamento; o Círculo de Bakhtin aborda a língua por meio dos efeitos que a enunciação provoca nos interlocutores, concebendo a produção linguística como atividade social, o que lhe confere um viés mais pragmático dos estudos da linguagem.

Evidencia-se, dessa maneira, que, por mais que o foco da investigação se concentre no caráter pragmático e discursivo da língua, o Círculo de Bakhtin não deixa de reconhecer a importância de aspectos formais e intralinguísticos, ainda que não se aprofunde em tais questões. Em sua concepção, o que importa são as múltiplas significações que a palavra adquire contextualmente, é o que faz dela um signo ideológico, uma *palavra*, pois só assim ela é capaz de comunicar e funcionar como meio de interação entre os seres humanos, ao mesmo tempo em que lhes serve de instrumento para expressão de suas ideias, sentimentos e experiências.

Vale dizer, no entanto, que, na argumentação por nós desenvolvida, sustentamos uma concepção de identidade semântica para o signo que permite conciliar a polissemia da palavra com sua unicidade, problema fundamental da Semântica, como bem observa Bakhtin/Voloshinov.[67] Afinal, se a polissemia é da ordem do tema e a unicidade, da ordem da significação (e, portanto, do sistema), essa mesma unicidade não poderia levar à extração, em "contextos dispostos lado a lado [de] uma determinação descontextualizada para poder encerrar a palavra num dicionário".[68]

Extrair qualquer determinação de qualquer contexto que seja consistiria em encerrar, no signo, traços de conteúdo não condizentes com sua própria definição. Daí acreditarmos que o Círculo, ao tratar da investigação da significação da palavra no sistema da língua, embora a associe à investigação da palavra dicionarizada, não estava pensando, em hipótese alguma, nos "sentidos" adquiridos pela palavra nos contextos dados pelos dicionários. Tanto é assim que, para retomar uma passagem anteriormente mencionada, Bakhtin/Voloshinov afirma, justamente, que "a significação não quer dizer nada em si mesma, ela é apenas um potencial, uma possibilidade de significar no interior de um tema concreto".[69] Mais ainda, posiciona-se, na mesma direção de Saussure, contra qualquer tentativa de classificar "tipos de sentido", afirmando que:

> Tais distinções como as que se estabelecem entre o sentido *usual* e *ocasional* de uma palavra, entre o seu sentido central e os laterais, entre denotação e conotação etc. são fundamentalmente insatisfatórias. A tendência básica subjacente a todas essas discriminações – de atribuir maior valor ao aspecto central, usual da significação, pressupondo que esse aspecto realmente existe e é estável – é completamente falaciosa. Além disso, ela deixaria o tema inexplicado, uma vez que ele de maneira alguma poderia ser reduzido à condição de significação ocasional ou lateral das palavras.[70]

Não é possível saber o que o autor pensou ao falar em "investigação da palavra dicionarizada", mas é possível levantar hipóteses sobre o que ele não pensou. De qualquer modo, o mais interessante é ver como a concepção de identidade semântica do signo como esquemas relacionais abstratos responderia à estabilidade e ao caráter reiterável da significação da palavra no sistema da língua, mantendo, ao mesmo tempo, uma dinamicidade para o conceito de língua tão cara ao Círculo.

No campo da Aquisição, essa dinamicidade também nos é absolutamente cara, uma vez que tende a mostrar que a criança passa a construir uma memória da língua operatória, maleável, ou, então, que não são os "sentidos das palavras" que seriam, pouco a pouco, apreendidos ou estocados nas diferentes interações que a constituem como sujeito. Esses sentidos, por sinal, em perpétuo movimento, não teriam como explicar nem as construções inusitadas feitas pelas crianças, nem os próprios ajustamentos intersubjetivos que nos permitem interpretá-las. Bakhtin e o Círculo teriam se afeiçoado a esse Saussure ainda tão pouco conhecido...

Notas

1 Bakhtin/Voloshinov, 2009.
2 Idem, p. 87.
3 Idem, p. 93.
4 Ver Brait, 2011, p. 95.
5 Bakhtin/Voloshinov, 2009, pp. 106-7.
6 Bakhtin, 2006.
7 Bakhtin/Voloshinov, 2000 (1926).
8 Saussure, 2012, p. 41.
9 Saussure, 2004, p. 25.
10 Idem, p. 115.
11 Idem, p. 154.
12 2011.
13 Bakhtin/Voloshinov, 2009, p. 72.
14 Idem, p. 72.
15 Ver Brait, 2011, p. 94.
16 Bakhtin/Voloshinov, 2009, p. 106.
17 Barros, 2011, pp. 26-7.
18 Idem, p. 33.
19 2005.
20 Flores, Teixeira, 2005, p. 48.
21 Bakhtin/Voloshinov, 2009, p. 99.
22 Fazemos aqui referência ao capítulo "A retomada da palavra da criança pelos pais", que traz uma reflexão sobre o tema que dá nome ao capítulo, discutindo os valores atrelados à forma como a palavra da criança é citada.
23 A questão dos gêneros e sua relação com a atividade linguageira da criança e com os formatos – também relativamente estáveis – em que essa atividade se dá é o tema do capítulo "Relações entre Bakhtin e Bruner nos estudos em Aquisição".
24 Bakhtin/Voloshinov, 2009, pp. 95-6.
25 Idem, pp. 95-6.
26 Idem, p. 116.
27 Idem, p. 98.
28 Idem, p. 99.
29 Idem, p. 109.
30 Idem, ibid.
31 Idem, p. 110.
32 Idem, p. 136.
33 Para mais informações sobre as transcrições, consultar o capítulo "Aquisição da Linguagem e estudos bakhtinianos do discurso".
34 2009, p. 134.
35 Idem, p. 136.

[36] 2009.
[37] Normand, 2004, p. 52.
[38] Idem, pp. 50-1.
[39] Saussure, 2012, p. 56.
[40] Idem, p. 51.
[41] Normand, 2004, p. 134.
[42] Idem, p. 55.
[43] Saussure, 2012, p. 171.
[44] Idem, p. 174.
[45] Bakhtin/Voloshinov, 2009, p. 134.
[46] Romero, Del Ré, no prelo. Parte do exposto a seguir foi retomado, com considerações complementares, do referido artigo.
[47] 2004.
[48] Saussure, 2004, p. 67.
[49] Idem, p. 72.
[50] Idem, p. 68.
[51] Romero, Del Ré, no prelo.
[52] Saussure, 2004, p. 48.
[53] Idem, p. 67.
[54] Romero, Del Ré, no prelo.
[55] Culioli e Normand, 2005, p. 95. A afirmação é de Claudine Normand e consta do livro que reproduz o conjunto de encontros da linguista com Antoine Culioli sobre o tema da linguagem e das línguas.
[56] Culioli e Normand, 2005, p. 96.
[57] São Benveniste (em *Problèmes de linguistique générale*, Paris, Éditions Gallimard, tomos 1 (de 1966) e 2 (de 1974)) e Culioli (em *Pour une linguistique de l'énonciation*, Paris, Ophrys, t. 1, 1990) que, na perspectiva da Linguística da Enunciação e guardadas as particularidades de suas reflexões, lhe conferem atenção.
[58] 2003.
[59] Culioli, 2003, p. 146.
[60] Idem, p. 139.
[61] 2011.
[62] A autora abre a possibilidade para se pensar que os signos teriam, em um significado pautado em uma noção constante e objetiva, algum espaço semântico vazio, que lhes permitiria combinar-se com outros signos sintagmaticamente e criar sentidos únicos (Barbizan, 2011, p. 34). Preferimos entender essa "noção constante e objetiva", em decorrência de estudos sobre a Teoria das Operações Enunciativas, como uma forma invariante e dinâmica: *invariante* por se manter no decorrer da variação semântica própria ao signo contextualizado e ordenar essa mesma variação, ou seja, por se apresentar como uma constante que daria conta dos diferentes sentidos atribuídos ao signo em seus diferentes contextos; *dinâmica* por ser essa forma invariante constituída por parâmetros que contribuem para determinar o papel específico que a unidade linguística desempenha nas interações das quais participa. Ver ainda, sobre esse conceito, Romero e Del Ré, no prelo, bem como Romero, 2010.
[63] Saussure, 2012, p. 158.
[64] Normand, 2004, p. 80.
[65] 2004.
[66] Idem, p. 50.
[67] Bakhtin/Voloshinov, 2009, p. 110.
[68] Idem, p. 110.
[69] Idem, p. 136
[70] Idem.

Bibliografia

Arrivé, M. *Em busca de Ferdinand de Saussure*. São Paulo: Parábola, 2010.

Bakhtin, M. Os gêneros do discurso. In: ______. *Estética da criação verbal*. Trad. Paulo Bezerra. São Paulo: Martins Fontes, 2006, pp. 262-306.

Bakhtin/Voloshinov. *Marxismo e Filosofia da Linguagem*. Trad. Michel Lahud e Yara Frateschi Vieira, com a colaboração de Lúcia Teixeira Wisnik e Carlos Henrique D. Chagas Cruz. 13. ed. São Paulo: Hucitec, 2009.

______. *Discurso na vida e discurso na arte*. Trad. para fins acadêmicos de C. A. Faraco e C. Tezza, 2000. (1. ed. 1926). (Mimeo).

Barbizan, L. Saussure e Benveniste. Da teoria do valor à teoria da enunciação. In: Lima, M. A. F. et al. (org.). *Colóquios linguísticos e literários*: enfoques epistemológicos, metodológicos e descritivos. Teresina: edufpi, 2011, pp. 31-7.

Barros, D. L. P. Contribuições de Bakhtin às teorias do discurso. In: Brait, B. (org.). *Bakhtin*: dialogismo e construção do sentido. 2. ed. Campinas: Unicamp, 2011, pp. 25-36.

Brait, B. (org.). *Bakhtin*: conceitos-chave. São Paulo: Contexto, 2008.

______. Bakhtin e a natureza constitutivamente dialógica da linguagem. In: Brait, B. (org.). *Bakhtin*: dialogismo e construção do sentido. 2. ed. Campinas: Unicamp, 2011, pp. 91-104.

Culioli, A. Un linguiste face aux textes saussuriens. In. Bouquet, S. (org.). *Saussure*. Paris: Ed. de l'Herne, 2003, pp. 137-49.

______; Normand, C. *Onze rencontres sur le langage et les langues*. Paris: Ophrys, 2005.

Flores, V. N; Teixeira, M. *Introdução à linguística da enunciação*. São Paulo: Contexto, 2005.

Normand, C. *Saussure*. Paris: Les Belles Lettres, 2004.

______. *Convite à linguística*. Org. de textos e de tradução de V. N. Flores e L. B. Barbizan. São Paulo: Contexto, 2009.

Romero, M. Um possível diálogo entre a Teoria das Operações Enunciativas e a Aquisição: identidade semântica e produtividade discursiva. *Alfa*, São Paulo, n. 54, v. 2, 2010, pp. 475-503.

Romero, M; Del Ré, A. A aquisição do léxico entre a invariância e a variação. In: Lima, M. H. A; Oliveira, E. C. (org.). *O valor de Saussure*. Rio Grande do Norte: ufrn, no prelo.

Saussure. F. de. *Escritos de Linguística Geral*. Trad. Carlos Augusto Leuba Salum e Ana Lúcia Franco. São Paulo: Cultrix, 2004.

______. *Curso de Linguística Geral*. Trad. Antônio Chelini, José Paulo Paes e Izidoro Blikstein. 34. ed. São Paulo: Cultrix, 2012.

Os autores

Alessandra Del Ré

Docente do Departamento de Linguística da Faculdade de Ciências e Letras, Unesp, *campus* de Araraquara. Mestre e doutora em Linguística pela USP. Desenvolveu uma pesquisa de pós-doutorado na Université Paris X/MoDyCo/COLAJE. Coordenadora do NALingua (CNPq) – Núcleo de Estudos em Aquisição da Linguagem – e do GEALin – Grupo de Estudos em Aquisição da Linguagem/Unesp-FCLAr, nos quais desenvolve pesquisas sobre humor infantil, argumentação, referência, todos eles dentro de uma perspectiva discursiva e dialógica. Organizadora do livro *Aquisição da Linguagem: uma abordagem psicolinguística.*

Alessandra Jacqueline Vieira

Doutoranda do Programa de Pós-Graduação em Linguística e Língua Portuguesa da Faculdade de Ciências e Letras, Unesp, *campus* de Araraquara. É mestre em Linguística e Língua Portuguesa pela mesma instituição. Formada em Letras (bacharelado e licenciatura), com habilitação em Italiano e Espanhol. Tem trabalhos sobre Aquisição da Linguagem oral infantil, especificamente no que se refere à argumentação e à explicação na linguagem da criança. Membro do grupo GEALin(Unesp)/NALingua (CNPq).

Andressa dos Santos Mogno

Graduada pelo curso de Letras da Unesp, *campus* de Araraquara. Desenvolveu pesquisa de iniciação científica na área de Aquisição da Linguagem sobre o programa CLAN e a ferramenta de transcrição de dados CHAT. Atualmente estuda a questão do gênero nos dados de aquisição de uma criança monolíngue. Membro do grupo GEALin(Unesp)/NALingua (CNPq).

Heitor Quimello

Graduando do curso de Letras da Unesp, *campus* de Araraquara. É licenciado em Música pela USP, *campus* de Ribeirão Preto. Atualmente, desenvolve pesquisa de iniciação científica na área de Aquisição da Linguagem, estudando a ironia na fala da criança. Membro do grupo GEALin(Unesp)/NALingua (CNPq).

Luciane de Paula

Docente do Departamento de Linguística da Faculdade de Ciências e Letras, Unesp, *campus* de Assis, e do Programa de Pós-Graduação em Linguística e Língua Portuguesa, *campus* Araraquara. Mestre e doutora em Linguística pela Unesp. Pós-doutorado pela Université François Rabelais – Tours. Coordenadora do GED – Grupo de Estudos Discursivos; pesquisadora dos grupos Slovo – Grupo de Estudos Discursivos; e Casa – Cadernos de Semiótica Aplicada.

Márcia Romero

Docente do Departamento de Educação e do núcleo temático "Linguagem e Cognição" do Programa de Pós-Graduação em Educação e Saúde na Infância e na Adolescência da Universidade Federal de São Paulo (Unifesp). Doutora em Letras pela USP. Vice-coordenadora do NALingua (CNPq) – Núcleo de Estudos em Aquisição da Linguagem, no qual desenvolve pesquisas no âmbito da Linguística da Enunciação (Teoria das Operações Enunciativas).

Marina Célia Mendonça

Docente do Departamento de Linguística da Faculdade de Ciências e Letras, e do Programa de Pós-Graduação em Linguística e Língua Portuguesa da Unesp, *campus* de Araraquara. Mestre e doutora em Linguística pela Unicamp (Campinas-SP). No Grupo Slovo, desenvolve pesquisa centrada nos estudos bakhtinianos, em especial nas relações entre ciência, mídia e ensino/aprendizagem.

Natalia Grecco

Doutoranda do Programa de Pós-Graduação em Linguística e Língua Portuguesa da Faculdade de Ciências e Letras, Unesp, *campus* de Araraquara. É mestre em Linguística e Língua Portuguesa pela mesma instituição, onde também cursou licenciatura e bacharelado em Português e Espanhol. Pesquisa sobre questões de aquisição da escrita. Membro do grupo GEALin(Unesp)/NALingua (CNPq).

Patrícia Falasca

Doutoranda do Programa de Pós-Graduação em Linguística e Língua Portuguesa da Faculdade de Ciências e Letras, Unesp, *campus* de Araraquara, e mestre por esse mesmo programa. Formada em Letras (FCLAr), faz pesquisas na área de Aquisição/Aprendizagem de Língua Estrangeira em ambiente escolar. Membro do grupo GEALin(Unesp)/NALingua (CNPq).

Paula Bullio

Doutoranda do Programa de Pós-Graduação em Linguística da Faculdade de Ciências e Letras, Unesp, *campus* de Araraquara. Cursou licenciatura em Português e Inglês na Universidade Federal de São Carlos (UFSCar) e é mestre pela Unesp. Realiza pesquisas na área de bilinguismo e aquisição da referência. Membro do grupo GEALin(Unesp)/NALingua (CNPq).

Rafaela Giacomin Bueno

Doutoranda do Programa de Pós-Graduação em Linguística e Língua Portuguesa da Faculdade de Ciências e Letras, Unesp, *campus* de Araraquara. É mestre em Linguística e Língua Portuguesa pela mesma instituição, onde também cursou licenciatura e bacharelado em Português, Espanhol e Inglês. Pesquisa sobre questões de aquisição/aprendizagem de língua espanhola. Membro do grupo GEALin(Unesp)/NALingua (CNPq).

Renata Coelho Marchezan

Professora do Programa de Pós-Graduação em Linguística e Língua Portuguesa da Unesp, *campus* de Araraquara, com mestrado em Letras pela mesma universidade, doutorado em Linguística, pela USP, e pós-doutorado, pela University of Sheffield. Seus interesses de pesquisa e suas publicações situam-se nos domínios do dialogismo e da semiótica. No Grupo Slovo, desenvolve, atualmente, duas frentes de estudo do pensamento bakhtiniano: uma que examina suas fontes com vistas a uma verticalização dos conceitos; outra que busca desdobrá-lo em práticas de análise discursiva.

Rosângela Nogarini Hilário

Doutora em Linguística e Língua Portuguesa pela Unesp, *campus* de Araraquara. Possui graduação em Pedagogia pela mesma instituição. Pesquisadora na área de Aquisição da Linguagem, com ênfase na aquisição do plural em crianças monolíngues e bilíngues. Membro do grupo GEALin(Unesp)/NALingua (CNPq).

Vanessa Santana Lima

Mestre em Ciências pela Unifesp, com ênfase em Ciências da Linguagem e desenvolvimento cognitivo. Graduada em Letras e docente da rede pública do município de São Paulo, onde atua como professora orientadora de sala de leitura. Seus interesses de pesquisa estão voltados para os domínios da Linguística da Enunciação e do ensino de língua portuguesa. Atualmente, desenvolve pesquisa envolvendo a Teoria das Operações Enunciativas e o trabalho com o texto poético nas aulas de língua portuguesa. Membro do grupo NALingua (CNPq).

GRÁFICA PAYM
Tel. (11) 4392-3344
paym@terra.com.br